EDITION
Internationales Verkehrswesen

Prof. Dr. Ulrike Stopka
Dr.-Ing. e. H. Wilhelm Pällmann (Hrsg.)

Für eine neue deutsche Verkehrspolitik

Mobilität braucht Kommunikation

Deutscher Verkehrs-Verlag

© 2005 bei Deutscher Verkehrs-Verlag GmbH,
Nordkanalstraße 36, D-20097 Hamburg
Telefon + 49 (0) 40 23714-01; Telefax: + 49 (0) 40 23714-259
Internet: www.dvv-gruppe.de

Alle Rechte der Verbreitung und Wiedergabe vorbehalten. Übersetzungen in eine andere Sprache, Nachdruck und Vervielfältigung — in jeglicher Form und Technik, einschließlich Übernahme auf elektronische Datenträger und Speicherung in elektronischen Medien, auch auszugsweise — nur mit schriftlicher Genehmigung des Verlags gestattet.

Verlagsredaktion: Ulrike Schüring

Vertrieb und Buchservice: Riccardo di Stefano

Layout und Produktion: Axel Pfeiffer

Titelgestaltung: Karl-Heinz Westerholt

Druck: Druckhaus Darmstadt GmbH

Printed in Germany

1. Auflage 2005, ISBN 3-87154-335-7

Vorwort

Fortbewegung und Ortswechsel lassen sich keinesfalls rational bewerten, rein nach Vernunftkriterien reglementieren. Statt Mobilität reduzieren oder gar verbieten zu wollen, was in mancher politischen Forderung auftaucht, sollten wir ihre Komplexität verstehen lernen. Das wäre eine geeignete Grundlage dafür, Auswüchse zu vermeiden sowie die ökologischen und sozialen Probleme von Verkehr und Migration zu meistern. (Michael Gleich[1])

Alle Welt bewegt sich: Das Recht auf Mobilität wird von der Gesellschaft wie vom Individuum immer vehementer eingefordert. Dies ist mit stetig zunehmendem Verkehr verbunden, der nach innovativen Methoden und Lösungsansätzen des Mobilitätsmanagements und der Verkehrswegefinanzierung verlangt. Der verkehrspolitische Arbeitskreis Mobilität 2020 hat sich zusammengefunden, um für die erforderlichen verkehrspolitischen Weichenstellungen ein Gesamtkonzept zu entwerfen. Ihm gehören an:

Holger Bach, Leiter Koordinierungsstelle Mobilitätscluster Wirtschaftsförderung Region Stuttgart

Dr. oec. habil. Ralf Haase, Hauptgeschäftsführer a. D., DVWG Deutsche Verkehrswissenschaftliche Gesellschaft, Berlin

Dr.-Ing. Claus Jahnke, Hauptgeschäftsführer, DVWG Deutsche Verkehrswissenschaftliche Gesellschaft, Berlin

Dr. Dieter Klumpp, Geschäftsführer, Alcatel SEL-Stiftung für Kommunikationsforschung, Stuttgart

Berthold Leimbach, Stabsabteilung der Friedrich-Ebert-Stiftung, Berlin

Dipl.-Pol. Fritjof Mietsch, MMC Mietsch Mobility Consult, Blankenheim

Dr. Wilhelm Pällmann, Vorstand a. D., Frankfurt a. M.

Dr.-Ing. Jürg Sparmann, Präsident, Hessisches Landesamt für Straßen- und Verkehrswesen, Wiesbaden

Dipl.-Ing. Volker Sparmann, Geschäftsführer, RMV Rhein-Main-Verkehrsverbund, Hofheim am Taunus

Prof. Dr.-Ing. habil. Heinz Stürz, Technische Universität Dresden/Sächsisches Telekommunikationszentrum

Prof. Dr. oec. habil. Ulrike Stopka, Technische Universität Dresden/Institut für Wirtschaft und Verkehr

Peter Zoche, M.A., Fraunhofer-Institut für Systemtechnik und Innovationsforschung, Karlsruhe

Die vorliegende Publikation entstand in Vorbereitung eines von der Alcatel SEL Stiftung für Kommunikationsforschung, der Friedrich-Ebert-Stiftung und der DVWG Deutsche Verkehrswissenschaftliche Gesellschaft initiierten Kongresses zum Thema „Mobilität braucht Kommunikation - Für eine neue deutsche Verkehrspolitik". Dieser sollte ursprünglich im September 2005 in Berlin stattfinden und den Parteien im Vorfeld der Bundestagswahl 2006 Anregungen und Empfehlungen für ihre verkehrspolitischen

---

[1] Michael Gleich: Mobilität. Warum sich alle Welt bewegt. München 1998.

Aussagen geben. Als Konzept, Kongresstermin und Referenten feststanden, führten die politischen Entwicklungen zu der Bundestagswahl am 18. September 2005. Früher als erwartet wird damit das Regierungsprogramm der nächsten Jahre festgelegt. Darum gab es nur die Möglichkeit, das Begleitbuch bereits jetzt zu veröffentlichen. Der Kongress wird im Februar 2006 Referenten, Teilnehmer und Öffentlichkeit zur Auseinandersetzung mit den hier vorgelegten Darstellungen und Konzepten einladen.

Anliegen der Veranstaltung und dieses Buches ist es, die dringend zu lösenden Fragen zukünftiger Mobilität so aufzubereiten und zu popularisieren, dass sich daraus zahlreiche Impulse für die Kooperation der verschiedensten Akteure, für politische Programme, Regierungsmaßnahmen, Investitionen sowie F&E-Vorhaben ergeben mögen. Es geht um das Verständnis von Verkehr als Gesamtsystem, die Ausrichtung auf unabdingbare strategische Schwerpunkte und Handlungsorientierung für Verkehrspolitik, Verkehrswirtschaft und -wissenschaft.

Den Autoren ist dabei durchaus bewusst, dass sich gegenwärtig eine Vielzahl von Institutionen, Verbänden und Expertengruppen dem Thema Zukunft der Mobilität mit unterschiedlichen Zeithorizonten widmet. Im Mittelpunkt des Anliegens des verkehrspolitischen Arbeitskreises stand zunächst die untrennbare Verbindung von Mobilität und Kommunikation. Diesem Anliegen fühlt sich insbesondere das an der Technischen Universität Dresden angesiedelte Alcatel SEL Stiftungskolleg für interdisziplinäre Verkehrsforschung verpflichtet, das interessen- und fächerübergreifend die Bereiche Verkehr, Mobilität, Kommunikation und Telematik aufs engste miteinander vernetzt.

Die umfassende Nutzung modernster IuK-Technologien ist einer der wichtigsten Lösungsansätze, um Verkehr nicht im Chaos ersticken zu lassen. Technologisch fundierte Innovationen finden erst dann Gehör und umfassende Durchsetzung, wenn sie in ihren unternehmerischen und politischen Chancen verstanden werden. Unter diesem Mangel leidet besonders die flächendeckende Realisierung der Potenziale, die sich nach einer langen Phase von Experimenten und Pilotprojekten aus dem Einsatz der IuK-Technologien im Verkehrsbereich ergeben haben.

Der Nutzen der Verkehrstelematik kann nur dann voll zum Tragen kommen, wenn Politik, Unternehmen und Wissenschaft im Rahmen eines strategischen Konzepts kooperieren. Erst das Gesamtverständnis aller Beteiligten ermöglicht es, eine ubiquitäre informationelle Infrastruktur aufzubauen, die die physische Verkehrsinfrastruktur einschließlich der Verkehrsmittel flächendeckend ergänzt und ertüchtigt.

Die Tätigkeit des verkehrspolitischen Arbeitskreises Mobilität 2020 soll mit der Durchführung des Kongresses 2006 nicht beendet sein. Er hat sich für die kommenden Jahre zum Ziel gesetzt, die aufgezeigten Probleme einer nachhaltigen Mobilitätsgestaltung lösen zu helfen.

So umfassend sich diese darstellen, so umfassend und unkonventionell müssen auch die Denkkonzepte aussehen. Diesem Anspruch fühlen sich alle Beiträge konsequent verpflichtet. Mein Dank gilt daher den Autoren, die sich trotz einer hohen Arbeitsbelastung die Zeit nahmen, ihr Wissen und ihre Erfahrung zu Papier zu bringen und damit in den Dienst einer lebenswerten Zukunft zu stellen. Wenn die Diskussion über eine neue Marschrichtung der deutschen Verkehrspolitik damit ein Stück weit angestoßen wurde, hat sich die Arbeit gelohnt. Der Leser ist aufs herzlichste eingeladen, sich an dieser Diskussion und den erforderlichen Weichenstellungen aktiv zu beteiligen.

Prof. Ulrike Stopka
Dresden, 3. Oktober 2005

Einleitung

> *Ein Leitbild ist dann freiheitsgerecht, wenn es Abweichungen toleriert, nicht absolut vorgetragen wird oder herrisch gebietet, sondern werbend und verlockend ist. (Udo di Fabio)*

Wer aufgefordert wird, über eine Brücke zu gehen, hat zwei Möglichkeiten. Man kann ihren Einsturz fürchten, den Übergang zu gefährlich finden und am gewohnten diesseitigen Ufer bleiben. Oder man sieht am anderen Ufer neue Horizonte und gutes Ackerland. Dieses Buch will zum Weg über die Brücke – im Zweifel eine neu erbaute – ermutigen. Es möchte die Vorstellungskraft beflügeln, dass die trockenen Formeln der Verkehrsexperten Schlüssel für Wohlstand sind: Komfortable und effiziente Mobilität mit weitaus weniger gesundheitlichen, wirtschaftlichen und ökologischen Schäden als bisher.

Natürlich fängt man niemals bei Null an, und lächerlich, wer das Rad neu erfinden möchte. Auch im Verkehrswesen wird vieles von dem, was hier abgehandelt wird, seit langem bearbeitet und weiterentwickelt. Es gibt einen einzigen Grund dafür, dass die Herausgeber und Autoren zur Lektüre einladen. Manchmal erreicht der Fortschritt Ufer, an denen entschieden werden muss, ob ihm eine Brücke gebaut werden soll. Die Brücke ins 21. Jahrhundert braucht drei Bausteine: technisch Kommunikation, wirtschaftlich Nutzerfinanzierung und organisatorisch einen Staat, der jenseits seiner hoheitlichen Aufgaben die Stärken privater Unternehmen mobilisiert. Ohne ein solches Fundament würden andere auf der Welt die Erfolgsgeschichte der Mobilität des 21. Jahrhunderts schreiben.

Eine modernisierte Mobilität hat viel zu bieten: Aussicht auf Straßenverkehr mit drastisch reduzierten Unfällen, auf Staus als Ausnahme zu Lande und in der Luft, auf Investitionen in den öffentlichen Verkehr, die sich endlich auch bei der Bahn auszahlen, auf Verkehrswege, die nicht hinfällig werden, weil privates Kapital mobilisiert und kontinuierliche Mehrbeschäftigung erreicht werden kann, auf Know-How, das man weltweit verkaufen kann. Konsensfähige Vorstellungen von der Zukunft müssen meist mit weniger auskommen. Im Wissen um die Vorteile sollte es möglich sein, über allem demokratischen Streit um Wege und Instrumente die Ziele nicht aus dem Auge zu verlieren.

Dr. Wilhelm Pällmann
Frankfurt am Main, 3. Oktober 2005

Inhaltsverzeichnis

Vorwort 3

Einleitung 5

1   Mobilität und Kommunikation 2020 8
1.1   Einleitung: Strategischer Handlungsrahmen der Verkehrspolitik 9
1.2   Moderne Verkehrspolitik braucht eine Vision vom Verkehr der Zukunft 11
1.3   Thesen für eine Modernisierung der Verkehrspolitik 18
1.4   Ein nationales Programm für Verkehrsmanagement als Kompass 46

2   Strategien für Güterverkehr und Logistik im internationalen Wettbewerb 48
2.1   Deutschland als Logistikstandort und Drehscheibe des Güterverkehrs 49
2.2   Entwicklung des Güterverkehrs 51
2.3   Zukünftige Strukturen des deutschen Güterverkehrs 52
2.4   Lösungsansätze – was kann durch Politik und Wirtschaft
       vorangetrieben werden? 53
2.5   Fazit und Ausblick 65

3   Mit „E-Ticketing" in die Mobilität des 21. Jahrhunderts 66
3.1   Mobilität für die Zukunft: Chancen nutzen und neue Ziele erreichen 67
3.2   Änderungen und Wandel zum Mobilitäts- und Verkehrsmarkt der Zukunft ... 67
3.3   Formen des E-Ticketing 68
3.4   E-Ticketing: Neuer Vertriebsweg oder innovatives Vertriebssystem? 69
3.5   E-Ticketing: Wachsende Oase in der ÖPNV-Vertriebswüste? 70
3.6   Mit E-Ticketing rückt der Kunde ins Zentrum der ÖPNV-Vermarktung 70
3.7   Wirtschaftlichkeit von E-Ticketing 71
3.8   Erfahrungen aus aller Welt nutzen 72
3.9   VDV-Kernapplikation und komplementäre Mobilitätsplattformen
       als technische Grundlagen für E-Ticketing in Deutschland 72
3.10 Strukturelle Voraussetzungen für die Einführung von E-Ticketing 73
3.11 E-Ticketing ist richtungsweisend für die Zukunft des ÖPNV 74

4   Verkehr verstehen und beherrschen 76
4.1   Einleitung 77
4.2   Stand des Wissens 78
4.3   Maßnahmen zur Verkehrsoptimierung - heute und im Jahre 2020 80
4.4   Diskussion und Bewertung 85

**5   Das Auto als Produzent von Verkehrssicherheit
       und Verkehrsmanagement** 86
5.1   Einleitung 87
5.2   Vom Produkt- zum Systemdenken 88
5.3   Von der Idee zur Invention: Forschungsprojekte 90
5.4   Die Vision vom unfallfreien Verkehr 91
5.5   Barrieren der Umsetzung: Grenzen des Systemmanagements 94
5.6   Fazit und Ausblick 95

6   Vergleichende Sicherheitsbewertung der verschiedenen Verkehrsträger 97
6.1   Einleitung 97
6.2   Erhebung und Zusammenstellung des Datenmaterials 98
6.3   Zuordnung der Unfälle auf die Verkehrsträger 99

6.4	Wahl der Bezugsgröße	101
6.5	Entwicklung der Verkehrssicherheit der Verkehrsträger im Vergleich	102
6.6	Ableitung von Sicherheitszielen für die Verkehrssystemgestaltung	105
7	**Die Managementlogik von effizienten Transportprozessen**	**108**
7.1	Einleitung	109
7.2	Verkehr und Transportproduktion – Prozessverständnis	110
7.3	Regelungstechnische Sichtweise	111
7.4	Verkehrsmanagementkonzept	112
7.5	Diskussion verfügbarer Technologien	114
7.6	Telekommunikation	117
7.7	Datenbanken	118
7.8	Mensch/Maschine Schnittstelle	119
7.9	Stand der Entwicklung bzw. der Anwendung	119
7.10	Bewertung und Ausblick	122
8	**Netze für den Verkehr der Zukunft**	**124**
8.1	Einleitung	125
8.2	Begriffsklärung: Netz - Verkehr – Zukunft	126
8.3	Das Zusammenspiel verschiedener Komponenten	127
8.4	Eine leistungsfähige Kommunikationsinfrastruktur	133
8.5	Datenschutz	137
8.6	Schlussbemerkung	139
9	**Galileo - offene Chancen im Verkehr. Eine Provokation**	**141**
9.1	Galileo - das System	141
9.2	Galileo - Potenziale bei Anwendungen im Verkehr	143
9.3	Bewertung der Potenziale für Galileo im Verkehr in Deutschland	145
9.4	Handlungserfordernisse	149
10	**Wissensmanagement: Rolle der Information und Kommunikation für nachhaltige Mobilitätskonzepte**	**150**
10.1	Wissen im Entscheidungsstau	150
10.2	Stillstand wegen Rollenkonflikten aller Akteure	151
10.3	Expertenwissen versus Stammtischmeinung?	153
10.4	Keine Steuerung kann exakter sein als die Messung	156
10.5	Umstellung von Steuerfinanzierung auf Privatkonsum?	157
10.6	Wissensbruchstücke können kein Ganzes erbringen	159
11	**Verkehrsinfrastruktur in Deutschland und ihre Finanzierung - Verkehrsbeherrschung durch nutzerfinanzierte Verkehrswege**	**161**
11.1	Vorbemerkung	161
11.2	Mobilitätssicherung verlangt Paradigmenwechsel in der Verkehrspolitik	162
11.3	Maßnahmen und Ergebnisse der Verkehrspolitik auf dem Gebiet der Verkehrsinfrastrukturfinanzierung	163
11.4	Wege und Methoden zu einer Umstellung der Steuerfinanzierung auf eine Nutzerfinanzierung des Verkehrs	169
12	**Zehn Thesen zur künftigen Verkehrspolitik**	**173**
Die Autoren		**181**

1 Mobilität und Kommunikation 2020

Eine verkehrspolitische Agenda für Deutschland

Dipl.-Pol. Fritjof Mietsch

MMC Mietsch Mobility Consult, Blankenheim, fritjof.mietsch@t-online.de

Zusammenfassung

Die Verkehrspolitik kann die deutsche Budget- und Beschäftigungsmalaise erheblich mindern, wenn sie die erkennbaren Herausforderungen des 21. Jahrhunderts mit einer Neubestimmung ihrer strategischen Ziele sowie einem angepassten Ordnungs- und Instrumentenrahmen beantwortet.

Demographisch verursachte Umwälzungen der Siedlungsstruktur, fortschreitender Verfall der Verkehrsinfrastruktur im Gefolge sich dramatisch zuspitzender Budgetkrisen, anhaltender außenwirtschaftlicher Wettbewerbsdruck auf tradierte Beschäftigung und eine weiter wachsende Verkehrsnachfrage bilden die Kulisse, vor der Deutschland seine verkehrspolitischen Chancen erkennen und ergreifen muss.

In einem Europa, dessen Länder zu einem gemeinsamen Markt zusammenwachsen, bietet eine zentrale Lage ein einzigartiges Potenzial. Deutschland kann sich zum Referenzmarkt für effiziente Personen- und Güterströme entwickeln und damit ein exportfähiges Dienstleistungsprofil erarbeiten. Die rasch wachsenden Agglomerationen rund um den Globus bieten volumenstarke Exportmärkte für Dienstleistungen und Infrastrukturausrüstungen. Infrastrukturpolitik wird zu einer strategischen Schlüsselgröße für Lebensqualität und industrielle Leistungsfähigkeit. Verkehrspolitik ist zu wichtig geworden, als dass man sie nur einigen Fachpolitikern überlassen dürfte.

Die heute mögliche Effizienz von Transportabläufen hat drei Voraussetzungen:

- Erstens sind die Piloterfahrungen mit Techniken des Verkehrsmanagements inzwischen bei allen Verkehrsträgern reif genug für einen Modernisierungpfad, der Infrastruktur und Fahrzeuge umfasst. Den Kern bildet Kommunikation. Sie vernetzt Fahrzeuge untereinander und mit der Infrastruktur. Es geht nicht mehr um Pilotprojekte oder Nischenanwendungen sondern um formative Entscheidungen, die den Alltagsbetrieb durchdringen.
- Zweitens ermöglicht es die Toll Collect-Technologie, die Verkehrswege durch verursachungs- und nachfragegerecht bepreiste Benutzungsgebühren aus der Falle chronischer Unterfinanzierung zu befreien. Zusätzliche Beschäftigung und anhaltend positive Konjunktureffekte sind ohne den nicht mehr tolerierbaren Preis staatlicher Verschuldung erreichbar.
- Drittens braucht eine nationale Verkehrsorganisation einheitliche Standards, Verfahren und Zuständigkeiten. Für eine solche Pionieraufgabe sind harmonisierte Aktivitätsmuster von Bund, Ländern und Gemeinden unabdingbar.

Weil letztere Voraussetzung die Basis aller flächendeckenden Fortschritte ist, steht die Politik vor der Aufgabe, alten Kirchturmegoismus durch neuen Fortschrittskonsens zu verdrängen. Dafür werden attraktive Ziele benötigt, die einem überwölbenden Leitbild folgen und zu einer fassbaren, Stück für Stück realisierbaren Vision verdichtet werden. Ohne diesen Überbau führt der unvermeidliche Streit um Gestaltungsprobleme und

-alternativen zum Scheitern jeder strategisch angelegten operativen Politik, öffnet einem demoskopisch verkommenen Okkasionalismus Tür und Tor und schafft keine berechenbaren Grundlagen für industrielles Engagement jenseits des Quartalshorizontes.

Das technische Können unserer Zeit bietet überzeugende Entwicklungsperspektiven für einen Verkehr des 21. Jahrhunderts, bei dem die Leiden an seinen bisherigen Nebenfolgen Geschichte werden:

Wohlstand für alle setzt eine Mobilität voraus, die unter Beibehaltung schneller und kostengünstiger Verkehrsverbindungen Staus und Unfälle nur noch als seltene Ausnahme im Gefolge höherer Gewalt kennt.

Deutschland kann noch das erste Land in Europa und in der Welt werden, das diese Vision mithilfe von intelligenten Verkehrsregelungs- und -anreizsystemen bis zum Jahr 2020 erreicht. Die dafür erforderlichen Infrastrukturausrüstungen, Produkte und Dienste des Verkehrsmanagements bieten reichliches Wachstumspotenzial.

Der folgende Beitrag leitet aus der Konfrontation der aktuellen Verkehrslage mit einem wünschenswerten Szenario des Jahres 2020 die erforderlichen politischen Weichenstellungen ab und erörtert eine Reihe von Aspekten, die aus verkehrspolitischer, teilweise auch unternehmerischer Sicht bedeutsam erscheinen.

1.1 Einleitung: Strategischer Handlungsrahmen der Verkehrspolitik

> *Die Reibungsverluste zwischen der individuellen Lebenszeit der Wähler und der 'Reformzeit' des ganzen Landes werden zu einem beherrschenden Motiv - und darin ähnelt die heutige Republik ein wenig der späten DDR.* (Frank Schirrmacher[1])

Das ist der verkehrspolitische Widerspruch unserer Zeit: Unser Land verfügt international über eine hervorragende Infrastruktur, unsere Fahrzeughersteller sind Weltspitze, das Transportgewerbe muss in Europa kaum einen Vergleich scheuen und die Verkehrssicherheit ist höher als in fast allen anderen Ländern der Europäischen Gemeinschaft[2]. Doch trotz aller Fortschritte auf den Straßen entrichten wir einen immer noch hohen Tribut an Leben und Gesundheit, ertragen mehr und mehr zeit- und energiefressende Staus auf der Straße, der Schiene und in der Luft. Trotz einer mittlerweile verfestigten Finanzkrise verschwenden wir Steuergelder und nehmen einen wachsenden Instandhaltungs- und Bedarfsrückstand der Verkehrsinfrastruktur hin. Gefährliche Haushaltskrisen rücken unter diesen Umständen näher. Dabei wissen wir, dass die heutigen Möglichkeiten von Technik und Organisation viele Plagen des Verkehrs vertreiben könnten. Unfälle und Staus könnten teilweise reduziert, teilweise völlig abgeschafft werden. Die Verkehrsinfrastruktur könnte kostengünstiger und effizienter erstellt, unterhalten und bewirtschaftet werden. Aber unsere institutionellen Strukturen stammen aus dem vorigen Jahrhundert. Für ein modernes Zusammenspiel von Infrastruktur, Fahrzeugen und mobilen Endgeräten sind sie nicht besonders gut geeignet, schon gar nicht im internationalen Vergleich.

---

[1] FAZ, 24.5.2005
[2] Auf deutschen Straßen werden etwa 21 % der Fahrleistung im Personenverkehr und 27 % der Güterbeförderungsleistung erbracht, an den Verkehrstoten hatte Deutschland im Jahre 2002 einen Anteil von 17 %.

Deutschland hat keine Zeit mehr. Schon jetzt erzeugen verlorene Jahre unwiederbringliche Wohlstandsverluste und individuelle Katastrophen für zunehmende Bevölkerungs- und Altersgruppen. Deutschland muss jetzt endlich einen schnellen Weg ins 21. Jahrhundert einschlagen, nicht nur im Hinblick auf die sozialen Sicherungssysteme und eine nachhaltigkeitstaugliche Konsolidierung der öffentlichen Haushalte, auch im Hinblick auf die öffentlichen Ausgaben für Transport und Verkehr. Als zentrale Dreh- und Durchgangsscheibe in Europa muss das Land alle Möglichkeiten für höchste Transporteffizienz nutzen. Das ist eine der Möglichkeiten, einen weiteren Wohlstandsabstieg aufzuhalten, neue Beschäftigung zu schaffen und mehr Nachhaltigkeit zu erreichen.

Die Alternativen sind brutal einfach: Wer aus eigener Einsicht vorausschauend handelt, kann sich beachtliche Wohlstandsgewinne erwirtschaften. Wer wartet, bis die Not der öffentlichen Haushalte und das Wachstum des Verkehrs zum Handeln zwingen, wird einen Teil der nötigen Problemlösungen vielleicht sogar importieren müssen, jedenfalls als Exporteur nur eine nachgeordnete Rolle spielen. Ob Deutschland auch morgen noch ein Innovations- und Effizienzzentrum des Verkehrs ist, entscheiden einige Weichenstellungen, die jetzt fällig sind. Dabei sollte es uns vor allem um deutsche Verkehrspolitik gehen. Spielraum dafür ist auch im Rahmen einer europäisch und international ausgerichteten Kooperationspolitik reichlich vorhanden. Die Bedingungen, die die Europäische Union setzt, definieren für Strukturkonservative den Verlust nationaler Souveränität und für Schwächlinge eine Ausrede - oder Hoffnung -, weil man Europa anlastet oder überlässt, was man selbst tun könnte. Die Starken nehmen den europäischen Rahmen als Parameter für den innereuropäischen Wettbewerb um nationale Standortvorteile an und handeln. Deshalb ist eine verkehrspolitische Strategie für Deutschland zwingend erforderlich. Noch hat Deutschland Chancen genug.

Jedes fachpolitische Thema erfordert spezifische Zeitkalküle. Den strategischen Terminkalender der Verkehrspolitik beherrschen mindestens zwei Einflussgrößen:

- Die Strukturverschiebungen im Altersaufbau der Bevölkerung schreiten voran, die Entleerungsprozesse in den neuen Bundesländern haben bereits eine hohe Dynamik, der Wettbewerb um qualifizierte Arbeitskräfte wird noch in diesem Jahrzehnt zwischen den Regionen offen ausbrechen, und der absolute Rückgang der Bevölkerung setzt etwa 2015 ein. Die verkehrsräumlichen Besiedelungsmuster werden sich mit zunehmendem Tempo verändern und für die Verkehrsinfrastruktur sowie den Öffentlichen Verkehr völlig neue Fragen hinsichtlich Auslastung und Finanzierung aufwerfen. Dazu zeigt die Fortschreibung der herkömmlichen Haushaltsstrukturen, dass spätestens 2020 die Verkehrsinfrastruktur überhaupt nicht mehr aus Steuern und Staatskrediten finanziert werden kann.
- Grundlegende Modernisierungen der Verkehrsinfrastruktur in funktioneller, organisatorischer, technischer und finanzwirtschaftlicher Hinsicht brauchen, nicht anders als fundamentale Umbauprozesse in Unternehmen, lange Zeiträume, zielstabiles Handeln und kontinuierliche Umsetzungsaktivitäten. 15 Jahre sind keine lange Zeit für Strukturreformen. Sie sind im Gegenteil bereits eine kurze Zeit - und sie sind eine zu kurze Zeit, wenn man nicht heute anfängt. Mehr Zeit können wir uns jedoch nicht leisten. Geboten ist die Beschleunigung des Notwendigen im Rahmen des Möglichen.

Der Vorrang strategischer Zukunftszeiträume und von Zukunftsvorsorge wiegt in der Tagespolitik noch schwerer als die Auseinandersetzung mit Problemen, die sich in der Vergangenheit aufgebaut haben und durch aktuelle Krisen zu Entscheidungen zwingen. Die Bewältigung der demographischen Zukunft kann zu sozial erträglichen Bedingungen aber nur vorsorglich geleistet werden. Blockaden zwischen Bundestag und Bundesrat sind damit unvereinbar. Gleiche parteipolitische Mehrheiten in Bundestag und Bundesrat konnten sich jedoch immer nur für kurze Zeiträume behaupten. Aber selbst ein Zeitraum von ein bis zwei Legislaturperioden, sollte es ihn einmal geben, reicht nicht aus, die erforderlichen Weichenstellungen umzusetzen und nachzuhalten. Alle politischen Entscheidungsträger sind damit eingeklemmt zwischen dem permanenten Appell an den parteitaktischen Schweinehund und heilloser Überforderung in nächtlichen Vermittlungsverfahren über komplexe Sachthemen. Diese Zerstörung von vorsorglicher Nachhaltigkeit muss beendet werden, wenn unser Land seine Chancen wahrnehmen will. Gelingt dies nicht, wäre jede Idee für eine zukunftstaugliche Politik, auch im Bereich des Verkehrs, eine lächerliche Illusion.

1.2 Moderne Verkehrspolitik braucht eine Vision vom Verkehr der Zukunft

> *Nicht der Schrecken von Verkehrsprognosen ist unser Schicksal, sondern der Umgang mit den Chancen, die wir haben.*

Die Ahnung der BürgerInnen, dass es so nicht weiter geht, fordert Entwürfe über den Tag hinaus, dazu Führung und Tatkraft. Aber auch mutige Kraftakte in der Not brauchen realistische und attraktive Zukunftsbilder, die das Denken von der irreführenden Anschauung des noch Alltäglichen ablösen. Erst dann können Schritte auf dem Weg in eine moderne Verkehrspolitik diskutiert, eingeordnet, verstanden, akzeptiert und durchgehalten werden. Erst unter dieser Voraussetzung hat eine Politik der kleinen Schritte die Chance, Kurs zu halten und Zustimmung zu gewinnen. Deshalb ist es heute geboten, die Benennung von Maßnahmen mit einem Bild zu verbinden, das Orientierung gibt. Das gilt gerade für die Verkehrspolitik. In ihr bündelt sich eine Fülle von höchst unterschiedlichen Einflüssen und schwer kalkulierbaren Wechselwirkungen. Szenarien können beschreiben, welche Weichenstellungen zur Disposition stehen.

Junge Menschen, die im Jahr 2020 in Texte von Experten oder Politikern schauen, die am Anfang des Jahrhunderts beschrieben, wie Verkehr zukünftig aussehen würde, sahen sich in eine Welt versetzt, die fremd, düster und irritierend war. Über der Zukunft lag ein Schleier von Ratlosigkeit, Niedergang und Verfall:

- Die meisten Experten erwarteten bedrückende Entwicklungen, zusammengesetzt aus weiter wachsendem Verkehr und dem alltäglichen Stau als einer bestenfalls begrenzt vermeidbaren Begleiterscheinung; zugleich belegten sie mit zahllosen Analysen und Tabellen ihre Sorge vor einem zunächst schleichenden, dann, im Gefolge der demographischen Veränderungen, galoppierenden Verfall der Verkehrsinfrastruktur, weil das Verhau der Interessenten- und Kompetenz-Demokratie keine überzeugende Aussicht bot, Staatsverschuldung, Ausgabenwachstum und Steueraufkommen in ein nachhaltigkeitstaugliches Gleichgewicht zu bringen;
- auffällig waren Subventionszahlungen mit abstrusen, widersprüchlichen Wirkungen. So wurde zunächst der Bau von Eigenheimen im Grünen bezuschusst, dann der Arbeitsweg in die Stadt durch eine Pendlerpauschale vergoldet und anschließend beklagt, dass nachhaltige Siedlungsstrukturen mit reduziertem Verkehr nicht zu erreichen seien;
- es herrschte weitgehende Ratlosigkeit, ob die wuchernden Verkehrsprobleme in den schnell wachsenden Ballungszentren von armen oder aufstrebenden Industrieländern überhaupt zu bewältigen sein würden;

- zwischen den politischen Risikoanalysen und Prognosen, die eine baldige Verknappung von Erdöl für möglich erachteten, und der Erwartung, ab wann der Energiehunger des Verkehrs aus anderen Quellen gestillt werden könnte, wurde eine große zeitliche, vielleicht auch technologische Lücke vermutet - gepaart mit der mitunter klammheimlichen Hoffnung, erst solche politisch explosiven Knappheitszwänge könnten den Beitrag des Verkehrs zum drohenden Wärmekollaps des Weltklimas drastisch reduzieren;
- für die Verkehrstelematik, zunächst kreiert, um eine durchgreifende Verbesserung des Transportgeschehens zu bewirken, waren die ursprünglich euphorischen Umsatzerwartungen in eine ungewisse Zukunft verlegt. Diese ursprünglich viel versprechende Innovation schien sich in der Fülle zahlloser Pilotprojekte verlaufen zu haben; dabei schienen Mobilkommunikation, verschiedene Ortungssysteme, ein Patchwork von Programmen zur Transportoptimierung und Assistenz von Fahrern alle Systemkomponenten zu bieten, mit denen die Organisation von Verkehr von Grund auf verbessert werden konnte. Eine gedankliche Verbindung zu der Welt, in der sich Verkehr im Jahr 2020 abspielen sollte, war jedoch nur Quellen zu entnehmen, die wenig repräsentativ erschienen.
- Estimated Time of Arrival (ETA), die Sicherung der erwarteten Ankunftszeit, galt zu Beginn des Jahrhunderts als technisches und organisatorisches Non-Plus-Ultra des Transportmanagements. Aus der Sicht des Jahres 2020 handelte es sich um das nette Leitfossil einer versunkenen Zeit.

Globale Mobilitätstrends [3]

Megastädte

Bevölkerung (Mio)	Stand 1995	Prognose 2015
Tokio	26,8	28,7
Bombay	15,1	27,4
Lagos	10,3	24,4
Schanghai	15,1	23,4
Jakarta	11,5	21,2
Sao Paulo	16,4	20,8
Peking	12,4	19,4
Mexiko-City	15,6	18,8
Kalkutta	11,7	17,6
New York	16,3	17,6
Tianjin	10,7	17,0
Los Angeles	12,4	14,3
Seoul	11,6	13,1
Buenos Aires	11,0	12,4

Stadtbewohner

1995	2,4 Mrd.	47 %
2003	3,2 Mrd.	50 %
2025	5,0 Mrd.	61 %

Städte im Jahr 2015

Millionenstädte	358
davon	153 in Asien
Städte > 10 Mio. Einw.	27
davon in Asien	18

Die Wirklichkeit des Jahres 2020 war von völlig anderen Erfahrungen geprägt:
- Dreh- und Angelpunkt für die gesamte Organisation von Verkehr, geradezu ein Qualitätsfetisch, war die Required Time of Arrival (RTA), jeweils in der für den einzelnen Transportzweck spezifischen Ausprägung. In den Fahrzeugen aller Verkehrsträger war ein Bordgerät für das Fahrtenmanagement seit langem selbstverständlich und durch die massenhafte Einführung in den Automobilen zu einem preiswerten Alltagsgut geworden. Ebenso selbstverständlich war geworden, dass im Nebeneffekt Daten für das übergeordnete Transport- und Verkehrsmanagement abfielen.
- Die minimal erforderlichen vertikalen und horizontalen Sicherheitsabstände zwischen Flugzeugen waren enger geworden, und bei der Durchführung von Flügen definierten die im Flugplan ausgewiesene Ankunftszeit sowie Verkehrsaufkommen und kleinräumige Wetterverhältnisse, ob die Piloten von den vom Tower vorgegebenen

---

[3] Peter Hall und Ulrich Pfeiffer (Hrsg.), Urban 21. Weltbericht zur Zukunft der Städte, ausgearbeitet von der Weltkommission Urban 21. Bonn 2000

Flugrouten abweichen und mit energiesparender oder Verspätungen aufholender Geschwindigkeit fliegen konnten.
- Für die Transportproduktion auf der Schiene wurden die in der Fahrplanplanung vorgesehenen und mit zunehmender Praxiserfahrung kleiner angesetzten Puffer dazu genutzt, Störungen im Betriebsablauf durch flexible Zulaufsteuerungen zu vermeiden und damit das Pünktlichkeitsversprechen des Fahrplans einzuhalten.
- Die Autofahrer riefen vor terminkritischen Fahrten die empfohlene Abfahrtszeit ab und verließen sich bei unvorhergesehenen Ereignissen während der Fahrt auf die Empfehlungen ihrer personalisierten TrafficManager-Durchsage. Die Entzerrung von Verkehrsspitzen durch belastungsabhängige Straßenbenutzungsgebühren waren zur bewährten Selbstverständlichkeit geworden.
- Für den ÖPNV, bei dem es wegen der dichten Taktfolge weniger auf die Sicherung der ohnehin großen Pünktlichkeit ankam, dienten die RTA-typischen Simulationsinstrumente dazu, seine Netz- und Fahrplanplanung so zu optimieren, dass für den Fahrbetrieb möglichst wenige Störfallrisiken einkalkuliert werden mussten.
- Auf den Monitoren der Binnenschiffer wurde die optimale Route unter Einbeziehung aller wesentlichen externen Größen, etwa der Strömungsgeschwindigkeit der Wasserwege, abgebildet, so dass der seit langem gewohnte RTA-Standard energiesparend und sicher realisiert werden konnte.
- Straßenverkehrsunfälle, die durch unangepasste Geschwindigkeit, unzureichende Abstandshaltung oder fehlende Berücksichtigung von kritischen Wetterlagen verursacht wurden, hatten im zweiten Jahrzehnt drastisch abgenommen. Die in den Fahrzeugen generierten Verhaltensempfehlungen konzentrierten sich auf eindeutige Gefahrenkonstellationen und genossen eine hohe Akzeptanz. Für Autos mit entsprechenden Fahrtenschreibern hatten die Autoversicherungen attraktive Prämienrabatte angeboten. Im Gegenzug war der Autofahrer verpflichtet, derartigen Empfehlungen zu folgen, wollte er seinen Versicherungsschutz nicht verlieren. Die politische Diskussion, ob solches Fehlverhalten von Gesetzes wegen aufgezeichnet werden und strafbewehrt sein sollte, wogte noch hin und her, ebenso die Auseinandersetzung darüber, ob das Auto gefährliche Verhaltensweisen seines Fahrers unterbinden solle.

> **Zwänge zur Vernunft**
>
> Selbst egoistische Raser fügen sich in ein kollektives System ein, wenn sich auf einem Kilometer Strecke 20 bis 25 Autos pro Spur bewegen. Dann ist die Kapazität der Straße optimal ausgenutzt. Das Unfallrisiko sinkt, weil der Verkehr gleichmäßig fließt, und die Umweltbelastung ebenfalls durch geringeren Benzinverbrauch. Wird der Wert von 25 jedoch überschritten, kommt es mit großer Wahrscheinlichkeit zum Stau.
>
> (Prof. Dirk Helbing, TU Dresden, WDR-report)

- Die Autofahrer hatten gelernt, dass es sich lohnte, bei dichtem Verkehr einfach mitzuschwimmen und die Verkehrsempfehlungen, die mittlerweile auf sehr kleinräumige Verkehrslagen zugeschnitten waren, zu befolgen. Für Lückenhopser nahm der Spielraum mit zunehmender Verkehrsdichte auch deshalb ab, weil ein ausreichender Anteil der Fahrer ihre automatische Abstandshaltung nutzten und dadurch sinnlose Überholmanöver und Spurwechsel erschwerten. Hinweise wie die, Fahrzeuge mit den Endziffern 3 und 5 auf dem Nummernschild sollten eine Alternativroute nehmen, wenn sie zwischen A und B unterwegs seien, wurden nicht als ungerecht abgelehnt, weil man wusste, dass sich daraus für einen selbst die günstigste Ankunftszeit ergeben würde, wenn nicht am einzelnen Tag, so doch im Durchschnitt. Andere Länder hatten die Möglichkeit geschaffen, bei Überfüllung die günstigste Route einem anderen abzukaufen - ein System, bei dem sich allerdings herausgestellt hatte, dass die meisten Verkehrsteilnehmer mal als Käufer, mal als Verkäufer auftraten, so dass sich die Nettorechnung im Zeitablauf meist auf Null saldierte. Die Minderheitsinteressen der Zeitarmen wurden jedoch auch berücksichtigt, zum Vorteil der Zeitreichen. Staus wurden durch diese informatorischen und pretialen Instrumente zu Ereignissen, die im Wesentlichen durch kurzfristig entstandene höhere Gewalt, etwa die Bildung von Blitzeis auf den Straßen, verursacht wurden. Aber dann war ohnehin klar, dass Lkw auf dem Kriechstreifen zu halten und Pkw bestenfalls im Kriechtempo zu fahren hatten.

- Informatorische Barrieren für den Zugang zum öffentlichen Verkehr und seinen Ergänzungsverkehren gab es nicht mehr. Durch verschiedene Fahrpläne des ÖPNV oder der Bahnen musste sich kein Kunde mehr kämpfen. Diese wurden längst von spezialisierten Gesellschaften vermarktet und umfassten alle Anbieter. Die Einstellung ihrer Fahrplanangebote in den integrierten Fahrplan war obligatorisch.
Wer dreimal auf die #-Taste seines Mobiltelefons drückte, wurde durch ein kurzes Menü geführt, in dem die persönlichen Präferenzen berücksichtigt waren. So erhielt man die nächste Verkehrsverbindung und das gewünschte Verkehrsmittel - Bus, Bahn, Taxi, Kurzzeit-Mietwagen - sowie die Führung zum Einstiegs-punkt. Wer sich nicht auskannte, schaute auf die Wegeführung des Handy-Displays oder nutzte seinen Ohrhörer. Das führte zu öffentlichen Diskussionen, ob der Schilderwald in Bahnhöfen und auf Stationen entbehrlich sei.
Wer sich für ein öffentliches Verkehrsmittel entschieden hatte, drückte für die Buchung des Fahrscheins vor dem Einstieg dreimal die *-Taste und meldete sich nach dem Ausstieg ebenso ab. Die Kontrollinformation auf dem Display über Strecke und Fahrpreis schauten nur noch krankhaft Mißtrauische an. Das Wissen über den maximalen Preis des Einzel- oder Periodenfahrscheins genügte den Nutzern, weil sie sich darauf verlassen konnten, dass ihnen in der Monatsabrechnung der optimale Rabatt für Mehr-, Viel- und Gruppenfahrten garantiert war. Manche Verkehrsteilnehmer verfügten anstelle des Mobiltelefons noch über eine elektronisch lesbare Pre-Paid-Smartcard, weil sie ohne Orientierungsangebote den für sie passenden Mobilitätspfad kannten, nicht jederzeit erreichbar sein und nur den Datenaustausch mit der Gebührenabrechnung hinnehmen wollten. Einige Betreiber des öffentlichen Verkehrs boten jedoch einen relativ hoch subventionierten Umstieg auf Mobiltelefone an, um die lästigen Infrastruktur- und Prozesskosten für die Lesegeräte in den Fahrzeugen endlich einsparen zu können.

- Die Unternehmen des ÖPNV hatten es in den zwei Jahrzehnten seit der Marktöffnung gelernt, neben dem Standardangebot interessante Nischen zu besetzen, dadurch ihren Kostendeckungsgrad zu verbessern und die Straße zu entlasten. Attraktive Verkehrsangebote auf frequentierten Achsen des Freizeitverkehrs wurden mit einem ausgeklügelten Marketing vertrieben. Raumpartnerschaften von Städten mit beliebten Ausflugs- und Kurzurlaubsorten integrierten Freizeit- und Verkehrsangebote. Über das Handy waren Informationen für spontane Tagesausflüge und kurze Urlaube abrufbar, für die Eintritts- und Fahrkarten problemlos bezogen werden konnten. Ein ausreichender Anteil von Autofahrern stieg für die geplante Freizeittour auf die öffentlichen Verkehrsmittel um, weil die Fahrt billiger war und man sich absehbar zähflüssigen Autoverkehr nicht antun wollte. Auch die Prognosequalität für Fahrten zu Großereignissen in der Nähe war so zuverlässig, dass die Wahl zwischen früher Abfahrt mit dem Auto, um noch einen freien Parkplatz zu erreichen, und später Hinfahrt mit dem ÖPNV nicht schwer fiel und für einen allseits komfortablen Modal Split sorgte. Dieser hatte sich auch deswegen zu Gunsten des ÖPNV verschoben, weil das Linienangebot durch Anruf-Kleinbussysteme mit variablen Routen und weitgehender Tür-zu-Tür-Bedienung ergänzt, teilweise auch ersetzt worden war. Die Kostendeckung, die wie überall im öffentlichen Verkehr allein durch Fahrpreise erreicht werden musste, wurde durch deutlich reduzierte Infrastruktur- und Betriebskosten erleichtert. In manchen Bedienbereichen fuhren neuartige Fahrzeuge, ein Mittelding zwischen Bus und Straßenbahn, die von weitgehend elektronischen Spurführungssystemen geleitet und teilweise führerlos betrieben wurden.

- Die Disponenten in den Speditionen verfügten über Programme, die es ihnen nach Eingabe der Bedarfsparameter ermöglichten, vor der Auftragserteilung an den Frächter auch für den Schienengüterverkehr und den kombinierten Verkehr Planungen durchzuspielen. Die parallele Einholung von Angeboten für den Transport auf der Straße und der Schiene wurde für Transporte ab 200 km interessant, ab 400 km selbstverständlich. Automatische Planungsagenten der Gesellschaft für die Vermarktung des Schienennetzes der Eisenbahn stellten aus den Transportanfragen bei Erreichen ausreichender Mengen an Voranfragen kurzfristig zusätzliche maßgeschneiderte Trassenangebote bereit, die von den anbietenden Güterbahnen mit einer guten Auslastung gefahren werden konnten. Landesgrenzen bildeten innerhalb der Europäischen Union für den Schienengüterverkehr kein Hindernis mehr, weil sich viele Eisenbahnverkehrsunternehmen horizontal diversifiziert oder untereinander durchgehende Züge eingerichtet hatten und die ehemals rein nationalen Netzbetriebsgesellschaften internationale Netze bewirtschafteten.
- Nach Abschluss der großen Steuerreform, die alle indirekten Sozialtransfers abgeschafft und durch direkte Einkommenszuschüsse oder eine negative Einkommensteuer ersetzt hatte, empfanden die Steuerzahler, aber auch die Autofahrer nutzungsabhängige Straßengebühren und kostendeckende ÖV-Preise als gerecht. Nicht zuletzt unter dem Druck der demographischen Entwicklung war man der allgemeinen Auffassung, das preiswertere Leben auf dem Lande dürfe nicht durch künstlich niedrig gehaltene Mobilitätskosten versüßt werden. Dazu stand nicht im Widerspruch, dass eine ausreichende Mobilitäts-Grundversorgung Teil des allgemeinen Solidaritätsverständnisses war. Deshalb war es unumstritten, dass aus den Einnahmen für die Straßenbenutzung auch gemeinwirtschaftliche Verkehrsinfrastrukturen und -angebote finanziert wurden, soweit sie als sinnvolle Ergänzung zu der weiter gestiegenen Autonutzung verstanden werden konnten. Allerdings bekannte man sich jetzt auch offen dazu, dass es räumlich differenzierte Mindeststandards gab. Die Förderinstrumente des ÖPNV waren so umgestellt worden, dass die räumliche Konzentration auf eine deutlich verringerte Zahl zentraler Orte begünstigt wurde.

Hinter diesen verschiedenen Erscheinungsformen effizienten Verkehrs verbargen sich einige gemeinsame Methoden und Instrumente:
- Der Staat konzentrierte sich auf seine hoheitlichen Funktionen, hatte ein umfassendes Know How für die Ausschreibung von Leistungen und die Kontrolle von erbrachten Leistungen aufgebaut, stellte eine unabhängige und wirksame Wettbewerbsaufsicht sicher, beauftragte privatrechtlich organisierte Gesellschaften mit Entwicklung, Planung, Bau, Finanzierung, Betrieb und Unterhalt der Verkehrsinfrastruktur, und hatte durch eine Föderalismusreform Strukturen geschaffen, in denen Aufgabe, Ausgabe und Finanzierung so weit wie möglich von der gleichen gebietskörperschaftlichen Ebene verantwortet wurden.
- Die Unternehmen des ÖPNV waren aus Staatsbetrieben in Besteller-, Ersteller- und Betreibergesellschaften ausdifferenziert und zu normalen, im Wettbewerb stehenden Gesellschaften weiterentwickelt worden. Verbliebene öffentliche Beteiligungen waren

markttaktisch motiviert, um durch ausreichenden Einblick in den Wettbewerb für die Ausschreibung und Verhandlung von Konzessionen gewappnet zu sein und dem kurzfristigen Erfolgsdruck der Kapitalmärkte ggf. längerfristig ausgerichete Innovationen entgegenstellen zu können.
- Die Finanzierung des Straßennetzes erfolgte überwiegend, die Finanzierung straßenentlastender Infrastrukturen zunächst nur teilweise über nutzungsabhängige Gebühren.
- Die Infrastruktur der physischen Verkehrswege wurde durch einen verkehrsträgerspezifischen Daten- und Kommunikationsteppich ergänzt, der die jeweiligen kritischen Netzbereiche abdeckte. Die Verfügbarkeit und Zugänglichkeit von Verkehrsdaten bildete die Grundlage für ein hoch effizientes Verkehrs- und Transportmanagement zu Lande, auf dem Wasser und in der Luft.
- Die Verkehrswegeplanung war auf Basis der erwarteten und erreichten höheren Streckenleistungsfähigkeit auf Straße und Schiene gründlich überarbeitet worden und die resultierenden Ausbau-, Ergänzungs- und Instandhaltungsprioritäten wurden nach Marktkriterien realisiert, also entpolitisiert.
- Das Verkehrsmanagement hatte einen grundlegenden Paradigmenwechsel vollzogen. Starre zentrale Steuerungseingriffe wurden als notwendige Ausnahme, die dezentrale Regelung des Verkehrs zwischen den mobilen Einheiten als wünschenswerter Normalfall verstanden.
- Mit dem Wandel der Technik ging ein Wechsel in den Verhaltensansprüchen an die Verkehrsteilnehmer einher. Nicht mehr die Einhaltung von starren Verkehrsregeln sondern die Beachtung von situationsgebundenen, flexiblen Verhaltensvorschriften wurde zum Kriterium für Versicherungsschutz, Ordnungswidrigkeiten und Strafandrohung.
- In der gesamten Breite von Verkehrswirtschaft und -management hatte sich Deutschland zum Referenzmarkt für eine lebhafte Exporttätigkeit gemacht. Darüber hinaus hatte die Bundesrepublik für ihre aktuellen und künftigen Exportkunden weltweit führende Ausbildungsangebote vermarktet. Dabei profitierten die Unternehmen davon, dass Beiträge zur Lösung der Verkehrsprobleme in den Ballungszentren der Welt einen wichtigen Akzent in der internationalen Kooperations- und Entwicklungspolitik der Bundesregierung bildeten.

Diskussionen über politische und administrative Instrumente sind Expertendebatten. Sie überfordern die allgemeine Öffentlichkeit. Dem Druck der Interessenten und Stammtische können sie nur entzogen werden, wenn es einen breiten Konsens darüber gibt, dass modernes Verkehrsmanagement unter dem Strich allen nutzt. Dafür werden Visionen benötigt, an denen sich die Massenkommunikation der Partei- und Wahlprogramme ausrichten kann.
Gleichwohl gelten Visionen oft, und oft zu Recht, als Kapitulation vor einer Wirklichkeit, die pragmatische Einzelschritte erfordert. Das gilt nicht in Zeiten mit einem breiten und tiefgreifenden Veränderungsbedarf. Unter solchen Voraussetzungen brauchen Staaten, wie Unternehmen, eine Vorstellung davon, wohin sie sich entwickeln wollen.
Die These, die hinter der in diesem Text ausgebreiteten Vision steht, ist einfach: Die Verkehrspolitik befindet sich auf der Suche nach neuen Methoden für die Organisation und Finanzierung von Verkehr, weil nur so die Möglichkeiten der Technik mobilisiert und wirtschaftlich nutzbar gemacht werden können. Strategisch richtiges Handeln heute braucht längerfristige Ziele für einen tragfähigen öffentlichen Konsens über Richtung und Tempo des Weges. Das alles überwölbende Ziel der Verkehrspolitik lässt sich in einem Leitbild für das Jahr 2020 zusammenfassen.

Dieser Zeithorizont bietet sich aus verschiedenen Gründen an. Bis zum Jahr 2020
- dürfte die wachsende Verkehrsnachfrage noch nicht durch das Schrumpfen der Bevölkerung umgekehrt werden;
- müssen die öffentlichen Haushalte und die Finanzierung der Verkehrsinfrastruktur resistent gemacht werden gegen die Folgen einer alternden Gesellschaft mit Wanderungsverlusten in schrumpfenden und überproportionalen Wanderungsgewinnen in prosperierenden Regionen;
- werden Produktivitätssteigerungen benötigt, um jetzt möglichst viel Arbeit zu verteidigen oder neu zu schaffen und später mit einer erhöhten Kapitalintensität auf möglichst wenig Arbeitskraft angewiesen zu sein;
- haben vor dem Hintergrund des globalen Wettbewerbs neue Arbeitsplätze vor allem in Bereichen nicht verlagerungsfähiger Dienstleistungen eine Chance;
- sind verbesserte Wachstumsvoraussetzungen und nachhaltig finanzierbare öffentliche Haushalte erforderlich, um eine Verarmung der nächsten Generation zu vermeiden; ohne Innovationen sind stetige Reallohn- und Arbeitsplatzverluste in der industriellen Warenproduktion und bei regional mobilen Dienstleistungen unvermeidlich;
- können die Arbeiten an Technologien und Institutionen für moderne Verkehrsstrukturen abgeschlossen werden;
- reichen allenfalls die Zinskalkulationen der Anleihemärkte, nicht jedoch die Erfolgsabschätzungen der Investoren in Risikokapital. Der weltweite Überhang an Kapital und die Übermacht des Kurzfristdenkens in den Märkten führen zu spekulativen Blasen, die in jeder neuen Kapitalmarktkrise die Suche nach neuen Investitionsfeldern beleben. Noch viel zu wenig fragen Analysten und Fondsmanager, wie sie mit ihren Beurteilungen und Portfolioentscheidungen für die Gewinne von übermorgen bereits heute wichtige Grundlagen schaffen können. Die Politik kann zu langfristigen Anlageempfehlungen beitragen, indem sie realistische Erwartungsszenarien aufbaut. Eine Agenda Verkehr 2020 kann für die Anleihe- und Kapitalmärkte stabile Erwartungen aufbauen;
- kann die Wende in ein umfassend umweltverträgliches Verkehrssystem voraussichtlich noch nicht geschaffen werden. Es dürfte eher bis zum Jahr 2030 dauern, bis die in der Entwicklung befindlichen Antriebssysteme – Brennstoffzelle auf Basis klimaneutraler Energieträger – massenhaft verfügbar sind. Der funktionierende Wettbewerb der Automobilhersteller, die Verfügbarkeit von Erdöl auf freien Weltmärkten und steigende Preise für fossile Brennstoffe in Gefolge von Verknappung erzeugen, unabhängig von politischen Maßnahmen, ausreichenden ökologischen Veränderungsdruck;
- zu denken, hilft gegen den medialen Angriff der Gegenwart auf die Zukunft und das Diktat der Kurzfrist- und Tagesereignisse. Allerdings kann sich die Politik nachhaltigen Aufmerksamkeits- und Unterstützungsdruck durch die BürgerInnen in Zeiten wie diesen nicht einmal mit Großthemen erkämpfen, auch nicht mit Verkehrspolitik. Erst in einem allgemeinen Klima von Reformbereitschaft und Innovation haben nennenswerte Modernisierungsschritte eine Chance. Da jedoch nicht absehbar ist, mit welchen Themen ein solcher Stimmungswandel herbeigeführt werden kann, muss die Überzeugungsarbeit auf allen Feldern fortgesetzt werden. Eine konzeptionell ausgerichtete Verkehrspolitik bietet dafür viele Möglichkeiten.

Der Kern jeder umfassenden Modernisierung von Verkehr ist die Infrastruktur. Im 19. Jahrhundert wurden Bahnhöfe, die heute mitten in der Stadt liegen, auf der grünen Wiese für einen Bedarf gebaut, der vielleicht erwartet, jedoch nicht als gesichert angesehen werden konnte. Sie wurden zum Motor für Wohlstandssteigerung und

Lebensqualität. Heute wissen wir, dass Besiedelungsdichte und Eigentumsrechte dem weiteren Ausbau der Verkehrswege an vielen Stellen unüberwindliche physische Grenzen setzen. Die Steigerung der Leistungsfähigkeit im Bestand entscheidet darüber, wie weit sich die Grenzen des Verkehrswachstums hinausschieben lassen. Erst wenn diese erreicht sind und Staus jedes erträgliche Maß überschreiten, setzen umfassende Verhaltensänderungen ein. Sie vorher zu fordern, hat sich gerade im Verkehr als eine politische Litanei ohne reale Wirkung erwiesen.

Jede Modernisierung von Infrastrukturen braucht lange Projektzeiträume. Zu lange Vorlaufzeiten fördern jedoch Illusionen und Ausreden über die noch verfügare Zeit. Entscheidungsstaus erzeugen Kostenlasten und Wachstumsbremsen, die kurzfristig nicht korrigierbar sind. Im Ergebnis entlädt er sich zu einem unbestimmten, unausweichlichen Zeitpunkt in kataraktartigen Rationierungszwängen. Handeln unter solchen Bedingungen ist mit sozialen Grausamkeiten und wirtschaftlichen Verwerfungen verbunden, die die Politik von BürgerInnen und Unternehmen nicht mehr abwenden kann.

Leitet man aus den Szenarien einer möglichen Zukunft des Verkehrs ab, welche verkehrspolitischen Ziele für das Jahr 2020 nötig sind und was heute dafür getan werden muss, wird ein ehrgeiziger und drängender, aber gerade noch zu bewältigender Handlungsdruck erkennbar. Dabei ist das Ziel durchaus attraktiv. Für die Verkehrsinfrastruktur lässt es sich zusammenfassen in einem

Leitbild Mobilität 2020:

Deutschland kann noch das erste Land in Europa und in der Welt werden, das bis zum Jahr 2020 fast alle Unfälle und Staus mit Hilfe von intelligenten Verkehrsregelungs- und -anreizsystemen vermeidet. Dafür muss beim Ausbau der Verkehrsinfrastruktur so viel wie nötig für Managementsysteme und so wenig wie möglich für zusätzliche Verkehrswegebauten getan werden. Mit dem Einsatz von Intelligenz und Innovation lässt sich eine Heimatbasis schaffen, die dazu befähigt, beim Export von Infrastrukturausrüstungen, Produkten und Diensten des Verkehrsmanagements Weltmeister zu werden.

1.3   Thesen für eine Modernisierung der Verkehrspolitik

Nicht wenige der überkommenen Institutionen rinnen aus. (Peter Glotz[4])

Welche Aufgaben ergeben sich aus dem Leitbild für das Jahr 2020? Welche Maßnahmen müssen heute ergriffen werden, welche brauchen vorbereitende Schritte? Gibt es strategische Weichenstellungen, die nicht sofort dem immobilisierenden Sperrfeuer der Interessenten und Medienstammtische oder der parteipolitischen Blockade über den Bundesrat ausgesetzt sind? Wo liegen Chancen für populistische Durchsetzungsmethoden?

Der Aufbau einer informationellen Dimension von Verkehrsinfrastruktur ist ein Lernprozess für alle über einen längeren Zeitraum. Er muss in Gang gesetzt und dynamisiert werden. Das Nutzenpotenzial ist groß und reichhaltig genug, um einen Nachfragesog bei Wählern und Endnutzern zu erzeugen. Die nachfolgenden Thesen sollen den Handlungsrahmen konkretisieren und eine Grundlage für politische Strategien liefern. Daraus lassen sich operative Politikempfehlungen entwickeln.

---

[4] Peter Glotz: Die Jahre der Verdrossenheit. Politisches Tagebuch 1993/94. Stuttgart 1996. S. 10

These 1: Wachsendes Verkehrsaufkommen, schrumpfende Bevölkerungszahl, räumliche Entleerungs- und Verdichtungsprozesse und die Erschöpfung der bisherigen Haushaltspolitik beherrschen den strategischen Handlungsrahmen der Verkehrspolitik.

Das prognostizierte Wachstum der Verkehrsnachfrage im Bundesverkehrswegeplan (BVWP) und seine schon lange chronische Unterfinanzierung sind bekannt. Noch nicht herrschende Einsicht sind die Begleitumstände und Folgen der demographischen Entwicklungen sowie die Tatsache, dass die öffentlichen Haushalte bei Fortschreibung der überkommenen Strukturen durch die Zukunftslasten hoffnungslos überfordert sein werden[5]. Ein sachgerechter Erhalt und Ausbau der Verkehrswege kann aus Budgetmitteln nicht mehr erbracht werden. Prämissen und Zeithorizont des BVWP sind unter dem Druck der Entwicklung und der gegebenen institutionellen Voraussetzungen zu einer operativen Illusion ohne realistischen Zukunftsbezug geworden[6]. Auch dem Leitbild, das ihm zugrunde liegt - der Staat der Daseinsvorsorge, verpflichtet einem formalistisch verengten Verständnis von gleichwertigen Lebensverhältnissen - fehlt inzwischen die Grundlage. Denn dieser Anspruch bedingt einen Finanzausgleich, der die Kraft der leistungsstarken Regionen zunehmend überfordert.

Um was für strukturelle Verwerfungen es geht, zeigen die Abwanderungsbewegungen aus den neuen Bundesländern. Sie sind ein Vorbote dessen, was kommt, auch in vielen Gebieten der alten Länder. Wo junge Menschen abwandern, reduziert sich die regionale Reproduktionsbasis und beschleunigt die weitere Schrumpfung der Bevölkerung. Damit erodieren das Angebot qualifizierter Arbeitskräfte, die Beschäftigungsbasis der Unternehmen und das regionale Einkommensniveau. Die Steuerbasis, aus der Ausbildung und Infrastruktur dotiert werden, verfällt. Der Konkurrenzkampf erfolgreicher Städte und Regionen um Arbeitskräfte wird in wenigen Jahren in voller Kraft einsetzen und diese Negativspirale dramatisch verstärken. Prosperierenden Regionen stehen dann noch mehr als jetzt Regionen mit beschleunigten Bevölkerungs- und Wohlstandsverlusten gegenüber.

Die Folgen für den Öffentlichen Verkehr liegen auf der Hand: Bereits heute nutzen im überregionalen Verkehr nur drei Prozent der beförderten Personen öffentliche Verkehrsmittel. In der Fläche verliert der Öffentliche Verkehr zwischen 2015 und 2050 etwa zwei Drittel seiner Nutzer.[7] Zugleich nehmen die heute Berufstätigen ihre hohe PKW-Mobilität ins Rentenalter mit und steigern, bei sinkender Fahrleistung, den Motorisierungsgrad. Die Gesamtfahrleistung mit privaten PKW steigt zunächst weiter an, bevor auch hier Schrumpfungsprozesse einsetzen.

Zugleich muss sich Deutschland im Standortwettbewerb, nicht zuletzt aufgrund seiner geografischen Lage, zunächst mit weiter steigendem Verkehr auseinandersetzen.

Diese Entwicklungen setzen für die Verkehrspolitik unentrinnbare exogene Faktoren, die auf der Zeitachse völlig widersprüchliche Anforderungen stellen. Die Fortsetzung der bisherigen Politik würde die Strukturprobleme verschärfen. Verkehrsinfrastruktur ist für den Wirtschaftsstandort Deutschland jedoch so wichtig, dass neue Methoden der Errichtung und Bewirtschaftung dringend benötigt werden. Weiteres Wachstum muss bewältigt, regionale Schrumpfung antizipiert werden.

---

[5] Ulrich Pfeiffer, Thilo Sarrazin u.a.: Staatshaushalt, Wachstum, Demographie. Managerkreis der Friedrich-Ebert-Stiftung. März 2005 (http://www.fes.de/managerkreis/)

[6] Prämissen des BVWP sind u.a.: Von 1997 bis 2015 jährliche Netto-Zuwanderung von 300.000 mit einer resultierenden Bevölkerungszahl von 83,5 Mio. Einwohnern, Wachstum des BIP um durchschnittlich 2,1 % p.a.

[7] Andreas Knie, Weert Canzler: Wie die Bahn schrumpfen wird. Folgen von Demographie und Strukturwandel. WZB-Mitteilungen. Heft 107. März 2005. S. 29 ff. (auch: www.wz-berlin.de/publikation/pdf/wm107/29.pdf)

1. politische Schlussfolgerung

- Gleichwertige Lebensverhältnisse in Regionen, schon bisher eine fromme Illusion, müssen aus dem Katalog der hoch subventionierten politischen Versprechen als unbezahlbare Immobilitätsillusion verabschiedet werden. Stattdessen müssen gleichwertige Entwicklungs- und Lebenschancen der BürgerInnen zum Maßstab politischen Handelns werden. Dazu können, wie beim Braunkohlentagebau, im Extremfall Umsiedlungsangebote für die Restbevölkerung von sterbenden Städten gehören. Soweit soziale Leistungen für faire Chancen auf räumliche Mobilität erforderlich sind, bieten direkte Transfers im Rahmen des Einkommenssteuerrechts die beste Möglichkeit, die kostentreibenden Streu- und Verschwendungseffekte von Subventionen, indirekten Einkommenstransfers und Objektförderungen zu vermeiden.
- Der unscharfe Begriff der infrastrukturellen Daseinsvorsorge und seine Ausbeutung im Namen beliebig interpretierbarer sozialer Gerechtigkeit muss durch den Begriff der staatlichen Infrastrukturverantwortung ersetzt werden. Diese umfasst Raum- und Verkehrswegeplanung, Bestellerfunktionen, Aufsicht über den freien Zugang zur Infrastruktur, Erlass und Kontrolle von Sicherheitsvorschriften.
- Subventionsabbau reicht nicht aus, damit die öffentlichen Haushalte im Gleichgewicht gehalten werden können. Ganze Aufgabenbereiche müssen aus ihnen vollständig verschwinden. Dazu gehören bis zum Jahr 2020 erhebliche Anteile der Ausgaben für Verkehrsinfrastruktur. Als Alternative zum finanziellen Hinsiechen der Verkehrswege gibt es nur den schrittweisen Umstieg von der Haushaltsfinanzierung in eine vollständige Nutzerfinanzierung. Dieser marktnahe Finanzierungsmechanismus beschleunigt überdies die Realisierung von Infrastrukturinvestitionen und erleichtert graduelle Anpassungen an die demographische Entwicklung.
- Produktivitätssteigerungen im Verkehrswegebestand, zu allererst dort, wo Neubauten eingespart oder reduziert werden können, müssen Vorrang erhalten, auch gegenüber noch nötigen Ausbauten.

Verkehrstelematik für die Straße

- Adaptive Steuerung von Ampeln
- Ankunftszeitinformation
- Anschlußsicherung
- Antikollisions-Radar
- Automatische Tempolimit-Einhaltung
- Automatische Unfallmeldung
- Automatisierte Gebührenerhebung
- Citylogistik
- Dynamische P&R-Information
- Dynamische Zielführung
- Fahrerassistenzsysteme
- Glatteiswarnung
- Hinderniserkennung
- LKW-Flotten-Management
- Nachtsichtassistent
- Nebelalarm
- Pförtnerampeln
- Priorisierung des ÖPNV
- Spurführung
- Streckenbeeinflussung
- Vorbeugendes Unfallmanagement

These 2: Verkehr regelt Verkehr. Intelligentes Verkehrsmanagement sollte die dezentrale Selbstregelungsfähigkeit der Verkehrsteilnehmer stärken. Wo die Vorausschau des Fahrzeugführers endet, wird er von intelligenten Verkehrssystemen unterstützt, wo er Gefahren nicht vermeiden kann, greifen verkehrslageabhängige Maßnahmen der Außensteuerung. Dadurch können Staus und Unfälle zur Ausnahme, sicherer und fließender Verkehr kann zur Signatur des digitalen Zeitalters werden.

Seit dem Beginn von Eisenbahn, Automobil und Flugzeug bilden technische Neuerungen die Grundlage für Verbesserungen der Verkehrsverhältnisse. Ende der 80er Jahre wurden die Vorteile der Informations- und Kommunikationstechnologien für den Verkehr erkannt. Sie erzeugten in vielen OECD-Ländern einen Boom der Ideen und Projekte. Hinter der Vielfalt der neuen Möglichkeiten wurde allmählich ein gemeinsames Muster erkennbar. Die Abläufe eines Transportprozesses, ihre Zerlegung in einzelne Schritte und ihre Verknüpfung durch den Einsatz technischer Mittel schafft neue, optimierte Abläufe. Lehrbeispiele, zunächst in der industriellen Güterproduktion, bald auch in der Logistik, zeigten, dass sich dadurch Produktivität und Qualität um Quantensprünge steigern ließen. Dass die übrigen Verkehrsbereiche diese Möglichkeiten so schnell nicht nutzten, hatte ihre Ursachen in den Besonderheiten von Verkehr.

Verkehr, nicht nur auf der Straße, ist ein chaotisches System, in dem Verkehrswege, Umgebungsbedingungen, Fahrzeuge und Fahrer ständig aufeinander einwirken. Was geschehen wird, hängt von Einflussgrößen ab, die nach Art, Intensität, Stetigkeit, Zeitpunkt und Zeitdauer nicht vorhersehbar sind. Steuerung durch zentrale Vorgaben ist eine Behelfslösung gegen Informationsmangel beim einzelnen Verkehrsteilnehmer. Eine Ampel schaltet nur dann im „richtigen" Takt, wenn der momentane Verkehrszufluss ausnahmsweise dazu passt. Die Vorgabe einer Höchstgeschwindigkeit verhilft dem Fahrer im Normalfall, jedoch nicht bei Nebel, zu einer sicheren Geschwindigkeit oder bei dichtem Kolonnenverkehr zu einem sicheren Abstand. Im Fahrplan spurgeführter Verkehre sind nur dann die Pufferzeiten und Vorgabegeschwindigkeiten „richtig", wenn die unterstellten Zeitreserven für die im Fahrbetrieb auftretenden Unregelmäßigkeit ausreichen.

Die Konsequenzen sind bekannt:
- Reichen die vorgesehenen Puffer nicht aus, überträgt sich die Verspätung des ersten Zuges durch Netzeffekte auf viele andere und erzeugt Lawinen der Unpünktlichkeit.
- Auf den Straßen besteht verkehrskonformes Verhalten aus einer massenhaften Reihe kleinerer und größerer Ordnungswidrigkeiten. Jeder scheint zu wissen, wie sich Verkehr bei hoher Fahrzeugdichte gerade noch in Fluss halten lässt. Man hält zu geringen Abstand und fährt eine zu hohe Geschwindigkeit, um nicht überholt zu werden; man beobachtet im Rückspiegel den Überholvorgang auf der linken Spur, wartet ab und fährt gefährlich dicht auf den Vordermann auf, um kurz vor dem Auffahrunfall hinter dem Fahrzeug, das überholt hat, auf die linke Spur zu wechseln. Diese Selbstregelungsmechanismen sind offensichtlich stärker als der Appell an Folgsamkeit gegenüber starren Verkehrszeichen. Sie werden missachtet, oft genug aus Gründen, die sich in der Praxis bewährt haben, aber immer mit dem Restrisiko, das sich in der Unfall- und Verspätungsstatistik niederschlägt. Mangel an Information, Überblick und Vorausschau sind die Quellen, denen viele Staus und Unfälle entspringen.

> **Richtiges Handeln im Stau überfordert spontanes Verhalten**
>
> Ein Stau liegt vor, wenn ein Fahrzeug stehen bleiben muß wegen eines vorausfahrenden, das schon steht. Das Stehenbleiben ist die Crux. Steht das Fahrzeug, braucht es etwa zwei Sekunden zum Anfahren. Am Stauende hingegen kommen die Autofahrer mit durchschnittlich einer Sekunde Abstand an. Der Stau entsteht quasi aus dem Nichts aufgrund dieser Sekundendifferenz zwischen dem langsamen Anfahren vorn und der schnellen Annäherung hinten.
>
> Der Mensch reagiert also nicht flink genug. Wenn die Autofahrer synchron fahren könnten, so wie Fische in einem Schwarm schwimmen, gäbe es keine Staus.
>
> (Prof. Michael Schreckenberg, Universität Duisburg-Essen)

Die Verfügbarkeit von Informationen vertreibt indessen noch keine vermeintlichen

Alltagsgewissheiten aus den Köpfen. Eine höhere Geschwindigkeit gilt auch bei dichtem Verkehr als Mittel für schnelleres Ankommen, auf der Schiene wie auf der Straße. Autofahrer, die einmal im Stau gestanden haben, können nicht verstehen, warum Experten recht haben sollen, die eine gleichmäßigere und geringere als die maximal mögliche Geschwindigkeit empfehlen, damit alle schneller ans Ziel kommen (s. Kasten S. 21)[8]. Der Einduck, dass einfach zu viele Autos auf der Straße sind oder vorn durch einen Unfall oder eine Baustelle eine Fahrspur blockiert ist, scheint von zwingender Beweiskraft. Der angeblich gesunde Menschenverstand findet keine Brücke zu dem Expertenvotum, dass das Anfahren an der Spitze eines Staus mehr Zeit benötigt als das Bremsen am Ende, und dass sich diese Zeitdifferenz, die jeden im Stau trifft, nur vermeiden lässt, wenn man rechtzeitig über eine stauvermeidend niedrigere als die scheinbar mögliche Geschwindigkeit informiert wird - und sich daran hält. Gleichmäßiges Mitschwimmen im lagegerecht verlangsamten Fahrzeugstrom stellt eine Anforderung, die dem gedanklichen und emotionalen Impuls widerstrebt.

Wenn lagegerechte Informationen für die betreffenden Verkehrsteilnehmer die Voraussetzung für optimale Koordination bilden, stellt sich die Frage, welche organisatorische Struktur geeignet ist, die Masse der Verkehrsteilnehmer mit koordinierenden Verkehrsinformationen zu versorgen.

In der tradierten Welt der Verkehrssteuerung sind zentrale Ordnungselemente maßgeblich. Folgt man dieser Architektur, müssen einer zentralen Steuerungseinrichtung die laufenden Ereignisse mitgeteilt werden, damit sie ihre Steuerungsbefehle an die tatsächliche Lage anpassen kann. Das setzt vollständige Information sowie Reaktionen in Echtzeit voraus und damit die Fähigkeit zur bidirektionalen Kommunikation zwischen den am Ort befindlichen Verkehrsteilnehmern und der Steuerungszentrale. Selbst in einer Welt, in der Technik und Kommunikationskosten keine Grenzen setzen, ist es unvorstellbar, eine derartige Dateninflation zu beherrschen. Auch ein ausgeklügeltes Ausnahmemanagement kann dieses Dilemma nicht auflösen. Zentrale Verkehrssteuerung funktioniert überdies nur, wo sie durch dezentrales Verhalten nicht konterkariert oder verbessert werden kann. „Ist ein System vollständig bekannt, so kann man es steuern, andernfalls - und das trifft bei der Mehrzahl der Fälle zu - muss man es regeln." [9]

> **Verkehrsengpässe sind gigantische Wachstumsbremsen**
>
> Folgen der *Verkehrsüberlastung* auf den Straßen der EU:
> - BIP-Verluste   250 Mrd. DM (2 %)
> - deutscher Anteil   min. 50 Mrd. DM
>
> (Europäische Kommission, Grünbuch, 1995)
>
> *Emissionen* von CO und CHO
> - Fließender Verkehr BAB   1 Einheit
> - Stop-and-go-Verkehr BAB   4 Einheiten
>
> (Europäische Kommission, Grünbuch, 1992)

Die entscheidende Entlastung von zentralen Steuerungsanforderungen wird erreicht, wenn die einzelnen Verkehrsteilnehmer durch Systeme besser befähigt werden, sich untereinander zu koordinieren. Der relevante kleinräumliche Zusammenhang wird durch die jeweilige Verkehrslage definiert. Nur in diesem Rahmen müssen Informationen erzeugt und kommuniziert werden. Systemgestützte Selbstregelung tritt an die Stelle zentraler Steuerung.

Die Akzeptanz dezentraler Koordinationsnetze hängt davon ab, wie zuverlässig und nachvollziehbar die erreichbaren Vorteile sind. Eine Abstandsempfehlung, die in der Praxis nicht realisierbar ist, zerstört die Legitimation, die sie für kritische Verkehrssituationen benötigt. Eine Geschwindigkeitsempfehlung, bei der die Missachtung mit Gewissheit zum Stau führt, produziert bessere anfängliche Lernerfolge

---

[8] s. auch Beitrag Treiber, Kesting, Helbing, bes. S. 82
[9] Otto Föllinger: Regelungstechnik. Heidelberg 1985, S. 37

> **DaimlerChrysler builds car-to-car information bridge**
>
> A pioneering initiative is being shown at the DaimlerChrysler Innovation Symposium by research engineers from the Research and Technology Centre North America, based in Palo Alto, California. For the first time, DaimlerChrysler is presenting a dynamic driving demonstration of broadband car-to-car communication between a Mercedes-Benz E-Class and a Dodge Durango. With this initiative, DaimlerChrysler says it is the first automaker to publicly test this new wireless communications technology. The company is moving forward with this Dedicated Short-Range Communication (DSRC) technology, which makes real-time communication possible between a vehicle and roadside stations and from one vehicle to another.
>
> With the aid of car-to-car communications, the selective forwarding of information helps to optimise traffic flow and appreciably enhances traffic safety. For example, if a vehicle encounters a critical situation such as congestion, fog, ice or an accident, it can pass the relevant information on to all road users in the immediate vicinity of the danger spot. Traffic approaching from further away is given ample warning and can respond to the situation.
>
> Cars equipped with DSRC can communicate directly with one another, also making it possible to transmit braking signals back over several vehicles, giving drivers early warning that they might soon have to brake. In this information network, each vehicle can take on the role of a sender, receiver or router. It allows a chain of information to be passed on, like a relay race. With the aid of this process, known as multi-hopping, information can be spread further to cover a substantial distance.
>
> The data exchange between vehicles is made possible by ad-hoc networks. These short-distance connections are spontaneously created between the vehicles as the need arises and can organise themselves without the help of any external infrastructure. DCRS uses Wireless Local Area Network (WLAN) technology to transmit data at 5.9 Gigahertz over a distance of up to 1,000 metres.
>
> The technology represents a further significant milestone towards realising the Vision of Accident-free Driving. According to investigations by the US National Highway Traffic Safety Administration, 88% of all rear-end accidents are the result either of inattention on the part of the driver or of travelling too closely to the vehicle in front. DCRS can help prevent such accidents or reduce their severity.
>
> DaimlerChrysler is working with the Federal DOT and several states (Michigan, California and Florida) to prepare demonstration tests of vehicle-to-infrastructure communications. Working through the Vehicle Infrastructure Integration (VII) initiative, DOT is expected to select a set of locations for a series of progressively more integrated tests from 2005 through the end of the decade.
>
> (http://www.itsinternational.com/News/article.cfm?recordID=7529 - 8. 6. 2005)

als eine vorsorgliche, die einen kritischen Verkehrsfluss nur optimiert und bei Missachtung nicht zum Stau führt. Nur in eindeutig stau- und unfallanfälligen Verkehrssituationen können Systeme der Selbstregelung die Akzeptanz aufbauen, die ihr Funktionieren voraussetzt.

Verkehr, der nach diesen Prinzipien organisiert wird, folgt nicht mehr vorgegebenen, deterministischen Ablaufslogiken, die durch das tatsächliche Verkehrsgeschehen ständig widerlegt werden und zur Ignoranz verführen. Die aus dem Betriebsgeschehen aktuell verfügbaren Informationen ermöglichen eine rollierende, überwiegend dezentrale Anpassung an ein vorgegebenes oder situatives Optimum. Aus offenen werden geschlossene Regelkreise. Aus zentralhierarchischer Steuerung wird dezentral-kooperative Selbstregelung. Sie schafft ein Verkehrsmanagement, das wesentliche Ursachen für Staus und Unfälle beseitigt. Die für eine solche Effizienz des Verkehrsflusses erforderlichen Infrastruktur- und Fahrzeugausrüstungen können nur schrittweise aufgebaut werden. Priorität haben die Teile der Verkehrsnetze, die Unfallschwerpunkte sind oder bei Spitzenbelastungen zu Staufallen werden.

In diesem Verständnis ist stau- und unfallfreier Verkehr erreicht, wenn technisch vermeidbare Unfälle ausgeschaltet werden und dichter Verkehr gerade noch in Fluss gehalten wird. Dass es selbst bei vollständig außengesteuerten Verkehren gegen fahrlässige, grob fahrlässige oder vorsätzliche Unfallverursacher oder gegen höhere Gewalt, durch die Fahrspuren blockiert werden, keine perfekten technischen Vorkehrungen geben kann, liegt auf der Hand.

Vor diesem Hintergrund verlieren viele Aktivitäten den utopischen Charakter, den sie auf den ersten Blick zu haben scheinen. Die Europäische Kommission will die Zahl der Verkehrstoten auf der Straße bis zum Jahr 2010 halbieren. Das Land Hessen will staufreien Straßenverkehr bis 2015 realisieren. BMW und DaimlerChrysler bekennen sich in ihren Forschungs- und Entwicklungsprogrammen zu stau- und unfallfreiem Verkehr (s. Kasten S. 23). Schweden erwägt dies als politisches Ziel. In den USA, Australien und Japan wird an landesweiten Umsetzungsprogrammen gearbeitet. In Japan liest sich das Verzeichnis der auf diesem Feld tätigen Unternehmen wie der Gotha der Industrie. Deutschland dagegen ist das Land der vielen Ideen und Projekte. Sie bieten eine reiche Basis für ehrgeizige Gesamtkonzepte, aber dafür ist niemand zuständig, weil alle Gebietskörperschaften zuständig sind, wenn sie wollen. Viele wollen. Jeder hütet seinen Kirchturm.

2. politische Schlussfolgerung

Der Bund sollte sich zu dem langfristigen Ziel bekennen, Staus und Unfälle weitgehend zu beseitigen. Dadurch können ausreichende Unterstützung für verkehrspolitische Reformen gewonnen, das Vertrauen in moderne Techniken gefestigt und die Unternehmen zu verstärkten Entwicklungs- und Investitionsanstrengungen motiviert werden.

These 3: Die physische Infrastruktur der Verkehrswege muss durch eine zusätzliche Dimension aus Information und Kommunikation ergänzt werden. Nur mit einem fokussierten politischen Willen zur Innovation können die Kerntechnologien für intelligentes Verkehrsmanagement und hochwertige Qualitätsverkehre verfügbar gemacht werden.

Die technische Grundausstattung für sich selbst regelnden Verkehr setzt sich aus fünf *Schlüsselkomponenten* zusammen:
- *Fahrzeugnavigation* umfasst die Fähigkeit, die eigene Position und die für das Fahren wichtigen Umgebungsbedingungen zu erkennen. Dafür sind Sensoren zur Orts- und Umgebungserkennung erforderlich. Soweit das mit fahrzeugseitigen Einrichtungen nicht möglich ist, werden verfügbare Messwerte von externen Sensor-Sender-Kombinationen ins Fahrzeug übermittelt. Algorithmen interpretieren die aufgenommenen Daten und verarbeiten redundante Sensordaten, die sich widersprechen oder zeitweise ausfallen, so, dass bei entsprechend hohen Sicherheitsanforderungen robuste Informationen erzeugt werden. Diese Technik ist sehr weit vorangeschritten

und bietet viele Möglichkeiten, wie Anwendungen im militärischen Bereich, in der Luftfahrt und in Ansätzen bei der Bahn zeigen. Entgegen landläufiger Meinung löst die Implementierung von GALILEO, im Grundsatz eine Kopie des amerikanischen GPS-Systems, keineswegs wesentlich mehr Ortungsprobleme. Für die Verfügbarkeit sind sommerliche Laubdächer und Tunnelfahrten ein unüberwindliches, Straßenführungen in Einschnitten, Reflexionen an Wänden oder in Straßenschluchten ein störendes Hindernis. Erst durch Fusion mit zusätzlichen Ortungsverfahren, die auf anderen physikalischen Prinzipien als der Triangulation aufbauen, können sicherheitskritische Ortungs- und Navigationsaufgaben für anspruchsvollere Anwendungen im Verkehr realisiert werden[10].
- *Telekommunikation* sorgt für Kontakt zwischen Fahrzeugen, verkehrswegeseitiger Infrastruktur und Leitstellen. Dabei hängt es von den funktionalen Anforderungen des jeweiligen Verkehrsträgers ab, wie schnell, sicher und leistungsstark die Kommunikationsverbindung sein muss.
- *Datenbanken* halten historische und aktuelle Daten bereit, die in Kombination mit dem eingehenden Datenstrom zu Verkehrsinformation und Lenkungsmaßnahmen verarbeitet werden.
- *Planungsinstrumente zur Verkehrslenkung und Betriebsführung* dienen der Entscheidungsvorbereitung und werden im gesamten organisationsinternen Ablauf - Marketing, Verkauf, Produktionsplanung, Disposition, Produktion, Abrechnung/Controlling - eingesetzt.
- *Mensch/Maschine-Schnittstellen* schaffen eine Benutzeroberfläche, die die Komplexität der Informationsaufnahme für Fahrzeugführer, Disponenten oder Endkunden handhabbar machen und sicherstellen, dass der Mensch, von Routineaufgaben entlastet, sich auf Situationen, für die keine Entscheidungsroutine hinterlegt ist, konzentrieren und in das System eigenverantwortlich eingreifen kann.

In dieser konzeptionellen Grundausstattung kommen Einrichtungen, die an die ortsfeste Verkehrsinfrastruktur gebunden sind, so wenig wie möglich vor. In der Tendenz werden Stellwerke für den Eisenbahnbetrieb, Lotsen für die Flugüberwachung oder Verkehrsschilder am Straßenrand überflüssig. Die Verkehrswege können um so "dümmer" werden, je intelligenter die Fahrzeuge werden. Ob künftig Techniken verfügbar sind, die die funktionale und wirtschaftliche Überlegenheit von verkehrswegunabhängigen Einrichtungen wieder in Frage stellen, kann offen bleiben.
Zur Stau- und Unfallbekämpfung braucht diese Grundausstattung bei allen Verkehrsträgern drei technologische *Kernfähigkeiten*:
- *Systeme für die Planung und Durchführung von möglichst störungsfreiem Transport* brauchen geschlossene Regelkreise. Sie setzen auf Chroniken über übliche Streckenbelastungen und Informationen über geplante Transporte auf, ermöglichen zunächst die Schätzung einer realistischen Transportzeit, leiten daraus die geforderte Ankunftszeit ab und konstruieren bei fahrplangetriebenen Transporten einen Fahrplan oder geben im Individualverkehr eine Empfehlung der optimalen Abfahrtszeit aus. In die Planung werden Flexibilitätsspielräume eingebaut, die im Fahr- und Transportbetrieb als Regler für den Abbau von Störungen eingesetzt werden können. Der Umfang dieser Reserven hängt, neben gesetzlichen Sicherheitsvorgaben, von Erfahrungswerten der Vergangenheit ab. Sie werden aus dem laufenden Betrieb heraus fortlaufend überprüft und gegebenenfalls für nachfolgende Planungen korrigiert. In der Transportabwicklung führen erwartete oder eintretende Abweichungen vom

---
[10] s. auch Beitrag Plank-Wiedenbeck, bes. S. 143

geplanten Ablauf zu Anpassungsmaßnahmen oder -empfehlungen im Rahmen der Geschwindigkeitsparameter, die durch die Fahrzeugdynamik und die Infrastruktur vorgegeben sind. Reichen diese Maßnahmen nicht aus, wird eine Information über eine veränderte Ankunftszeit erzeugt. Alle Abläufe entlang der Prozesskette von der Transportnachfrage bis zum Betriebsablauf sind in systemgestützte geschlossene Regelkreise eingebunden.
- *Selbstregelung in sich selbst organisierenden ad-hoc-Netzen* dient dem Clearing oder der Abwehr von Konflikten zwischen Fahrzeugen während des Fahrbetriebs. Die Zahl der ad hoc einbezogenen Fahrzeuge ergibt sich aus ihrer tatsächlichen oder potenziellen Verwicklung in Betriebsstörungen oder -gefährdungen. Die Einhaltung eines sicheren Abstands, das Durchreichen eines Bremssignals an das Ende einer Kolonne, die Harmonisierung der Geschwindigkeit zur Aufrechterhaltung des Verkehrsflusses, die Empfehlung einer höheren Richtgeschwindigkeit oder die Information der nachfolgenden Fahrzeuge über einen Unfall oder eine Nebelbank erfordern Systeme zur Lageerkennung in den Fahrzeugen, die Identifikation der jeweils beteiligten Fahrzeuge sowie direkte Kommunikationsverbindungen zwischen ihnen, ggf. auch die Einspeisung von Informationen aus der Infrastruktur in die Fahrzeuge.
- *Die Zulaufsteuerung* soll definierte Positionen zu einem definierten Zeitpunkt erreichbar machen, um Pünktlichkeits- und Staurisiken zu vermeiden. Diese entstehen in der Regel durch Flusshindernisse auf der Straße (Stau, Unfall, Baustelle), in Eisenbahnknoten, Häfen und kritischen Fahrrinnenabschnitten, beim Anflug auf Flughäfen sowie an Umstiegspunkten für Güter und Personen. Der Bordrechner speist die verfügbaren Navigationsinformationen in ein Regelungsprogramm ein, das durch den Vergleich mit den Sollwerten die erforderlichen Geschwindigkeitsanpassungen empfiehlt oder vornimmt. Fahrplanverkehre werden dadurch zwischen den Stationen flexibilisiert.

Im Ergebnis werden durch die Einbindung von Fahrzeugen in geschlossene Regelkreise störungsarme Abläufe erreicht. Es liegt in der Logik dieses Ansatzes, dass die erwartete Ankunftszeit (Estimated Time of Arrival ETA) - heute das Non-Plus-Ultra der Transporttechnologie - ein Erfolgsmaßstab wäre, der die Möglichkeiten sich selbst regelnder Systeme unterfordert oder gar ungenutzt lässt. Nur die geforderte Ankunftszeit (Required Time of Arrival RTA) ist das richtige Kriterium.
Die Gesamtheit dieser technischen Einrichtungen bildet die *Infrastruktur des Verkehrs- und Transportmanagements*. Sie umfasst Hard- und Softwareausrüstungen in den Fahrzeugen, an den Verkehrswegen und für Hintergrundsysteme in Leitstellen und Stellwerken. Interoperabilität der Teilsysteme muss durch Kommunikationsfähigkeit an ihren Schnittstellen sichergestellt sein. Es geht darum, eine für Vernetzungsabläufe geeignete Infrastruktur zu schaffen.
Das wirft für alle Verkehrsträger die Frage auf, ob *Migrationspfade* verfügbar sind, die einen schrittweisen Übergang aus vorhandenen Systemen und Infrastrukturen ermöglichen. Diese sanfte Migration ist unabdingbar, weil Doppelausrüstungen wirtschaftliche Probleme aufwerfen.
Die erste Vermutung legt den Eindruck nahe, der Netzzusammenhang erfordere sprungfixe Veränderungen. Fahrzeuge, die im gleichen Netz verkehren, benötigen jedoch nicht unbedingt von Anfang an einen gleichen Ausrüstungsstand, weil die Rückfallebene der alten Technologie erhalten bleibt. Wie Autos, in denen Fahrerassistenzsysteme ausfallen und die durch den Fahrer ohne Unterstützung weiter betrieben werden, können auch Züge oder Flugzeuge dem zugrundegelegten starren Betriebsfahrplan folgen, ohne Puffer flexibel auszunutzen. Entscheidend für

sicherhheitsempfindliche gesteuerte Verkehre ist etwas anderes. Die neuen Bordsysteme müssen erkennen können, ob sie sich infrastrukturseitig auf einem „intelligenten" alten oder neuen „dummen" Streckenabschnitt befinden. Diese Fähigkeit ermöglicht den Abruf des gesteuerten oder des geregelten Betriebsprogramms. Es ist jedoch nicht erforderlich, dass in einem Netzabschnitt alle Fahrzeuge über entsprechende Bordausrüstungen verfügen. Eine Mischung zwischen Fahrzeugen mit alter und neuer Ausrüstung führt nur dazu, dass sich für die Fahrzeuge mit neuer Ausrüstung die Möglichkeiten, Flexibilitätsspielräume zu nutzen, verringern. Insgesamt bietet die Technik damit die Möglichkeit, Umrüstungsprogramme nach betrieblichen oder wirtschaftlichen Prioritäten flexibel vorzunehmen.

Information ist der Schlüssel für intelligente Verkehrsinfrastrukturen. Information ist jedoch nichts wert, wenn sie nicht kommuniziert wird. Damit sind zwei grundsätzliche *Schwächen* angesprochen. Standardisierte Schnittstellen zwischen Systemen der Infrastruktur des Transport- und Verkehrsmanagements sind noch Mangelware, und die verfügbaren Mobilkommunikationstechnologien zwischen Fahrzeugen und der virtuellen Ausrüstung der Verkehrswege stoßen nicht grundsätzlich, wohl aber bei verkehrlichen Anforderungen an Grenzen.

- *Universelle Standards* für die Kommunikationsschnittstellen zwischen Fahrzeugen sowie zwischen Fahrzeugen und Infrastruktur sind die Voraussetzung dafür, Investitionsblockaden abzubauen, teure Investitionen in proprietäre (Insel-)Systeme zu vermeiden und den enormen Zeitaufwand für die Herstellung von Interoperabilität und Kompatibilität drastisch zu verkürzen.

  Das Drängen auf entsprechende europaweite und globale Aktivitäten ist die eine Seite dieser Medaille, die andere wird durch Vorbereitung der Ausschreibungsbedingungen für infrastrukturelle Beschaffungsprogramme gebildet.

- Für die Zwecke von öffentlichem Verkehr, Taxen, Luftfahrt und Schifffahrt werden Bündel- und Datenfunksysteme für die *Kommunikation* der Fahrzeuge mit ihren Betriebsleitstellen, Taxi-Zentralen, Lotsen und Revierstellen eingesetzt. Die bisher kaum relevante Fahrzeug-Fahrzeug-Kommunikation wird über Sprechfunk oder Mobiltelefonie abgewickelt. Für Anwendungen im Automobil und auf der Schiene gelten die Mobilfunkstandards des Massenmarkts und spezifische Anwendungsausprägungen wie SMS, GPRS und GSM-R gegenwärtig als weitgehend alternativlose Kommunikationstechnologien, die mit dem erforderlichen Vollautomatisierungsgrad eingesetzt werden können. Damit bleiben funktionale Lücken. Können sie nicht geschlossen werden, ist eine Infrastruktur des Verkehrs- und Transportmanagements, die Staus und Unfälle tendenziell flächendeckend bekämpft, schwer vorstellbar. Dabei geht es um funktionale Anforderungen wie
    - ereignisgesteuerte Kommunikation zwischen Automobilen bzw. Bordausrüstungen, die Daten in jedem Geschwindigkeitskeitsbereich, bei jeglichen Witterungsverhältnissen und bei höchster Verkehrsdichte schnell, sicher, redundant, direkt und voll automatisiert transportieren müssen; grundsätzlich gleiche Anforderungen fallen zwischen Flugzeugen, Eisenbahnen und Schiffen an, wobei Geschwindigkeit und Sicherheitsansprüche das Leistungsniveau der Kommunikation bestimmen;
    - fahrwegseitige Kommunikation mit Fahrzeugen, zumindest auf Streckenabschnitten, wo die direkte Kommunikation zwischen Fahrzeugen eingeschränkt ist oder wo neuralgische Unfallgefahren entstehen können, bei denen es zu gefährlich ist, diese durch das erste einfahrende Fahrzeug detektieren und an die nachfolgenden Fahrzeuge weitergeben zu lassen, oder wo es vorteilhaft ist, die im Fahrweg liegende Sensorik für die Information im Fahrzeug zu nutzen, oder wo die Verkehrsdichte nicht ausreicht, um ad-hoc-Netze zwischen Fahrzeugen zu bilden.

In den vergangenen Jahren waren solche Fragen eher Außenseiterthemen, nicht zuletzt, weil der strategische Konsens zwischen Staat und Unternehmen, die Verkehrstelematik des motorisierten Individualverkehrs durch volumenstarke, preiswerte Endgeräte im Markt zu verankern, dazu verführt hat, sich mit anderen Kommunikationstechnologien zunächst nicht intensiver auseinanderzusetzen.[11]

Trotz allen Gedrängels um Funkfrequenzen gibt es Frequenzbereiche, die nicht genutzt werden, möglicherweise aber aufgrund ihrer physikalischen Eigenarten oder ihrer großen Bandbreite den Bedürfnissen des Verkehrs besonders gut gerecht werden könnten. Für eine andere als die GSM/UMTS-Technologie könnte dabei auch sprechen, dass es ungewiss, zumindest äußerst zeitraubend ist, zwischen den Herstellern, Netzbetreibern und europäischen Staaten Protokollhierarchien für vorhandene Mobilfunk-Infrastrukturen abzustimmen, die für vollautomatisierte Datenkommunikationsprozesse unabdingbar sind. In jedem Fall bietet das Menü der Mobilkommunikationstechnologien eine Fülle von Optionen (z.B. Funk-Chips, Radar, Mikrowellen, Infrarot, Milliwattsender mit breitbandiger Kanalkapazität und Abmessungen im Nano-Bereich), die bei massenhafter Anwendung auch zu günstigen Kosten verfügbar sein dürften.

Welche Systeme die komplexen Anforderunen am besten beherrschen, kann nur in einem Verfahren geklärt werden, bei dem der Staat die Herrschaft über die *Systemauswahl* beansprucht. Dabei sind die funktionalen Anforderungen zu definieren, Entwicklungs- und Erprobungsprozesse voranzutreiben, wo nötig internationale Standardisierungen zu initiieren, Interoperabilität durch offene Standard-Schnittstellen sicherzustellen und schlussendlich Beschaffungsentscheidungen zu treffen. Der Markt kann dies nicht leisten, er kann nur Lösungen anbieten - aber genau dies wird er verstärkt tun, wenn ein glaubwürdiger politischer Wille zum Aufbau solcher Infrastrukturen vorliegt. Unterhalb dieser kritischen Masse kann man Geld nur mit einem zu hohen Verlustrisiko ausgeben.

3. politische Schlussfolgerung

- Der erklärte politische Wille zum systematischen Aufbau einer Infrastruktur des Transport- und Verkehrsmanagements, die Staus und Unfälle bekämpft, ist die Voraussetzung dafür, dass die Kräfte des Marktes dynamisiert und der Einsatz der öffentlichen Ressourcen fokussiert werden.
- Die technologische Entwicklung ist so weit vorangeschritten, dass Systementscheidungen für flächendeckende Infrastrukturen des Verkehrsmanagements vorbereitet werden müssen und zu Beginn des nächsten Jahrzehnts getroffen werden können.
- Die Forschungsförderung sollte der Entwicklung der beschriebenen Kerntechnologien des Verkehrsmanagements - geschlossene Regelkreise für die Planung und Durchführung von Transport, Selbstregelung in sich selbst organisierenden ad-hoc-Netzen, Zulaufsteuerung - Vorrang einräumen und sich dabei insbesondere auf

---

[11] Das gilt auch auf einem anderen Feld, der Ortung, wo eine ähnliche Blickverengung besteht. Für die Einwerbung privater Investitionsmittel zur Finanzierung von GALILEO muss mit der behaupteten Wirtschaftlichkeit des Systems argumentiert werden. Verkehrlichen Anwendungen wird dabei ein großer Anteil zugeschrieben. Hinweise, dazu andere Ortungsverfahren für verkehrliche Zwecke besser geeignet sein könnten, GALILEO jedenfalls nicht alternativlos ist und bei verkehrlichen Anwendungen durch zusätzliche, andere Ortungsverfahren robust gemacht werden muss, sind deshalb wenig willkommen. Manche hängen sogar dem Irrtum an, physikalisch gleiche Ortungsverfahren wie GPS und GALILEO böten Redundanz und damit Robustheit. Ob stattdessen mobilfunkbasierte Ortung die gewünschte Ergänzung bieten kann, bleibt abzuwarten. Diese Option hat den Vorteil, dass sie ohne nennenswerten öffentlichen Mitteleinsatz von den Unternehmen in überwiegend eigener Initiative entwickelt wird. Selbst wenn sich die Zweifel, ob dieser technologische Ansatz die in ihn gesetzten Hoffnungen erfüllen wird, nicht bewahrheiten sollten, bleibt die Feststellung richtig, dass für öffentliche Infrastrukturen auch bei der Ortung Systementscheidungen vorbereitet werden müssen, bei denen es in gleicher Weise auf ihre funktionale und wirtschaftliche Eignung ankommt.

Untersuchungen konzentrieren, die Grundlagen für Systementscheidungen über flächendeckende Infrastrukturen bereitstellen.
- Für die Fahrzeug-Fahrzeug- und die Fahrzeug-Infrastruktur-Kommunikation im motorisierten Individualverkehr müssen durch Konzeptwettbewerbe europaweit standardisierungsfähige Mobilfunklösungen gefunden werden.
- Die Förderung von Standardisierung ist die Bedingung für intereoperable Lösungen. Die Suche nach beschleunigten Standardisierungsprozessen hat eine große wirtschaftliche Bedeutung.

These 4: Störungsfreier Verkehr darf nicht an Datenlücken scheitern. Bordausrüstungen für alle Autofahrer sind die elektronische Fortsetzung des Sicherheitsgurts im Auto. Verkehrsmanagement kann am wirksamsten durch PPP-Modelle realisiert werden.

Die klassische Verkehrsinfrastruktur besteht aus Verkehrswegen, Regelwerken und dem rechtliche Rahmen. Im digitalen Zeitalter kommen Bordausrüstungen in Fahrzeugen als grundsätzlich neues Element hinzu. Im Unterschied zu den klassischen Eigentumszuordnungen befinden sie sich bei allen Verkehrsträgern in privatem Besitz. Das Produkt, das sie zur Nutzung bereitstellen, sind nicht Slots, Trassen oder Routen sondern aus Daten generierte Informationen, die der Verkehrsorganisation dienen. Das Grundprodukt sind Verkehrsflussoptimierung, Erleichterung von Intermodalität und Gefahrenabwehr, hinzukommen können Mehrwertdienste. Diese Grundprodukte haben im Allgemeinen einen nennenswerten, im Einzelfall einen erheblichen Einfluss auf den öffentlichen Ausgabebedarf für die Verkehrswege, weil sie ein Substitut für Ausbaubedarf sein können.

Wenn Daten eine politisch gewollte infrastrukturelle Funktion realisieren, sind sie eine öffentliche Aufgabe. Damit obliegt es politischer Entscheidung, ob und wie sie erzeugt und von wem sie genutzt werden dürfen. Dabei hat zunächst keine Rolle zu spielen, aus welchen Quellen sie stammen. So wie der Staat beanspruchen darf, dass Unternehmen zur Wirtschaftsstatistik oder Privathaushalte im Rahmen der Volkszählung Daten zu liefern haben, darf er auch Daten für das Verkehrsmanagement verlangen. Hinreichende Klarheit über diesen Sachverhalt und seine Konsequenzen besteht nicht unbedingt. Das zeigt ein Blick auf die höchst unterschiedlichen Quellen, aus denen heute Verkehrsdaten gewonnen werden.
- Schleifen in der Fahrbahn werden beim Bau von Straßen mit realisiert und aus Haushaltsmitteln für den Straßenbau bezahlt.
- Sensoren an Autobahnbrücken gehören kommerziellen Gesellschaften, die aus der Detektion des Verkehrsflusses kostenpflichtige Informationsdienste erzeugen.
- Die Unternehmen des öffentlichen Verkehrs produzieren für ihre betrieblichen Zwecke Daten und geben diese beispielsweise für pre trip-Dispositionen und Ankunftszeit-Informationen an ihre Kunden aus. Diese Unternehmen werden zu erheblichen Teilen aus Haushaltsmitteln finanziert, im Fall des ÖPNV durch Bestellerentgelte ohne spezifische Zweckbindung, während die Bahn aus dem Haushalt Investitionen ins Netz erhält, Bordausrüstungen jedoch aus eigenen Erlösen dotieren muss. Daten betrachten diese Unternehmen als exklusives Eigentum, und es bedarf zum Teil der Androhung wettbewerbsrechtlicher Intervention, um sie dazu zu bringen, sie für betreiberübergreifende Informationssysteme zur Verfügung zu stellen oder darin aufzunehmen.
- Kameras an städtischen Kreuzungen sind kommunale Investitionsobjekte für Zwecke der kommunalen Verkehrsregelung.

- Die Bordausrüstung mautplichtiger Schwer-Lkw erzeugt Daten, die auch für kommerzielle Mehrwertdienste eingesetzt werden können. Wie bei jedem natürlichen Monopol versteht es sich von selbst, dass der Betreiber diese Daten Dritten bereitstellen muss.
- Taxi-Innungen, deren Fahrzeuge über Bündelfunk und automatische Auftragsvergabesysteme bedient werden, können aus den eingehenden Standortmeldungen mit geringem Programmaufwand in ihren Betriebszentralen eigene Verkehrslagebilder erzeugen oder durch Datenweitergabe ermöglichen. Bereits ein derartig geringer Anteil von Fahrzeugen am Gesamtbestand der Autos in einer Stadt erzeugt ein repräsentatives Lagebild in Innenstadtbereichen und auf Hauptverkehrsachsen. Diese Lagebilder bieten für das kommunale Verkehrsmanagement einen erheblichen Nutzen. Ob und zu welchen Konditionen Taxi-Innungen diese Daten abgeben, ist von Stadt zu Stadt Verhandlungssache. Niemand redet ihnen hinein, ob sie eine solche Betriebstechnik einsetzen oder eine andere.
- In die Verkehrsnachrichten im Autoradio fließen hoheitlich veranlasste Daten ein. Der Autofahrer zahlt dafür mit der Rundfunkgebühr, aber die Rundfunkanstalten sehen sich außerstande, schon gar nicht verpflichtet, außer für die Ausstrahlung auch Geld für die Datenerzeugung auszugeben.
- Die Leit- und Sicherungssysteme für Bahnen, Flugzeuge und Schiffe erzeugen Daten, die auch für die intermodale Anbindung ihrer Verkehrsströme genutzt werden können. Eine Weitergabe von Daten für Aufgabenträger des Verkehrsmanagements ist bisher nicht bekannt. Die Netz AG der Deutsche Bahn AG lässt sich die Datenbereitstellung von den Transportgesellschaften über die Trassenpreise bezahlen, die Deutsche Flugsicherung von den Fluggesellschaften über die Lotsengebühren und die Wasser- und Schifffahrtsverwaltung in der Küstenschifffahrt und auf den Binnenwasserwegen mit Ausnahme des Rheins von den Reedereien.

Insgesamt ergibt sich ein Flickenteppich mit höchst unterschiedlichen Mustern. Ein Ordnungsrahmen, der Rechte und Pflichten regelt, für Systematik, Flächendeckung, Standards, klare Finanzierungsregeln und eine verkehrsträgerübergreifende Aufbaustrategie, gar für bundeseinheitliche Verhältnisse sorgt, existiert nicht. Besonders wichtig dürften dabei fünf Fragen sein. Wer trifft Systementscheidungen? Wer ist der Kostenträger? Welche technischen Spezifikationen erzeugen einen möglichst inhärenten, nicht kontrollbedürftigen Datenschutz? Welche Rationalisierungs- und Beschäftigungseffekte ergeben sich aus dem Aufbau von Verkehrsmanagement? Welche Interessentenwiderstände gegen obligatorische Datenbereitstellung müssen beachtet werden?

Trotz dieser teilweise nicht systematisch geklärten, teilweise ungeklärten Fragen werden die Daten, die heute in städtischen Verkehrsleitzentralen oder in den Betriebszentralen des ÖPNV genutzt werden, für fragmentarische Grundfunktionen des Verkehrsmanagements eingesetzt. Bei allen Verkehrsträgern wird an einem dichteren Datenteppich gewebt, um Wirtschaftlichkeit, Sicherheit und Pünktlichkeit zu steigern, so dass es vielfach keiner zusätzlichen Ausrüstungen bedürfte, um die Datenkulisse zu vervollständigen.

Es ist jedoch unvorstellbar, ein überzeugendes Verkehrsmanagement ohne die vollständige Einbeziehung von Automobilen zu erreichen. Auf Verkehrssicherheit und Staufreiheit haben alle Verkehrsteilnehmer und alle Verkehrsträger gleichen Anspruch. Soweit dafür Bordausrüstungen erforderlich sind, können sie nicht Premium-Fahrzeugen vorbehalten werden.

Für den motorisierten Individualverkehr hat die Ausgabe von Verkehrsinformationen durch die Rundfunkanstalten in die Autoradios eine Basisstruktur geschaffen. Dazu kommt die beabsichtigte Umstellung des Hörfunks auf digitalen Empfang, der für verkehrliche Anwendungen eine Fülle neuer Möglichkeiten schafft. Eine volle Digitalisierung des Marktes ist bis 2012 zu erwarten. Stellt man die Lebensdauer der Kraftfahrzeuge in Rechnung, ist bis zum Jahr 2020 ein vollständiger Übergang realistisch. Funktionale Appetitanreger in Form von Mehrwertdiensten können den Prozess beschleunigen, wenn klar ist, dass ein obligatorischer Ausrüstungsstandard beabsichtigt ist.

83 % aller Personen in der EU verfügten im Jahr 2001 über ein Autoradio. Faktisch besteht damit eine nahezu vollständige Marktdurchdringung. Die Kosten für Endgeräte dürften in diesem Massenmarkt von einem tolerablen Niveau nicht allzu weit entfernt sein, denn die zusätzlich erforderlichen Hardwarekomponenten (Ortung und Kommunikation) und Rechenprogramme erfordern keinen besonders hohen zusätzlichen Aufwand.

Für die Verarbeitung von Verkehrsdaten und die Produktion von Verkehrsmanagement bieten sich, wie auf vielen anderen Gebieten der Bewirtschaftung der Infrastruktur, PPP-Modelle an. Private Betreiber verfügen, anders als staatliche Instanzen, über Flexibilität und Kundennähe, die durch einen intensiven Wettbewerb gefördert wird. Offene technologische Plattformen und Zugang zu den relevanten Verkehrsdaten sind dafür entscheidend.

„Auch in der Verkehrsflusssteuerung haben spezialisierte Private einen hohen Knowhow- und Technologievorteil gegenüber der öffentlichen Hand. Auf längere Sicht erscheint es denkbar, ihnen unter staatlicher Aufsicht entsprechende Aufgaben zu übertragen, wobei sich ihre Vergütung nach Performancekriterien (z.B. Staufreiheit) richten kann. In Großbritannien werden diesbezüglich gerade Erfahrungen mit dem so genannten „congestion payment" gemacht. Die ‚outputorientierte Leistungsbeschreibung' und die damit in Zusammenhang stehenden Zahlungs- bzw. Pönalisierungsmechanismen für die privaten Betreiber stellen dabei nicht nur auf rein technische Leistungserbringung, sondern auch auf Staubildung bzw. gefahrene Mindestdurchschnittsgeschwindigkeiten ab. Im größeren Netzmaßstab spricht einiges dafür, diese Aufgabe an netzübergreifende Technologiebetreiber zu übertragen, anderes spricht dafür, sie an die Konzessionäre zu übergeben, die für die Bewirtschaftung der Verkehrswege zuständig sind. Letzteres setzt jedoch voraus, daß ihr Verantwortungsbereich hinreichend große Teilnetze umfasst... Aufgrund der hohen technologischen Risiken sowie der Entwicklungs- und Finanzierungsrisiken wäre eine solche Aufgabe beim Staat schlecht aufgehoben. Hinzu kommt, dass Private die Marktgängigkeit sowie den Transfer solcher Technologien in andere Märkte sehr viel besser abschätzen können als der Staat." [12]

Verkehrsmanagement schafft verkehrsträgerübergreifende Vernetzung. Einzelne kommunale Verkehrsmanagementzentralen mit ihrem bereits vorhandenen Know How könnten dafür als Aufbaukerne genutzt werden. Das bietet sich auch an, weil sie die natürlichen Anwälte von Intermodalität sind. Sie könnten weitere Zugangsbarrieren zum öffentlichen Verkehr abbauen und im eigenen Angebot Vermarktungschancen aufbauen, die die Straße entlasten, denn im ÖPNV ist die Palette neuer Produktideen und Angebotspolitiken noch nicht ausgeschöpft. Zu denken ist an flexible Bedienformen wie Rufbussysteme mit weitgehendem Tür-zu-Tür-Angebot. Die Beschäftigung mit solchen Aufgaben zwingt überdies dazu, auch insoweit die Modernisierung des ÖPNV zu beschleunigen - ein dringendes Desiderat, um im intermodalen Wettbewerb gegen die Dynamik der Straße nicht noch mehr ins Hintertreffen zu geraten.

---

[12] Hans-Wilhelm Alfen, Hans Mayrzedt, Henning Tegner: PPP-Lösungen für Deutschlands Autobahnen. Empfehlungen für eine erfolgreiche Umsetzung, 2004 (www.uni-weimar.de/Bauing/bwlbau)

Um nicht von vornherein lokalpolitische Partikularinteressen zu verfestigen und um kleinräumige Lösungen zu vermeiden, böte sich ein bundesweiter Wettbewerb zwischen kommunalen Verkehrsmanagementzentralen an, der zur Auswahl von etwa 16 Zentralen - mindestens eine pro Bundesland - führen sollte. Mit der späteren Überführung in ein PPP-Modell bestünde die Möglichkeit, die eingesetzten Haushaltsmittel wieder zu erwirtschaften und die künftigen Kosten für die Infrastruktur des Verkehrsmanagements aus den öffentlichen Haushalten zu eliminieren.

4. politische Schlussfolgerung

- Der Ordnungs- und Finanzierungsrahmen der Verkehrspolitik muss darauf ausgerichtet sein, intelligente Systeme des Verkehrsmanagements so viel wie möglich in den Fahrzeugen und nur so viel wie nötig an den Fahrwegen zu realisieren.
- Als Zahler von Nutzungsentgelten haben alle Verkehrsteilnehmer Anspruch auf optimal organisierten, ungestörten Verkehr. Dafür sind Bordausrüstungen in allen Fahrzeugen, aus Gründen der industriellen Kostendegression vorrangig in Automobilen, unentbehrlich.
- Die Teilnahme am Verkehr verpflichtet zur Bereitstellung der Daten, die für das Management von Verkehr benötigt werden. Das aufleuchtende Bremslicht des vorausfahrenden Fahrzeugs bietet Dritten kein Einfallstor in die informationelle Selbstbestimmung, und das gilt ebenso für eine auf dem Funkweg an die Folgekolonne oder eine Leitzentrale übermittelte Verkehrslageinformation, etwa eine Glatteiswarnung.
- Bestehende kommunale Verkehrsmanagementzentralen sollten für den Aufbau flächendeckender Dienste genutzt werden. Danach sollte die Bewirtschaftung einschließlich der Finanzierung in PPP-Modelle überführt werden.

These 5: Elektronische Verkehrsinformationen und -zeichen, zugeschnitten auf den einzelnen Autofahrer und die für ihn maßgebliche Verkehrslage, erfordern eine schrittweise Erkundung von Nutzen, Akzeptanz und neuen Maßstäben für ordnungswidriges und strafbares Verhalten.

Verkehrsmanagement kann mit fortschreitender Technik die Selbstregelungskräfte der Verkehrsteilnehmer steigern, indem ein Teil der Verkehrszeichen in das Fahrzeug verlegt und situativ angepasste Hinweise, Gebote und Verbote erteilt werden. Dafür bieten sich zunächst Anwendungen in Verkehrskonstellationen an, bei denen der Nutzen unmittelbar verständlich ist:
- Die Fernsehbilder von Massenunfällen auf Glatteis können verschwinden, wenn den Fahrern, die sich im Zulauf auf eine solche Strecke befinden, Warnungen übermittelt, konkrete Empfehlungen für die Herabsetzung ihrer Geschwindigkeit erteilt oder - insbesondere bei LKW - befohlen wird, auf der Standspur zu warten, bis Entwarnung gegeben werden kann;
- analoge Möglichkeiten bestehen vor der Einfahrt in Nebelbänke. Die Palette kann Warninformationen, Geschwindigkeitsempfehlungen, verbindliche Höchstgeschwindigkeiten, eine angepasste Entfernungseinstellung des Abstandswarnradars, Drosselungen der Motorleistung oder automatisierte Bremsmanöver umfassen;
- stauvermeidende Geschwindigkeitsempfehlungen;
- selektive Umleitungsempfehlungen, die bei überlasteten Straßen für eine gleichmäßige Verteilung der Fahrzeuge auf die zur Verfügung stehenden Parallelrouten sorgen;

- Autokolonnen mit geringem Abstand und zu hoher Geschwindigkeit treten auf berüchtigten Rennstrecken im Urlaubs- und Wochenend-Rückreiseverkehr regelmäßig auf. Wenn klar ist, dass die weiter hinten fahrenden Fahrzeuge Auffahrunfälle in Serie verursachen werden, sobald weiter vorne gebremst wird, bieten sich, je nach Präferenz, zwei Alternativen - oder Mixturen davon - an, um solche Alpträume aus der Welt zu schaffen: einerseits Aufforderung zum Fahren in sicherem Abstand, andererseits synchronisiertes automatisches Kolonnen-Abbremsen.

Welche der zur Verfügung stehenden Optionen bevorzugt werden, wird Gegenstand weiterer Forschung sein, bei der auch zu erkunden ist, wie die Autofahrer mit den technischen Möglichkeiten umgehen. National unterschiedliche Verhaltensstile und Rechtstraditionen werden zu unterschiedlichen Eingriffsschärfen führen. In Deutschland dürfte im Zweifel eher die Letztverantwortung des Fahrers den Vorrang vor Zwangseingriffen haben, während in Ostasien eher der technischen Regelung der Vorzug gegeben wird. Undenkbar ist jedoch, dass sich jeder Automobilhersteller aus der Palette der Alternativen die heraussucht, die ihn am meisten überzeugen. Selbstregelung in der Kolonne kann nur auf harmonisiertes Verhalten durch Informationsweitergabe setzen oder muss gleiche „Verkehrszeichen" bzw. Eingriffe für alle schaffen. Wäre es anders, entstünden aus dem Zusammentreffen unterschiedlicher Maßnahmen neue Unfallrisiken. Insoweit ist auch klar, dass es eine Zweiklassengesellschaft bei der Ertüchtigung von Automobilen für systemgestützte Selbstregelung im ausgebauten Zustand weder national noch europaweit geben kann.

In einer Mobilitätskultur, die vor allem auf freiwillige Disziplin der Autofahrer setzt, sind obligatorische Ausrüstungen und eine lückenlose Kontrolldichte ein sensibles Thema. Schon die Pflicht zum Einbau und Anlegen des Sicherheitsgurts erforderte einigen politischen Mut. Airbags sind bis heute nicht obligatorisch. Bordausrüstungen für das Verkehrsmanagement könnten es leichter haben, schaut man auf die hohe Marktdurchdringung von verkehrsfunkgestützten Navigationsgeräten. Erst der technisch kleine zusätzliche Schritt, von einer unterstützenden Bordausrüstung zu einer Black Box zu kommen, die verkehrswidriges Verhalten bei Unfällen nachweisbar macht, würde eine in Deutschland politisch hohe Hürde überwinden müssen. Man muss jedoch nicht Vorreiter bei rechtspolitischen Anwendungszwecken sein, um die Ausbreitung der Toll Collect-Technologie zu fördern, zumal Interoperabilität nur mithilfe der Europäischen Union zu haben ist. Die bereits bestehenden Richtlinien bieten bereits ausreichend Spielraum für eine kompetitive Standortpolitik. Dieser erweitert sich, wenn die Europäische Union zu weiteren Rahmensetzungen gebracht wird.

Der elektronische Fahrtenschreiber für Nutzfahrzeuge ist heftig umstritten. Vor dem Hintergrund der oft geringen Betriebssicherheit von ausländischen LKW sollte es nicht schwer fallen, die Betriebszulassung für deutsche Straßen davon abhängig zu machen, daß der Fahrtenschreiber Sensordaten aus dem Fahrzeug an den Fahrer ausgibt und im Hintergrund aufzeichnet, etwa verschlissene Federungen, verbrauchte Bremsbeläge, abgefahrene Reifenprofile oder Überladungen.

In der Risikoberechnung von Kfz-Versicherungsprämien wird die Fahrleistung berücksichtigt. In der Praxis heißt das, dass Autofahrer diese beim Versicherungsabschluss schätzen und jährlich nachmelden müssen. Das führt zu entsprechenden Prämienanpassungen oder, wenn die Korrekturmeldung bei höherer Fahrleistung unterbleibt, zu Sanktionen der Versicherungen, wenn sie bei Unfällen beansprucht werden. In Israel, Japan, USA, Kanada und Südafrika bieten einzelne Versicherungsgesellschaften fahrleistungsabhängige Verträge auf der Basis einer automatischen Erfassung der Fahrleistung an, in Großbritannien läuft ein erster

Pilotversuch.[13] Dabei werden Zusatzausrüstungen eingesetzt, die in einem weiter entwickelten Stadium Teil der Bordausrüstung sein können.

5. politische Schlussfolgerung

Die Bereitschaft der Unternehmen, in moderne Technologien des Verkehrsmanagements zu investieren, wird gefördert, wenn die politische Bereitschaft erkennbar wird,
- schnell erreichbare Sicherheitsgewinne zu realisieren, so dass sich ein öffentlicher Nachfragesog für mehr Verkehrssicherheit durch Verkehrsmanagement aufbaut,
- systemgestützte Kontrollen der Betriebssicherheit einzuführen,
- mittelfristig den Rechtsrahmen an die neuen technischen Möglichkeiten anzupassen und dabei insbesondere die Haftung bei verkehrswidrigem Verhalten und Unfällen neu zu betrachten.

These 6: Die Bahn kann lange vor Einführung des European Train Control Systems (ETCS) einen integrierten Betriebsprozess erreichen, der die Produktion von Fahrbetrieb auf ein wettbewerbsfähiges Qualitätsniveau hebt und für Investitionen in den Fahrweg kostensenkende Wirtschaftlichkeitsvorteile bietet.

Fahrbetrieb auf der Schiene findet in Europa mit mehr als 20 Leit- und Sicherungssystemen statt. Allein sieben müssen die Thalys-Züge auf der Hochgeschwindigkeitsstrecke zwischen Paris und Brüssel verkraften. European Train Control System (ETCS) und European Rail Traffic Management System (ERTMS) stehen als Kürzel für technische Standards, die den europäischen Eisenbahnbetrieb endlich interoperabel machen werden. Die dafür erforderlichen Investitionen sind unvermeidlich. Sie werden kaum vor dem Jahr 2015 abgeschlossen sein. Vor allem aber stellen sie trotz des unbestreitbaren Fortschritts nicht mehr dar als die Beseitigung einer drückenden Altlast aus der nationalstaatlichen Vergangenheit Europas.
Der dringend erforderliche Durchbruch zu einem durchgehenden Fahrplan-Planungs- und Betriebs-Prozess und damit zu einer Produktivitäts- und Qualitätsverbesserung der Produktion auf der Schiene kann damit nicht erreicht werden. Mit dem Projekt FreeFloat verfügt die Deutsche Bahn AG[14] jedoch über die Innovationskerne eines modernen Produktionssystems, das mit relativ bescheidenen Mitteln realisiert werden könnte. Es hängt nicht allein vom Willen einzelner Unternehmensvorstände, sondern von der Politik des Eigentümers der Deutsche Bahn AG ab, ob er eine Unternehmensstruktur und -kultur schaffen will, die sie instand setzt, die Möglichkeiten von FreeFloat mittelfristig erfolgreich umzusetzen. Das erste spektakuläre Ergebnis wäre die Fähigkeit, für den Güterverkehr Trassen auf kurzfristige Anforderung bereitzustellen. Damit einhergehen könnte eine erste horizontale Netzintegration der europäischen Bahnen im Güterverkehr.
In letzter Konsequenz löst FreeFloat das auf festen Blockabständen basierende Betriebsmodell durch ein pünktlichkeitsgesichertes Planungs- und Betriebsverfahren ab. An die Stelle der Fahrpläne mit ihren aufwändigen Erstellungsprozeduren, langen Vorlaufzeiten, geringen Flexibilitätsspielräumen und hohen Zeitpuffern tritt ein Konstruktionsverfahren, das durch systemgestützte Clearingverfahren in der Planungs-

---

[13] VTPI News, Spring 2005, Vol. 8, No. 18 (s. auch www.vtpi.org)
[14] Jürgen Beyer: Über das Potenzial beim Einsatz eines modernen Verkehrslenkungs- und Regelungssystems im zukünftigen europäischen Eisenbahnverkehrsmanagement. Vortrag im Kommunikationstreff Bahn der Siemens AG. Kassel, 18.-19. April 2002 (nicht veröffentlicht)

1 Mobilität und Kommunikation 2020

und Dispositionsphase Trassenbelegungskonflikte auflöst, die heute erst als Verspätungen im Fahrbetrieb wirksam werden. Hinzu kommt im Fahrbetrieb eine dispositionsgetriebene Zulaufsteuerung auf Knoten und Streckenengpässe. Diese richtet sich zunächst an der erwarteten Ankunftszeit aus. In einer nachfolgenden Entwicklungsstufe kann durch on board-Navigation in den Zügen nach betrieblich erforderlicher Ankunftszeit gefahren werden. Unvermeidliche Verspätungen können damit korrigiert und sich über das Netz ausbreitende Lawineneffekte aus Folgeverspätungen vermieden werden. Fahrpläne werden gegen betriebliche Störungen robust.

Dieses System ermöglicht es, kurzfristige Kunden- und Marktanforderungen mit nachfragegerechten Trassenangeboten zu befriedigen, latente Kapazitätsreserven im Trassengefüge auszuschöpfen, Premiumprodukte zu vermarkten, Mehrerlöse zu erzielen und Pönalen zu vermeiden. Innerhalb von zwei Jahren könnten „Trassen auf kurzfristige Anforderung außerhalb des Fahrplans" realisiert werden. Damit kann der Schienengüterverkehr nicht nur eine seit langem bestehende unbefriedigte Nachfrage decken sondern sich auch den Zugang gerade zu den Segmenten des Güterverkehrs erschließen, die heute besonders weit von Schienenaffinität entfernt sind: Pünktlichkeitsgesicherte Verkehre.[15] Aber auch der Regionalverkehr kann mit diesem System die gewachsenen Qualitätsansprüche der Besteller erfüllen.

Der strategische Wert von FreeFloat ergibt sich aus seinen Leistungsmerkmalen. FreeFloat ist ein Betriebssystem, das

- das Trassenmanagement logistikfähig macht,
- die Kapazität von Fahrweg und Knoten durch organisatorische Maßnahmen um bis zu 20 % steigert,[16]
- bei physisch nicht überwindbaren Engpässen im Netz die Grenzen der Belastbarkeit erweitert und dadurch
- für das Ziel, den Schienengüterverkehr auf 150 Mrd. tkm/a zu steigern, einen Teil der sonst nicht verfügbaren Kapazitäten generiert,
- den Investitionsbedarf für den Ausbau des Schienennetzes strukturell verändert und wahrscheinlich reduziert,
- Vorlaufzeiten zur Beseitigung von Engpässen im Netz von 5 bis 25 Jahren auf deutlich geringere Zeiträume verkürzt,
- die Trassenvergabe transparent und ordnungspolitisch unangreifbar macht,
- Interoperabilität ohne hohen investiven Aufwand ermöglicht,
- für andere, insbesondere auch ausländische Eisenbahnverkehrsunternehmen attraktive Modernisierungsoptionen bietet,
- die Bahnindustrie veranlassen kann, auf eigenes Risiko Leitsysteme jenseits der heutigen Technik zu entwickeln,
- bahnbetriebliches Know-How, technische Kernkompetenzen und die Fähigkeit zur Systemintegration so kombiniert, dass sie den Kern eines sich an der Börse finanzierenden Unternehmens bilden kann, das mit Systemen für das Eisenbahnverkehrsmanagement (Entwicklung, Implementierung, Betrieb, Wartung und/oder Lizensierung) weltweit tätig ist.

Aus den Leistungszielen von FreeFloat definieren sich neue Anforderungen an

---

[15] DLR, IVE und IVA: CargoRail-Verlagerung. Okt. 2003

[16] Nur vor dem Hintergrund der vorhandenen Planungs- und Produktionssysteme wird verständlich, wenn die UIC zu folgender Kapitulationserklärung kommt: "Aus den Erfahrungen verschiedener europäischer Eisenbahnen resultiert die Annahme, dass in einzelnen Spitzenstunden Belegungsgrade bis zu 75% toleriert werden können, während über einen längeren Zeitraum gesehen ein Wert von 60% nicht überschritten werden sollte." Internationaler Eisenbahnverband UIC (Hrsg): Capacity Leaflet Project: Final Report. Paris, 2002. (nicht veröffentlicht)

Telekommunikationsplattformen, Datenbanken und Navigationssysteme. Darunter sind einige komplexe Basisinnovationen:
- Dynamischer netzweiter Fahrplankonstruktionsgenerator für die zeitnahe Planung und Disposition von Trassen sowie die Vorgabe von robusten Fahrtrassenplänen;
- Zulaufsteuerung von Zügen auf Knoten als Mittel zur Gewährleistung der erwarteten Ankunftszeit. Sie wird für eine qualitätsgesicherte Betriebslenkung und die Ausschaltung von Aufschaukelungseffekten aus Verspätungen benötigt;
- eine betrieblich geforderte (nicht: erwartete!) Ankunftszeit setzt Koppelnavigation für die sichere fahrzeugseitige Positionsbestimmung in kontinuierlicher Echtzeit voraus. Die dafür benötigten On-Board-Units (geschätzte Kosten 10.000 - 15.000 Euro/System) würden die bestehenden Leitsysteme mit vergleichsweise geringem Aufwand ertüchtigen. Unabhängig von der für die Deutsche Bahn AG funktional und wirtschaftlich unattraktiven Realisierung der ETCS-Level 1-3 wäre damit der Nutzen von Level 4 (Fahren im moving block) weit eher erreichbar als bei den ETCS-basierten Umsetzungsplanungen.

Jenseits von FreeFloat, aber hinsichtlich der erforderlichen Systeme damit verbunden, bietet FreeFloat ein Migrationskonzept in ein mobiles Sicherungssystem, das in wirtschaftlich vertretbarer Weise die fahrweggebundene Infrastruktur ergänzt oder schrittweise ablöst.

Damit müssen in FreeFloat Fähigkeiten und Potenziale entwickelt werden, die einen hohen, über die Schienenanwendung weit hinausgehenden wirtschaftlichen Wert haben, vor allem in folgenden Bereichen: innerörtliche und regionale Verkehrssteuerung, Mauterfassungssysteme, Verkehrsflusssteuerung auf Autobahnen, Personennavigation, mobile Dienste. Insbesondere die Programmplattformen für Zulaufsteuerung und Hybridnavigation sind insoweit vielfältig einsetzbar.

Dieses neue Betriebssystem ist über Ausschreibungen nicht machbar, weil sich die Lieferindustrie derzeit auf den aktuellen Stand der Technik bei Leitsystemen konzentriert. Wie schädlich diese Abhängigkeit sein kann, hat die Deutsche Bahn AG beim Scheitern der ursprünglich für die Neubaustrecke Rhein-Main geplanten Leit- und Sicherungstechnik erfahren. Gangbar ist allerdings eine Realisierung über ein industrielles Engagement von Marktteilnehmern, die über Systemhausfähigkeiten auf anderen als eisenbahntechnischen Anwendungsgebieten verfügen und bereit sind, die zusätzlich erforderlichen bahnbetrieblichen Fähigkeiten zu erwerben. Dies schließt die Möglichkeit einer gesellschaftsrechtlich unterlegten strategischen Partnerschaft mit der Bahn ein. Allerdings ist dabei zu berücksichtigen, dass Artikel 87 e Abs. 3 GG einen zumindest mittelbaren Anteil von 51 % beim Bund erfordert.

Die Attraktivität für alle Beteiligten ergibt sich aus dem wirtschaftlichen Potenzial, das zu dauerhaften Einnahmen bei allen Marktteilnehmern und zu Privatisierungserlösen sowie reduzierten Investitionen beim Eigentümer des Netzes genutzt werden kann. Dadurch würde ein Szenario mit folgenden Merkmalen entstehen.

Das Netz kann sich mittelfristig unter konkurrierenden Anbietern neue FreeFloat-Generationen mit immer kleiner werdenden Reaktionszeiten aussuchen. Die Neubaumaßnahmen, die in den Bundesverkehrswegeplan eingehen, aber auch Wartungs- und Erneuerungsinvestitionen sind unter FreeFloat-Kriterien optimiert. Interoperable Betriebssysteme werden zur Standardausrüstung, die von der Fahrweginfrastruktur zunehmend unabhängig und durch Skaleneffekte preiswerter wird. Automatisierte Instrumente zur Fahrplankonstruktion werden fortlaufend verbessert. Der Güterverkehr wird über sein Portal für ad hoc-Trassen zum vollwertigen Teilnehmer an logistischen Ketten. Über eine Anschlusssicherungsbörse werden Trassenkonflikte, die aus dem Wachstum der Transportnachfrage resultieren, teilweise über Preismechanismen gelöst. Die Knappheit zeitkritischer Trassen lässt sich vor dem Hintergrund der gewonnenen Fahrplan- und Betriebsqualität für Verkaufsstrategien nutzen, die die Erlöse aus dem Trassenverkauf durch Yield Management verbessern. Qualitätssicherungssysteme tragen dazu bei, dass die Fähigkeit, auch auf kurzfristige Marktsituationen zu reagieren, nicht zu Lasten der Pünktlichkeit und Zuverlässigkeit geht.

6. politische Schlussfolgerung

- Zwischen Bund und Deutsche Bahn AG sollte vorrangig ein FreeFloat-Entwicklungsprogramm aufgelegt werden.
- Bundeshaushaltsmittel müssen, außer für die Infrastruktur, auch für Bordausrüstungen eingesetzt werden dürfen. Allerdings setzt dies voraus, dass auch private Transportgesellschaften Anspruch auf solche Mittel haben. Die Alternative, das Netz zu ermächtigen, nur Transportgesellschaften mit Bordausrüstungen den Netzzugang zu gestatten, setzt europäische Abstimmungsprozesse voraus. Sie können erleichtert werden, wenn die Entwicklung von FreeFloat in strategischen Partnerschaften mit wichtigen anderen europäischen Eisenbahnen vorangetrieben wird.
- Die Netzinvestitionsplanungen des Bundesverkehrswegeplans und die jährlichen Ausgabepläne sollten unter der Annahme der mit FreeFloat erreichbaren Kapazitätssteigerungen mit dem Ziel überprüft werden, Ertüchtigungsmaßnahmen entweder ausschließlich oder zusammen mit der Harmonisierung und Entmischung (Netz-21-Konzept) zur ersten Priorität zu machen.

These 7: Mit der Privatisierung der Flugsicherung kann Deutschland seine Position in dem notwendigerweise europäischen Aufbau eines modernen Luftverkehrsmanagements verbessern, aber nicht dauerhaft sichern.

Der Stau am Himmel und auf den Flughäfen hat in den Vereinigten Staaten zu einem seit langem laufenden Projekt geführt, das sich bisher vor allem auf eine genauere Positionsbestimmung der Flugzeuge sowie bessere Kommunikation zwischen Lotsen und Flugzeugen konzentriert. Das Vorhaben erfreut sich einer hohen politischen Aufmerksamkeit und wurde zum Beispiel während der Amtszeit von Clinton durch den Vizepräsidenten Al Gore betreut. Nach dem 11. September 2001 wurden Sicherheitsfragen vorrangig und führten zu neuen zeitlichen Prioritäten.
Starre Regeln und Abläufe sollen schrittweise durch eine zunehmende Flexibilität ersetzt werden. Nicht mehr allein der Lotse soll dem Flugzeug einen starren Kurs vorgeben. Die Piloten können von den vorgeschriebenen Flugstraßen, Geschwindigkeiten und Flughöhen abweichen, wenn sie dies ihrem Lotsen notifizieren und dieser zustimmt. Die Freiheiten für die Piloten können in dem Maße ausgeweitet werden, wie die Informationen über die Position des Flugzeuges in Relation zu anderen genauer werden. Als letzte Instanz und Rückfallebene dürften Fluglotsen jedoch auch dann noch ihren Dienst tun, wenn die Flugzeuge sich den günstigsten Weg am Himmel selbst suchen, zumindest im Management der An- und Abflüge.
Mit den bisher erzielten Projektfortschritten konnte die Aufnahmefähigkeit von vier Pilotflughäfen, die in Spitzenzeiten oft ihre Grenzen erreichen, um drei bis fünf Prozent gesteigert werden. Dazu trugen insbesondere Belastungsprognosen mit einer

Vorlaufzeit von einigen Stunden bei, durch die ein frühzeitiges Gegensteuern ermöglicht wurde. Konfliktsituationen, die dadurch aufgelöst werden, bringen pro Flugzeug und Ereignis eine Einsparung von 2.000 Dollar. Insgesamt haben im Jahr 2003 die Maßnahmen zur Verbesserung des landseitigen Verkehrsmanagements bei den vier Flughäfen zu Ersparnissen in Höhe von 60 Millionen Dollar geführt und 26.000 Stunden Verspätungen vermieden.

Eine höhere Pünktlichkeit und Kostenersparnisse durch verringerten Energieverbrauch werden erzielt, indem Direktrouten geflogen werden. Auf kürzere Wege, eine an Wetterlagen und Windverhältnisse angepasste, veränderte Geschwindigkeit und günstigere Flughöhen wird on trip ausgewichen, wenn die vorgeplanten Luftstraßen solche Vorteile nicht bieten. Voraussetzung dafür war, dass durch präzisere Routenführung zwischen Flugzeugen geringere Sicherheitsentfernungen sowie kürzere Abstände bei An- und Abflug möglich wurden. Die Kostenersparnisse werden auf 40 Millionen Dollar oder 900 Dollar pro Flug beziffert. Diese Möglichkeit nutzen mindestens 15 % aller Flüge.

Ein Zwang zum Mitmachen wird auf die Carrier nicht ausgeübt. Sie können nach ihren unternehmerischen Gegebenheiten entscheiden, welche Programmelemente von FreeFlight sich für sie lohnen.[17]

Europa dagegen muss erst einmal die nationale Zersplitterung überwinden (s. Kasten). Die kostentreibenden Effekte aus nationaler Planung und Einkauf sind dabei nicht einmal der Hauptnachteil. Bei wachsendem Luftverkehrsaufkommen – die erwartete Verdoppelung bis 2025 steigert den Aufwand im personalintensiven Flugverkehrsmanagement auf das Dreifache – entstehen Sicherheitsrisiken, die durch den Zusammenstoß über der Schweiz sinnfällig wurden. Dieses Ereignis belegt einen doppelten Anachronismus: Zu kleine, gar nationale Flugsicherungsräume sind ebenso ein Sicherheitsrisiko wie Lotsen, die automatisierte Ausweichverfahren zwischen Flugzeugen außer Kraft setzen dürfen. Dazu kommen Verspätungskosten, die bereits heute höher sind als die Aufwendungen der Luftverkehrsgesellschaften für Streckendienste.

Luftraum-Provinz Europa		
	Europa	USA
Luftraum (Mio. km²)	10,5	9,8
Hubs	27	31
Flugsicherungs-Organisationen	47	1
Betriebssysteme	22	1
Programmiersprachen	30	1
Flüge/Lotse	480	900
Flugsicherungskosten/Flug (US-$)	380	667
	(Eurocontrol 2004)	

Unter den heutigen Bedingungen können die Lotsen Slots zuweisen und kontrollieren, jedoch nicht Transportmuster optimieren. Dafür wäre ein Management der Zusammenarbeit zwischen Lotsen, Fluggesellschaften und Flughäfen erforderlich, das beim gegenwärtigen Stand der Technik noch außerhalb des Realisierbaren liegt.

Air Traffic Flow and Capacity Management, die Hoffnung von Eurocontrol, verlangt eine Trennung der Regulierung von der Erbringung der Dienste sowie spezifische Rollen für Infrastrukturmanager und Systembetreiber. Voraussetzung ist, dass der Mangel an gezielter zentraler Finanzierung überwunden wird und die Bereitschaft wächst, nationale Erbhöfe aufzugeben bzw. in größere europäische Dimensionen zu überführen.

Mit europafreundlicher Politik allein ist freilich die Frage nach der Zukunft der deutschen Flugsicherungsorganisationen nicht, tendenziell eher negativ beantwortet. Die im Gang befindliche Privatisierung der DFS wird ihre Leistungsfähigkeit steigern, eine nachhaltige unternehmerische Zukunft verlangt mehr. Denn die technologische

---

[17] Federal Aviation Administration Free Flight: Benefit Reviews. http://www.faa.gov/ncarc/reports/pepele.htm

Entwicklung macht es nur zu einer Frage der Zeit, bis Flugsicherung für den gesamten europäischen Luftraum von einem anderen, kostengünstigeren Erdteil aus erbracht werden kann.
Strategisch bedeutend in diesem globalen Wettbewerb wird damit, wer über die besten Flugsicherungs- und managementverfahren verfügt. Nur bei gleichwertigem technischem Leistungsniveau werden Arbeitskostenvorteile wettbewerblich wirksam. Jede andere Methode, standortpolitischer Protektionismus etwa, ist weder besonders intelligent noch erfolgversprechend. Die europäischen Airlines werden auf alles drängen, was Kosten senkt und Qualität hebt. Und als gute Lobbyisten werden sie es verstehen, ihren Kunden politisches Gewicht zu verschaffen.

7. politische Schlussfolgerung

Die Privatisierung der Deutschen Flugsicherung sollte von einem F&E-Programm begleitet werden, das es der DFS ermöglicht, bei Systemen für Flugsicherung und -management eine weltweit führende Position zu erreichen.

These 8: Die Verkehrsinfrastruktur kann nur aufrecht erhalten und modernisiert werden, wenn die Verkehrswege durch die Nutzer finanziert und nicht hoheitliche Aufgaben der Infrastrukturerstellung und -bewirtschaftung privatisiert werden.

Der Bundeshaushalt kann auf die Dauer nur im Gleichgewicht gehalten werden, wenn spätestens bis zum Jahr 2020 ein sehr weitgehender Ausstieg aus den Staatsbudgets für die Verkehrswege erfolgt. Nutzerfinanzierung befreit die politischen Verantwortlichen von der Haftung für eine Verkehrssicherungspflicht, der sie wegen zunehmenden Mangels an Budgetmitteln schon jetzt nur noch mühsam nachkommen können. Die private Bewirtschaftung der Verkehrsinfrastruktur sichert eine möglichst effiziente Verwendung der Einnahmen aus der Nutzerfinanzierung.
Die Gebühren aus der Schwer-Lkw-Maut sollen dem Verkehrswegeausbau und -unterhalt zugute kommen. Es ist wohl dem Interesse des Bundesfinanzministers und des Parlaments an möglichst ungehinderter politischer Dispositionsfreiheit zuzuschreiben, dass es im Gesetz keine obligatorische Verwendung der Mauteinnahmen gibt. Dabei zeigt eine einfache Modellrechnung, warum hier das wohlverstandene Eigentinteresse auf einer unzureichenden Analyse beruht.
Setzt man die Einnahmen mit hundert Einheiten an, kann aus dem Bundeshaushalt nicht mehr als diese Summe investiert werden. Läßt man die Nutzungsgebühren von einer oder mehreren privaten Infrastruktur-Bewirtschaftungsgesellschaften einziehen, kann diese zunächst für hundert Einheiten abzüglich des vertraglich zu vereinbarenden Unternehmensgewinns fünf bis zwanzig Prozent mehr Infrastruktur realisieren. Da jedoch der Nutzer die Infrastruktur bezahlt, kann er diese auch auf Kredit kaufen, ohne die Investitionen der öffentlichen Hand zu belasten. Je nachdem, für welche Finanzierungsform und damit definierte marktübliche Kapitalrendite sich die Bewirtschaftungsgesellschaft entscheidet, kann ein Vielfaches der jährlichen Mauteinnahme investiert werden. In einem eingeschwungenen Zustand müssen Mauteinnahmen nach Abzug der Selbstkosten der Bewirtschaftsgesellschaften nicht mehr dotieren als den Kapitaldienst. Leverage-Effekte um den Faktor 12 sind deshalb möglich. Damit werden Bundesverkehrswegepläne erstmals zu realistischen

---
[18] VTPI News, Spring 2005, Vol. 8, No. 18 (s.auch www.vtpi.org)

Veranstaltungen. In einem Land mit Arbeitslosigkeit, Nachfrageschwäche und leeren öffentlichen Kassen könnten die Finanzminster und Parlamente kein vergleichbares Konjunkturprogramm zustande bringen. Political-Private-Partnertships (PPP) schaffen Spielräume, die politisch bisher unzureichend gewürdigt werden.

Nutzerfinanzierung und PPP-Finanzierung bieten konjunkturelle und beschäftigungspolitische Stabilisatoren auf hohem Niveau, nicht zuletzt, weil die inländische Verwendung von Einkommen gestärkt wird. Ein weiterer Vorteil kommt hinzu. Ein Staat, der auf PPP setzt, kann sich wie ein Unternehmer verhalten, der in neue Infrastrukturen zunächst Forschungsgelder und erste Anlagen investiert, um sich bei der nachfolgenden Konzessionsvergabe oder Privatisierung aus den Erlösen insgesamt kostenneutral zu stellen oder gar einen Gewinn zu realisieren. Die hoheitlichen Zuständigkeiten sind davon unberührt: Gesetze und Regularien über Raumordnung, Verkehrswegeplanung, Sicherheit, Wettbewerb oder freien Zugang bilden den Rahmen, in dem sich PPP zu bewegen haben.

Diese Vorteile können jedoch nur schrittweise aufgebaut werden. Ohne fundierte Erfahrung mit PPP ginge die öffentliche Hand gefährliche Risiken ein. Die Gründung der Verkehrsinfrastrukturfinanzierungsgesellschaft (VIFG) läßt sich als Vorbote für den Einstieg in umfassende Privatisierungs- oder PPP-Programme interpretieren. Wie seinerzeit bei der Überführung der Bundesbahn in eine Aktiengesellschaft werden damit die Stärken privater Unternehmensformen für die Erfüllung staatlicher Aufgaben nutzbar gemacht. Die dabei gewinnbaren Erfahrungen können systematisch ausgebaut und auf die gesamte Wertschöpfungskette von PPP-Modellen ausgedehnt werden. Allerdings bedarf es eines erheblichen und auf viele Besonderheiten der einzelnen Fälle zugeschnittenen Praxiswissens, um solche Vertragskonstruktionen zum Vorteil aller Beteiligten zu gestalten. Andere Länder haben hier, nicht zuletzt durch die dort seit langem praktizierte Erhebung von Straßenbenutzungsgebühren, einen erheblichen Erfahrungsvorsprung mit Public Private Partnerships. Davon lässt sich lernen.

Die Infrastruktur des Verkehrsmanagements würde von einer solchen Entwicklung in jeder Hinsicht profitieren. Eine verkehrsbezogene Dienstevielfalt wie seinerzeit beim Übergang vom Standard-Telefon der Bundespost zur Vielfalt der Endgeräte, Dienste und Anwendungen der modernen Telekommunikation wäre die Folge.

Im Hinblick auf die Infrastruktur des Verkehrsmanagements bieten sich im Übrigen die fortgeschrittensten Möglichkeiten der Überführung in private Gesellschaften nicht im Straßenbau sondern in der Schifffahrtsverwaltung.

Bis zu dem Idealzustand, dass der Kapitän auf seinem Bildschirm eine Routenempfehlung empfängt, die alle Informationen enthält, und einem integrierten Anschlussmanagement in den Häfen müssen die Küsten- und Binnenschifffahrt noch einige laufende Projekte abarbeiten. Hinsichtlich Pünktlichkeit und Sicherheit haben sie jedoch einen fortgeschrittenen Stand erreicht. Lotsen werden bereits heute nur noch für die etwa 10 % der Seeschiffe benötigt, die mit unqualifiziertem Personal betrieben werden.

Damit haben die Leitzentralen bzw. Revierstellen der Wasser- und Schifffahrtsdirektion ein Dienstleistungsniveau erreicht, das sich mit Gewinn betreiben und vermarkten lässt. Sie sind reife Kandidaten für die Überführung in Public Private Partnerships, letztlich in konzessionierte private Hände. Die Finanzierung der Wasserwege könnte damit schrittweise aus dem Bundeshaushalt herausgenommen werden. Im Fall des Rheins bedarf es dazu allerdings des Abschieds der Vertragsstaaten von der Mannheimer Akte.

8. politische Schlussfolgerung

Die Einnahmen aus der Lkw-Maut sollten ausschließlich für den Verkehrswegebau verwendet werden. In Verbindung mit PPP-Konstruktionen für Bau, Unterhalt und Finanzierung der Verkehrswege lässt sich mittelfristig ein konjunkturell und beschäftigungspolitisch hoch wirksames Investitionsprogramm aufbauen, das ein Mehrfaches der Gebühreneinnahmen umfasst.

These 9: Mehr Sicherheit und Qualität im Verkehr hängen von kooperationsfähigen Technologien des Verkehrs- und Transportmanagements ab. Rationale staatliche Demokratie braucht die staatliche Verantwortung *einer* Instanz für *einen* Sachverhalt. Mit deutscher Kleinstaaterei ist die Zukunft nicht zu gewinnen.

Die Europäische Union und das BMVBW fördern immer noch eine Fülle von Pilot- und Demonstrationsprojekten der Verkehrstelematik, zahllose Unternehmen haben proprietäre Lösungen für öffentliche und private Anwender entwickelt. Die vorliegenden Praxiserfahrungen und der technologische Entwicklungsstand haben, gemessen am funktionalen Gesamtpotenzial, interessante Anwendungen und Markterfolge hervorgebracht - und doch handelt es sich um nicht mehr als Nischenanwendungen und -märkte. In dieser Phase war es wohl unvermeidlich, dass das Rad vielfach parallel erfunden, überproportional viel Ingenieurkapazität eingesetzt, überaus komplizierte Abstimmungsverfahren durchgeführt, lange Projektlaufzeiten ertragen und entsprechend kostspielige Budgets hingenommen werden mussten. Bei einem fortgesetzten Mangel an Standardisierung und Harmonisierung sind rasche Fortschritte bei der weiteren Vernetzung zu infrastrukturellen Gesamtlösungen ausgeschlossen. Die Pionierphase der Verkehrstelematik hat ihre Schuldigkeit getan. Jetzt müssen Ausdehnung der Infrastruktur in die Fläche, Marktdurchdringung und Kommerzialisierung in den Vordergrund rücken.

Auf den ersten Blick scheint der Handlungsspielraum dafür sehr begrenzt. Preiswerte Endgeräte und Systembausteine setzen Massenproduktion für internationale Märkte voraus. Für ein forciertes nationales Tempo gibt es gleichwohl genug Möglichkeiten:
- Darüber, welche Verkehrsdaten für welche Zwecke des Verkehrsmanagements von wem erhoben, aufbereitet und genutzt werden sollen, gibt es weder für die einzelnen Verkehrsmodi noch intermodal den Ansatz eines bundeseinheitlichen Konzepts.
- Länder und Gemeinden, Verkehrsverbünde und Verkehrsunternehmen basteln bisher jeder für sich an Managementsystemen für den öffentlichen Verkehr.
- Der gleiche Flickenteppich findet sich im kommunalen Straßenverkehrsmanagement.
- Vorgehens- und Beschaffungsstandards für die Ausschreibung funktionaler Anforderungen, Checklisten für Konzeption und Realisierung von Systemen des Verkehrsmanagements sowie allgemein anwendbare Instrumente für die Ermittlung von Nutzen-Kosten-Relationen derartiger Investitionsprojekte findet man in anderen Ländern oder als verstecktes Nebenprodukt in einzelnen EU-Projekten, nicht jedoch in Deutschland. Stattdessen müssen sich gutwillige Manager auf die mühsame Suche nach passenden und ausreichend dokumentierten Best Practice-Vergleichen begeben.
- Für die Finanzierung von Infrastrukturen des Verkehrsmanagements aus öffentlichen Mitteln gibt es keinen kanonisierten Erfahrungsschatz, auf den die Verwaltung zurückgreifen könnte.
- In München wurde das Betriebsprogramm für adaptive Wechselverkehrsanzeigen auf einigen Hauptverkehrsstraßen mit Hilfe einer BMBF-Förderung entwickelt, erfolgreich

erprobt und als tauglich für den dauerhaften Einsatz befunden. Weil der Stadt das Geld fehlt, finanziert BMW den Betriebsunterhalt.
- Bei der Bahn gibt der Bund Milliarden für Gleise, Oberleitungen und Signaleinrichtungen aus, Fahrzeugausrüstungen für das Transportmanagement sind jedoch von der Finanzierung ausgeschlossen.
- Die Deutsche Bahn AG erbringt erhebliche Investitionen für den Aufbau einer europaweit interoperablen Leit- und Sicherungstechnik (ETCS/ERTMS). Wirtschaftliche Vorteile wird ihr das erst langfristig eintragen. Der Eigentümer der Bahn lässt es jedoch zu, dass vergleichsweise geringe Anstrengungen für den Aufbau eines durchgängigen Fahrplanplanungs- und Fahrbetriebsprozesses nur mit nachrangiger Priorität unternommen werden, obwohl dadurch die Netzleistungsfähigkeit im Hinblick auf Durchsatz und Qualität erheblich gesteigert werden könnte und nebenbei eine interessante Kapitalmarktstory entstünde. Und vor allem hätten Investitionen des Bundes in das Netz unter dieser Voraussetzung eine gute Chance auf kurzfristig höhere Wirtschaftlichkeit, vielleicht auch langfristig auf eine Senkung des Investitionsbedarfs ins Netz.

Natürlich gibt es Beispiele, die derartige Mängel nicht aufweisen oder zu Hoffnungen berechtigen:
- Die Ärgernisse eines leichtfertig ehrgeizigen Zeitplans dürfen nicht darüber hinwegtäuschen, dass die Mauterhebung mit dem Toll Collect-System einen Paradigmenwechsel im Verkehrsmanagement eingeleitet hat, der sich wie ein Ölfleck auf dem Wasser auszubreiten beginnt. Ein solcher Erfolg, der sich auch international durchsetzen wird, wäre ohne die Alleinzuständigkeit des Bundes kaum realisierbar gewesen.
- In der Schifffahrt verfügt Deutschland über eine fortgeschrittene Leit- und Sicherungstechnik. Die Entstehungsgeschichte dieser Technologien ist von zwei Erfolgsfaktoren geprägt. Zum einen hatte der Bund die ausschließliche Verantwortung, zum anderen erfolgten die Entscheidungen über Entwicklungsaufträge, Systemauswahl, Beschaffung und Betriebsführung in getrennten Schritten und mit detailliert fachkundiger Begleitung durch den Auftraggeber. Das macht den wesentlichen methodischen Unterschied zum Toll Collect-Projekt aus. Dadurch entstanden keine faktischen Abhängigkeiten von einer Industrie, die auf der Grundlage eines fragwürdigen Prototyps den Entwicklungs-, Ersteller- und Betreiberauftrag in einem Paket erhielt. Die standortpolitische Motivation dieses Vorgehens erscheint offensichtlich, beweisen wird sie sich kaum lassen - warum auch, wenn internationale vergaberechtliche Verpflichtungen und Standortinteressen in einem Konflikt liegen, den andere Länder ebenfalls zum eigenen Wohl lösen. Nur muss man dann eben Projektrisiken in Kauf nehmen, die letztlich nur politisch gelöst werden können. Jedenfalls zählt es zu den politischen Leistungen des Toll Collect-Abenteuers, dass die Lieferanten nicht aus dem Auftrag fliehen konnten, als das Projekt im Herbst 2003 auf Messers Spitze stand. Das hohe Pönal- und Imagerisiko bildete eine wirksame Sperre. Bei Projekten mit kleineren Konsortialrisiken hätte die Politik eine solche Blamage nicht verhindern können. Insofern lohnt es, beim Aufbau neuer Infrastrukturen mit bewährten Managementinstrumenten zu arbeiten.

Die Abgrenzung zwischen öffentlicher und privater Zuständigkeit für Verkehrsinformation und Verkehrsbeeinflussung ist in Europa sehr unterschiedlich geregelt.
- In Frankreich liegt die Datenerhebung ausschließlich in öffentlicher Hand. Verkehrsbehörden und Polizei sind für die Verkehrssteuerung verantwortlich. Bei den

Verkehrsinformationen wollten die Behörden die erhobenen Daten verkaufen, gleichzeitig deren Verwendung überwachen.
- In den Niederlanden wird die nationale Verkehrsinformationszentrale als PPP betrieben. Daneben bieten private Betreiber Mehrwertinformationen an.
- In Schweden existieren regionale Verkehrsinformationszentralen in Form von PPP. Die Kooperation zwischen den einzelnen Institutionen, z. B. zwischen ÖV, Rettungsdiensten und örtlichen Verkehrsbehörden, funktioniert reibungslos.
- In Großbritannien liegen die Erhebung von Verkehrsdaten hauptsächlich, die landesweite Grundversorgung mit Verkehrsinformationen und Maßnahmen zur kollektiven Verkehrsbeeinflussung vollständig in staatlicher Hand. Daneben existieren individuelle Verkehrsinfomationssysteme, die ihre Dienste teilweise auf Basisdaten der öffentlichen Hand aufbauen. Die Nutzerakzeptanz für die angebotenen öffentlichen und privaten Dienste ist im Allgemeinen hoch. Bei intelligenten Verkehrssystemen sieht sich das Land in einer führenden Rolle innerhalb Europas und beabsichtigt, diese weiter auszubauen. Großbritannien verfügt für die flächendeckende Ausbreitung von Elementen des Verkehrsmanagements über das beste Rollenverständnis von Staat und Privaten.

> **Kommunale Verkehrsausgaben: Vom Zwang zur unwirtschaftlichen Budgetverwendung**
>
> "Durch die Förderbedingungen der Investitionshilfen von Gemeindeverkehrsfinanzierungsgesetz (GVFG) und Bundesfernstraßengesetz besteht eine erhebliche Gefahr der Fehlsteuerung des Verkehrs, da Kommunen beim Einsatz von Eigenanteilen zwar Investitionshilfen für Neuanlagen erhalten können, aufgrund der Bindung von Eigenmitteln jedoch die zum Werterhalt des Verkehrsnetzes notwendigen Unterhaltungsmaßnahmen nicht mehr finanzieren können. Außerdem führt diese Regelung dazu, daß eher förderungsfähige Maßnahmen realisiert werden als solche, die zwar sinnvoller und insgesamt kostengünstiger wären, aber nicht förderungsfähig sind.
>
> Die enge Zweckbindung im GVFG sollte aufgehoben werden, damit nicht ökologisch und ökonomisch sinnvolle Strategien von vornherein ausgegrenzt werden. Im GVFG muß es möglich sein, nicht nur den Investitionsbedarf, sondern auch die Folgekosten zu berücksichtigen."
>
> (Bundesministerium für Umwelt, Naturschutz und Reaktorsicherheit: Umweltforschungsplan. 2002)

In Deutschland ist noch nicht erkennbar, wie aus dem mittlerweile energisch betriebenen Aufbau von PPP-Know-How sowie den Zuständigkeiten zwischen Bund, Ländern und Gemeinden eine Dynamik erwachsen soll, die die Potenziale moderner Systeme für das Verkehrs- und Infrastrukturmanagement ausschöpft.

Für die Föderalismusreform gibt es jenseits der abgehandelten Themen, sollten sie jemals zu Beschlüssen führen, noch viel zu tun (s. Kasten). Dabei geht es zunächst um die herkömmliche Verkehrswege-Infrastruktur. Insbesondere die Finanzierungszuständigkeit für den Straßenbau mit der anachronistischen Zuständigkeit des Bundes für die Bundesstraßen, die ihre Fernverkehrsfunktion nahezu ausnahmslos eingebüßt haben, bedarf einer Neuverteilung der Verantwortung. Wie die Infrastruktur finanziert und bewirtschaftet wird, hat einen wesentlichen Einfluss auf die Chancen von Verkehrsmanagement.

9. politische Schlussfolgerung

- Die Infrastruktur des Verkehrsmanagements braucht bundeseinheitliche Finanzierungsregeln, Leistungsmaßstäbe und, ebenso wie die übrige Infrastruktur, klare gebietskörperschaftliche Verantwortungen sowie Trennungen zwischen Besteller-, Ersteller- und Betreiberfunktionen.

- Der Bund sollte seine Zuständigkeit auf echte Fernverkehrsverbindungen konzentrieren, die Fernstraßenverwaltung in eine privatrechtlich organisierte Bestellergesellschaft überführen und die Konzessionen privaten Gesellschaften erteilen. Die Teilnetze sollten groß genug für Mischkalkulationen sein.

These 10: In der globalisierten Welt bieten sich für Technologien zur Steigerung von Verkehrssicherheit und Verkehrswegekapazität riesige neue Märkte.

Üblicherweise werden Anstrengungen zur Verbesserung der Verkehrssicherheit gefordert, damit die Unfall- und Krankheitskosten gesenkt werden. Maßnahmen zur Bekämpfung von Staus sollen dem Güterverkehr wirtschaftliche Nachteile sowie Unternehmen des Personentransports unzufriedene Kunden ersparen. Vor dem Hintergrund, dass die Technologien des Verkehrsmanagements ein universelles Werkzeug darstellen, das für jede Organisation von Verkehr eingesetzt werden kann, empfiehlt sich ein Blick über die Landesgrenzen.

Die heutigen Probleme und Nebenwirkungen des Verkehrs beschreiben einen globalen Markt, der standardisierten Produkten und Diensten sowie spezifischen lokalen Lösungen, die darauf aufbauen, ein reiches Betätigungsfeld bietet. Das Marktvolumen lässt sich mit einer einfachen Faustregel schätzen: Solange die Summe aus Abschreibungen und Betriebskosten nicht höher ist als die Schäden, die jährlich verursacht werden, bieten Investitionen für die Infrastruktur des Verkehrsmanagements eine volkswirtschaftlich attraktive Rendite. Vor diesem Hintergrund finden sich zahlreiche Indikatoren für globale Marktpotenziale:

- Im Jahr 2001 waren nach den Feststellungen der EU-Kommission bereits 10 % des transeuropäischen Verkehrsnetzes täglich durch Staus chronisch überlastet, und 20 % des Eisenbahnnetzes galten als Engpässe. Das weiter steigende Verkehrsaufkommen – bei stabil 6 % Wachstum im Güterfernverkehr eine Verdoppelung bis 2020 – wird die Kosten von Staus in die Höhe treiben, so dass die Produktivität und Wettbewerbsfähigkeit der Industrie erheblich beeinträchtigt sind. Auch die Bundesregierung teilt diese Einschätzung: Das BMBF beziffert die jährlichen volkswirtschaftlichen Verluste aus Staus auf 97 Mrd € und den staubedingten Mehrverbrauch an Benzin und Diesel auf 30 Millionen Liter pro Tag.
- Jährlich sterben weltweit 1,2 Mio. Menschen im Straßenverkehr, davon etwa 40.000 in der Europäischen Union (2001). Bei Autounfällen verletzt werden 20 bis 50 Millionen, davon 1,7 Mio. in der EU. Der insgesamt entstehende finanzielle Schaden wird von der Weltbank und der WHO auf insgesamt 518 Milliarden Dollar geschätzt. In der Europäischen Union belaufen sich die direkten und indirekten Kosten auf 160 Mrd. € oder 2% des Bruttosozialprodukts - und selbst in den ärmsten Ländern der Welt beträgt der Tribut ein bis zwei Prozent. Dazu steht nicht im Widerspruch, dass sich zwischen 1991 und 2001 die Zahl der Getöteten je Mio. Einwohner in Deutschland von 142 auf 85 verringert hat. Setzt man diesen Wert in Relation zur Verkehrsleistung, liegt Deutschland bei der Verkehrssicherheit im europäischen Vergleich in der Spitzengruppe. Bei gut einem Drittel der Unfälle sind überhöhte oder unangepasste Fahrgeschwindigkeiten oder zu geringe Abstände die Ursache. Sie sind die ersten Kandidaten für eine durchgreifende Beseitigung von Unfällen.
- Mitteilungen der Deutschen Bahn AG zufolge fuhren immerhin 8 % aller Züge in Deutschland im Jahr 2004 unpünktlich, d. h. sie kamen mehr als fünf Minuten zu spät, denn erst diese Fälle werden in der Statistik als Verspätung gewertet. Auf das Jahr hochgerechnet, verspäteten sich damit rund 890.000 Züge. Allein innerhalb des

Fernverkehrs verpassten an ganz normalen Tagen 10.000 Fahrgäste den Anschluss. Sinkt die Pünktlichkeit über ein oder zwei Monate, geht auch der Umsatz zurück. Der Aufwand, der im heutigen Produktionssystem Schiene getrieben werden muss, damit es nicht noch schlimmer kommt, stellt allerdings eine unbekannte Größe dar. Es sind die Pufferzeiten, die in den Fahrplan eingebaut werden und doch nicht verhindern können, dass sich etwa Primärstörungen bzw. -verspätungen zu Lawinen aufschaukeln, weil das Gesamtsystem nicht über die Informationen und Entscheidungskapazitäten verfügt, um die im Fahrplan angelegten Puffer zum Ausgleich zu nutzen. In der Konsequenz definieren die Starrheiten des Betriebsprozesses die Leistungsfähigkeit des Netzes auf der Strecke und in den Knoten. Modernes Fahrbetriebsmanagement kann diese Probleme weitgehend ausschalten.

- Straßenbenutzungsgebühren dienen unterschiedlichen Zielen. Entsprechend werden sie nach unterschiedlichen Kriterien erhoben, nach Zeit (Singapur), nach Kordon (Oslo), nach Verkehrsdichte oder Zone (London), nach Streckenabschnitten wie Tunnel oder Brücken (Rostock, Marseille, San Francisco) oder nach der Beanspruchung der Infrastruktur (Deutschland). Auch für die Erhebungstechniken gibt es bisher keinen universellen Ansatz. Sie reichen von Vignetten bis zum Toll Collect-System.

In London sollte die chronisch verstopfte Innenstadt entlastet werden. Eine penible Begleituntersuchung zeigt eine eindrucksvolle Bilanz und belegt, daß es keinen rationalen Grund gibt, Verkehrsmanagement nur mit technisch-administrativen oder Motivationsinstrumenten auszustatten. Ökonomische Instrumente können in der Gesamtwirkung beträchtliche Wohlfahrtseffekte auslösen, die genug Spielraum bieten, anfängliche Anpassungsschmerzen einzelner Betroffener auszugleichen. Deutschland verfügt mit dem Toll Collect-System über ein technologisches Pfund, mit dem sich weltweit wuchern lässt. Andere haben jedoch bereits viel Erfahrung mit Mautsystemen. Für die nationale Ausbreitung von intelligenten Transportsystemen verfügen sie über Entscheidungsstrukturen, gegen die die bundesrepublikanischen Institutionen noch jeden Vergleich scheuen müssen. Und unsere Wettbewerber sind längst weltweit mit einer systematischen Kooperationsstrategie unterwegs (s. Kasten S. 46). Deutschland hat allerdings die strategische Chance dessen, der als Zweiter kommt und sich mit deutlich verbesserten Systemen durchsetzt.

Das Vertrauen, dass die Unternehmen technologische Fortschritte im Heimatmarkt für den Export zu nutzen verstehen, muss nicht davon abhalten, über zusätzliche Möglichkeiten nachzudenken.

City-Maut in London - ein maßgeschneidertes Erfolgsrezept	
Gebühr (Mo bis Fr, 7.00 - 18.30):	
Pkw, Nfz	5 £/Tag
Rabatte:	
Taxe, Motorrad, Bus	90 %
Behinderte	100 %
Fahrtenaufkommen	
Binnenverkehr	- 15 %
Durchgangsverkehr	- 18 %
Pkw	- 30 %
Lkw	- 10 %
Busse	+ 15 %
Taxen	+ 20 %
Verkehrsleistung Pkw	- 10 bis - 15 %
Staus	- 30 %
Fz-Geschwindigkeit	16,7 km/h (+15 %)
Fahrzeiten	
Fz-Durchschnitt	- 14 %
Standardabweichung	- 30 %
Bus-Geschwindigkeit (Verkehrsspitze morgens)	+ 7 %
Bus-Verspätungen	- 60 %
Verlagerungseffekte	
Besetzungsgrad Pkw	+ 10 %
ÖPNV	50 - 60 %
CarSharing, Motorrad, Fahrrad, Reisezeitverschiebung, Zahl der reduzierten Fahrten	15 - 25 %
Verändertes Verkehrsverhalten	
Personen	25 %
Fahrten	10 - 15 %
Cost-Benefit-Saldo für Unternehmen im Mautbereich	rd. 50 Mio. £
(Transport for London: Congestion Charging. Six Months on. Okt. 2003 www.tfl.gov.uk/congestioncharging)	

> **Milliarden-Bahnauftrag in Dubai geht an Japaner**
>
> DUBAI, 29. Mai (Reuters). Den 2,7-Milliarden-Euro-Auftrag für ein Verkehrsprojekt in Dubai hat ein türkisch-japanisches Konsortium gewonnen. Für den Bau eines Nahverkehrszugsystems in dem Golf-Emirat hatte sich mit einem anderen Konsortium auch die Siemens AG beworben. Die aus der Mitsubishi Corp, Obayashi Corp, Kajima Corp sowie der türkischen Yapi Merkesi bestehende Gruppe habe auch einen Auftrag über 400 Millionen Euro für die Instandhaltung des Systems während fünfzehn Jahren erhalten, teilte der Auftraggeber am Sonntag in Dubai weiter mit. Das neue System soll das Verkehrschaos im schnell expandierenden Emirat lindern. Tägliche Staus erschweren das Leben in Dubai, das sich in den vergangenen 30 Jahren aus einem kleinen Handelsort in einen großen Ballungsraum mit Bürokomplexen, Hotels und großen Appartementhäusern entlang der Golf-Küste verwandelt hat.
>
> FAZ, 30.5.2005

Singapur, dessen herkömmliche Wachstumskraft zu erlahmen beginnt, will neuerdings den Export von Bildung zu einer Einkommensquelle machen und den Inselstaat in ein globales Schulhaus verwandeln. Gegen Studiengebühren von jährlich knapp 5.000 Euro p.a., dazu einen etwa gleichen Betrag für Unterkunft, Verpflegung u.a. sollen Aus- und Weiterbildungsangebote auf dem obersten Niveau offeriert werden. Wäre es so abwegig, wenn Deutschland seine Fähigkeit, Verkehr qualitativ hochwertig zu beherrschen, dazu nutzte, sich zum globalen Kompetenzzentrum für Mobilitätsmanagement und Logistik zu entwickeln und daraus schließlich die globale Schule für Mobilität zu machen? Eine International University for Mobility and Management, brillant in der Lehre und verbunden mit führenden Forschungseinrichtungen und Unternehmen, könnte zum weltweiten Anziehungspunkt werden - natürlich gegen entsprechende Bezahlung. Mit Eliteuniversitäten Kaufkraft zu importieren und Know How zu exportieren, wäre kein Verlustgeschäft. Ein weltweites Netz von Freunden, von denen viele zu Geschäftspartnern deutscher Firmen werden, schüfe eine kostenlose Zusatzrendite.

10. politische Schlussfolgerung

- Deutschland sollte den Aufbau einer modernen Verkehrsinfrastruktur für Schiene, Straße, Luft- und Wasserwege mit einer gezielten Exportförderungspolitik verbinden. Dafür könnte das Exzellenz-Cluster-Konzept der rot-grünen Bundesregierung durch eine International University for Mobility and Management konkretisiert werden, die Ausbildung exportiert und die Kunden und Partner von morgen in Deutschland ausbildet.
- Über die GTZ sollte die Entwicklungspolitik zunehmende Aufmerksamkeit auf das Verkehrsmanagement in Ländern und Ballungszentren mit gravierenden Verkehrsproblemen lenken.

1.4 Ein nationales Programm für Verkehrsmanagement als Kompass

Verkehrspolitik ist in Deutschland eine von vielen Fachpolitiken, die nur dann als wählerwirksam gilt, wenn Ideen wie 5 DM für einen Liter Benzin oder Tempolimits auf allen Autobahnen abgewehrt werden müssen oder im Netz unserer zersplitterten Zuständigkeiten Feinstaubrichtlinien verschlafen werden. Solange das gewohnte

Entwicklungsmuster der Verkehrstechnologie und Verkehrsorganisation lineare Entwicklungsstränge zeigte, war daran wenig auszusetzen. Heute befindet sich Verkehr am Beginn eines Paradigmenwechsels. „Verkehr finanziert Verkehr" und „Verkehr regelt Verkehr" werden zu Kerninstrumenten für eine Verkehrsorganisation, in der Staus und Unfälle wirksamer denn je bekämpft werden können.

Die Fülle und Komplexität der Aufgaben, die sich auf der Zeitachse beim Aufbau einer Infrastruktur des Verkehrsmanagements stellen, brauchen eine längerfristige programmatische Gesamtschau, in der Ziele, Maßnahmen und Verantwortlichkeiten im Zusammenhang dargestellt und in machbare Teilschritte gegliedert werden. *Ein nationaler Plan für Verkehrsmanagement* könnte das leisten - gerade wegen der föderalen Struktur in Deutschland. Seine Kernelemente finden sich in den politischen Schlussfolgerungen zu den einzelnen Thesen.

Andere Länder, insbesondere die Vereinigten Staaten, auch Japan, setzen solche Instrumente längst ein. Gleich nebenan, in Österreich, liest sich der Telematik-Rahmenplan[19] wie eine perfekte Gebrauchsanweisung, die zu großer wettbewerblicher Sorge Anlass geben oder, positiv gewendet, zur schleunigen Nachahmung einladen sollte. In Ländern, die die Zeichen der Zeit verstanden haben, wird die politische Bedeutung dadurch unterstrichen, dass sich nicht nur Fachministerien mit Ordnungsrahmen, Finanzierung und Ausgestaltung der Infrastruktur des Verkehrsmanagements befassen. In Japan etwa leitet der Premierminister eine ressortübergreifende Projektstruktur, und längst betreibt der Inselstaat eine gezielte weltweite Kooperationspolitik, besonders im ost- und südostasiatischen Raum. Und wenn trotz einer im OECD-Maßstab niedrigen Kaufkraft Sonderwirtschaftszonen in China bereits heute vorschreiben, dass alle Autos mit Bordausrüstungen ausgestattet sein müssen, lässt sich hinter der Reaktion auf Verkehrsprobleme eine strategische Ausrichtung erahnen, die in Verbindung mit dem großen Ausstoß an Hochschulabsolventen und der erkennbar schnellen Lernfähigkeit des Landes eine Vorstellung von der Dynamik des globalen Wettbewerbs vermittelt. Deutschland aber schläft.

Technik ist nicht der Engpass, nur die Einstellungen dazu sind es. Muss das im autobegeisterten Deutschland wirklich so sein? Entscheidend ist der politische Wille, aus Teilnetzen eine flächendeckende integrierte Infrastruktur zu machen. Ein solches System wäre weltweit wettbewerbsfähig. Einmal mehr stellt sich die Frage, ob Deutschland, wo einst die Verkehrstelematik kreiert wurde und viele Ideen entstanden, als Vermarkter eine gleiche Meisterschaft beweisen kann. Die Schwalbe eines automatischen Mauterfassungssystems macht noch keinen Sommer.

---

[19] www.its-austria.info

2 Strategien für Güterverkehr und Logistik im internationalen Wettbewerb

Prof. Dr. Ulrike Stopka und Doz. Dr.-Ing. habil. Armin Woda

Technische Universität Dresden, Fakultät Verkehrswissenschaften „Friedrich List", Institut für Wirtschaft und Verkehr, stopka@rcs.urz.tu-dresden.de

Technische Universität Dresden, Fakultät Verkehrswissenschaften „Friedrich List", Institut für Verkehrssystemtechnik, armin.woda@mailbox.tu-dresden.de

Zusammenfassung

Die Logistik ist mit rd. 166 Mrd. € Brutto-Umsatzvolumen die drittgrößte Branche nach Handel und Automobilindustrie in Deutschland. Die Wachstumsraten von 3 - 10 % pro Jahr liegen weit über dem Durchschnitt des Wirtschaftswachstums in Deutschland.
Die rd. 60.000 Unternehmen im Bereich Logistik-Dienstleistungen sind, abgesehen von einigen weltweit agierenden Konzernen wie DP WorldNet, Deutsche Bahn AG, Schenker AG etc. überwiegend mittelständisch geprägt[1].
Etwa 2,6 Millionen Menschen sind in Deutschland in der Logistikbranche beschäftigt, das ist nach dem Gesundheitswesen die zweithöchste Beschäftigtenzahl.
Die Stärken und Chancen Deutschlands als Logistikstandort sind nach wie vor günstig. Erfolgsfaktoren liegen insbesondere in der zentralen geografischen Lage, in der Wirtschaftskraft des Landes (Exportweltmeister, nationale Konsumtion mit mehr als 80 Mio. Einwohnern), der guten Verkehrs- und Kommunikationsinfrastruktur, der immer noch im internationalen Vergleich hervorragenden Qualität der Logistikdienstleister, den relativ kostengünstigen Logistikleistungen bei sehr hohem Know-How und nicht zuletzt dem stabilen Niveau der Rechtssicherheit für die an der logistischen Leistungserstellung beteiligten Akteure.
Die genannten Stärken sind durch die Wirtschaftspolitik im Allgemeinen und die Verkehrspolitik im Besonderen weiter zu stabilisieren und möglichst auszubauen. Dies betrifft vor allem:
- die Sicherung der notwendigen Investitionen in die Verkehrsinfrastruktur zu deren Erweiterung und Instandhaltung,
- die Gestaltung einer nachhaltigen Verkehrspolitik zur Verkehrsverlagerung und -optimierung,
- die Kompensation der verkehrlich oftmals negativen Wirkungen standortpolitischer Entscheidungen in Industrie und Handel durch Erschließen von Reserven und Optimierungsmaßnahmen im Bereich der Güterverkehrs- und Logistikprozesse, nicht zuletzt unter Nutzung moderner IT-Technologien,
- das Betreiben einer realistischen Eisenbahnpolitik, welche die ideologische Bevorzugung einzelner Verkehrsträger zugunsten ihrer umfassenden Verknüpfung in einem intermodalen Verkehrssystem aufkündigt, was weit mehr bedeutet als die stetig eingeforderte Verlagerung von Straßentransporten auf die Eisenbahn ohne Beachtung der Vor- und Nachläufe,

---

[1] vgl. Bundesvereinigung Logistik: Wachstum schaffen - Zukunft gestalten. Logistik als Motor für Wachstum und Innovation in Deutschland, Thesen und Handlungsempfehlungen, September 2005, S. 6

- die Förderung des kombinierten Verkehrs als Gesamtaufgabe aller beteiligten Akteure durch den Abbau noch bestehender Hemmnisse,
- die Unterstützung durchgängiger Prozessketten in Güterverkehr und Logistik durch den Einsatz von Navigations-, Ortungs- und Überwachungslösungen für Wagen-, Fracht- und Sendungsverfolgung, Tourenplanung oder Flottenmanagement sowie durch Nutzung innovativer RFID-Anwendungen.

Die Gewährleistung der wachsenden Gütermobilität wird zukünftig erhöhte Anforderungen an die Infrastruktur sowohl im Verkehrs- als auch im IT-Bereich stellen. Es muss deshalb das Ziel sein, über das Lippenbekenntnis aus politischem Kalkül hinaus in einem intermodalen Verkehrssystem das reibungslose Ineinandergreifen der Verkehrsträger Straße, Schiene, Luft- und Schifffahrt und ihrer jeweiligen Netze derart zu gestalten, dass jeder Verkehrsträger seine spezifischen Systemvorteile voll ausspielen kann. Das Fließen von Güter- und Warenströmen kann durch steuerungsrelevante Informationen, IT-gestützte Verkehrsmanagementsysteme und Mehrwertdienste sowie unternehmensübergreifende Kopplungen von IT-Systemen wesentlich effizienter und ressourcenschonender realisiert werden als heute.
Die Verkehrspolitik ist aufgefordert, hierfür die notwendigen wettbewerbsfördernden Rahmenbedingungen zu schaffen, um die europa- und weltweite Nachfrage der Wirtschaft nach Güterverkehrs- und Logistikdienstleistungen für Deutschland in Wachstumsimpulse umsetzen zu können.

2.1 Deutschland als Logistikstandort und Drehscheibe des Güterverkehrs

Aus der Sicht der geografischen Position kommt Deutschland bei der Bewältigung europäischer Verkehrsströme sowohl in der kontinentalen West-Ost-Richtung als auch in der eher maritim geprägten Nord-Süd-Richtung eine außerordentliche Bedeutung zu. Geografisch entwickelt sich die Europäische Union quasi von einem „Inseleuropa" zu einem „Kontinentaleuropa" mit allen Konsequenzen für die Landverkehrsträger.
Deutschland hat Grenzen mit neun anderen europäischen Ländern. Dies führt zu wachsenden Anforderungen und Problemen bei der Gestaltung der Schnitt- und Übergangsstellen in stofflicher und informationeller Hinsicht. Die Verbindungen über die maritimen Grenzen und über die Alpen stellen besondere Engpässe dar. Gleichzeitig hat Deutschland im Vergleich zu den übrigen westeuropäischen Staaten die größte Nähe zu den neuen Mitgliedsländern der Europäischen Union, insbesondere zu Polen und zu Tschechien.

Land	Netzdichte in km Strecke/100 km²		
	Eisenbahn	Autobahn	Wasserstraße
Deutschland	10,1	3,3	1,9
Frankreich	5,4	1,8	1,0
Großbritannien	7,0	1,5	0,5
Italien	5,4	2,2	0,5

Tabelle 1: Infrastrukturausstattung ausgewählter Länder der EU   Quelle: EU-Kommission (www.europa.eu.int)

Durch die EU-Erweiterung in Richtung Osten hat sich deren europäisches Zentrum um etwa 350 km verschoben, und zwar von der belgisch-niederländischen Grenze zur Mitte Deutschlands. Die Wirtschaft des Landes ist in hohem Maße exportorientiert. Jeder zweite Euro in der verarbeitenden Industrie wird im Ausland verdient. Mehr als die Hälfte der Ausfuhren entfallen auf die EU.

Die Infrastrukturausstattung in Deutschland zählt immer noch zu den besten Europas. Sie ist signifikant höher als etwa in Frankreich, Großbritannien oder Italien (vgl. Tabelle 1). Es ist ein Netz von 33 Güterverkehrszentren (GVZ) zur Integration der logistischen Leistungen in den letzten 20 Jahren entstanden. Die Ausstattung mit Lagerkapazität ist gut entwickelt, insbesondere auch das Immobilienmanagement für logistische Dienstleistungen im Bereich Lager, Umschlag und Transport.

Damit qualifizieren und fördern die Verkehrsinfrastruktur und die Logistik den Standort Deutschland für produzierende Unternehmen; diese werden von Investoren durchaus als eine Kernkompetenz des Landes wahrgenommen.

Bei allen positiven Bedingungen und Chancen für Güterverkehr und Logistik aus der Standortsicht sollten aber die Risiken nicht übersehen werden, die sich aus der Verlagerung des europäischen Zentrums in Richtung Osten ergeben. Zusammen mit den geringeren Lohnkosten in den mittel- und osteuropäischen Staaten führt der Wettbewerb bei der Standortwahl in Industrie, Handel und Logistik zunehmend zu Ansiedlungsentscheidungen im Bereich der neuen Mitgliedsländer der Europäischen Union. So werden etwa im Bereich der Automobilindustrie hochwertige Fahrzeugtypen in der Slowakei gefertigt, während die Volumenproduktion weiter in Deutschland stattfindet, wie das Beispiel VW zeigt.

Auswirkungen der EU-Osterweiterung, die sich für den Bereich des Güterkraftverkehrs ergeben, liegen vor allem im verschärften Preisdruck bei den Beförderungsentgelten durch starke ausländische Konkurrenz und deren Kostenvorteile (Lohnkosten, Sozialaufwendungen, Treibstoffkosten etc.), in den Auswirkungen der Gemeinschaftslizenz und der künftig völlig liberalisierten Kabotage. Hinzu kommen solche Kriterien wie Planungs- und Genehmigungsverfahren, unterschiedliche Bedingungen bezüglich der Regulierung der Arbeitswelt und des Umweltschutzes.

These 1: Die Bedingungen und Chancen für den Logistikstandort Deutschland sind nach wie vor günstig. Hier gilt es, die Spitzenposition des Landes als „Logistics Hub of Europe" weiter auszubauen, indem der Staat entsprechende politische und wirtschaftliche Rahmenbedingungen schafft. Hierzu zählen[2]:

- mehr Flexibilität im deutschen Arbeitsrecht sowie veränderte behördliche und tarifliche Auflagen (z. B. Öffnungszeiten, Mehrschichtbetrieb, Nachtflugbetrieb),
- Kostenreduktion durch Absenken von Lohnnebenkosten, Energiekosten, Unternehmenssteuern,
- schnellere und transparentere Verwaltungsentscheidungen beim Infrastrukturausbau und bei Gewerbeansiedlungen (Planungs-, Normungs- und Genehmigungsmaßnahmen, Umweltschutzprüfungen etc.),
- Verbesserung der Planungssicherheit, Interoperabilität und Schaffung vergleichbarer Wettbewerbsbedingungen durch weitestgehende Harmonisierung von Auflagen, Verordnungen, Ausgaben und Steuern im Wirtschaftsraum der EU.

---

[2] vgl. Bundesvereinigung Logistik: Wachstum schaffen - Zukunft gestalten. Logistik als Motor für Wachstum und Innovation in Deutschland, Thesen und Handlungsempfehlungen, September 2005, S. 15 f.

2.2 Entwicklung des Güterverkehrs

2.2.1 Wachstum der Güterverkehrsnachfrage

Die Veränderung der geografischen Bedeutung Deutschlands hin zur neuen Mitte Europas sowie das positive Exportwachstum bewirken eine erhebliche Zunahme des Güterverkehrs, der sich ganz überwiegend auf den Straßenverkehr konzentriert. Darüber hinausgehende weitere Treiber des Güterverkehrswachstums liegen in der

- Globalisierung der Produktion und Dislozierung der Komponentenfertigung für hochwertige Sachgüter als Folge gestiegener Wettbewerbsintensität, was mit wachsenden Transportdistanzen und Integrationserfordernissen verbunden ist.
- Zunahme der on-demand-Anforderungen auf der Anbieter- und Nachfragerseite, die sich in Sofortreaktionen auf Kundenbedürfnisse, Atomisierung der Auftragsstrukturen, Wachstum termindefinierter Transportbedarfe u. ä. zeigt.
- Konzentration auf Kernkompetenzen und Outsourcing in der verladenden Wirtschaft.

Nach einer Fortschreibung der Prognose des Bundesverkehrswegeplanes, die vom verkehrswissenschaftlichen Institut an der Universität Köln vorgenommen wurde, wird die Verkehrsleistung im Güterverkehr im Zeitraum 2001 - 2025 um insgesamt rund 43 % zunehmen[3]. Dies ist weniger auf das Ansteigen der Tonnagemengen als vielmehr einen deutlichen Zuwachs der Transportdistanzen zurückzuführen. Dabei wird der Straßengüterfernverkehr auch in Zukunft mit rund 52 % schneller wachsen als die Schiene (43 %) und die Binnenschifffahrt (33 %)[4].

2.2.2 Höchste Zuwachsraten im grenzüberschreitenden Güterverkehr

Als Ergebnis der oben skizzierten veränderten Standortbedingungen werden die mit Abstand höchsten Wachstumsraten im Güterverkehr in den grenzüberschreitenden Relationen, hier wiederum vor allem zu den osteuropäischen Nachbarstaaten und im Transitverkehr, erzielt. Es ist zu erwarten, dass sich die Verkehrsleistungen in diesem Bereich bis 2015 verdoppeln und damit mehr als die Hälfte der gesamten Güterverkehrsleistung Deutschlands ausmachen.

Die Materialisierung der politischen Erweiterung der EU im Jahre 2004 und der Prozess der Demokratisierung in den ost- und mitteleuropäischen Staaten werden von einer Verstärkung des Handels, der wirtschaftlichen Zusammenarbeit und der Vertiefung der weltweiten Arbeitsteilung begleitet. Im ersten Jahr nach der EU-Erweiterung ist der Güteraustausch aufgrund der Erleichterungen für Industrie und Handel sowie bei der Transportdurchführung (Wegfall der Zollkontrollen an der Grenze, abgabenfreie Einfuhr von Dieselkraftstoff aus den neuen Mitgliedsstaaten) überdurchschnittlich gestiegen. Dennoch konnten nicht alle Verkehrsträger von dieser Entwicklung profitieren:

- Im Bereich des Straßengüterverkehrs hat die Intensität des Verkehrs und des Wettbewerbs am deutlichsten zugenommen. Von Mai bis Dezember 2004 ist ein Anstieg der Lkw-Ein- und -Ausfahrten an der deutsch-tschechischen Grenze von 40 % und an der deutsch-polnischen Grenze von ca. 30 % gegenüber dem Vorjahreszeitraum 2003 festzustellen gewesen. Deutsche Fahrzeuge waren an diesem Zuwachs des Straßengüterverkehrs mit den neuen EU-Mitgliedsstaaten aber kaum beteiligt. Transportverlagerungen vom bisher kombinierten Verkehr (z. B. rollende Landstraße, Ro-Ro-Verkehr über Fährverbindungen zwischen deutschen

---

[3] In anderen Quellen wird mit einem erheblich höheren Wachstum der Verkehrsleistung im Güterverkehr gerechnet. So soll nach einem Szenario des Instituts für Mobilitätsforschung die Güterverkehrsleistung von 517 Mrd. tkm 2003 auf 980 Mrd. tkm 2025 steigen. Das entspräche einem Wachstum von 80 %. (vgl. Institut für Mobilitätsforschung (ifmo): Zukunft der Mobilität - Szenarien für das Jahr 2025, München 2005, S. 60)

[4] Köberle, R.: Zukunft transportieren, Güterverkehrskongreß Mannheim 2005, Tagungsband 1, S. 2

Fährhäfen und dem Baltikum) auf den durchgehenden Straßengüterverkehr tun ihr übriges.
- Im Bereich des Eisenbahngüterverkehrs sehen sich die Eisenbahnunternehmen bei der internationalen Ausweitung ihrer Geschäfte i. d. R. zahlreichen Marktzutrittsbarrieren gegenüber, die die Entwicklung des internationalen Eisenbahngüterverkehrs hemmen. Allerdings räumen die Marktteilnehmer dem Eisenbahn- und auch dem Binnenschiffsgüterverkehr zwischen den neuen und alten EU-Mitgliedsstaaten aufgrund der steigenden Transportnachfrage mittel- bis langfristig wachsende Potenziale ein[5].

2.2.3 Güterstruktureffekt
In den Austauschbeziehungen zwischen den alten und neuen EU-Mitgliedsstaaten zeigt sich zunächst eine Unpaarigkeit der Güterströme.
In der Richtung Ost-West überwiegt der Anteil der Massengüter, in der West-Ost-Relation hingegen der Anteil der hochwertigen Güter. Mit der weiteren Arbeitsteilung in Europa, der Angleichung der Rechtsverhältnisse, der Ansiedlung von Hochtechnologiebereichen und dem damit verbundenen Produktivitätswachstum werden sich die Güterströme und -strukturen angleichen. Damit besteht das Risiko eines weiteren Rückgangs des Eisenbahngüterverkehrs hinsichtlich Transportmenge und Gütertransportleistung. Dieser Prozess erfährt durch die in den neuen Beitrittsländern relativ geringeren Personalkosten im Straßengüterverkehr eine zusätzliche Dynamik.

These 2: Die veränderten Standortbedingungen für Deutschland führen zu einem Anstieg des Güterverkehrs, insbesondere der grenzüberschreitenden Güterverkehrsströme[6]. Das ist mit einer wachsenden Bedeutung der logistischen Aufgaben im Bereich von Transport, Umschlag und Lagerung sowie in den damit einhergehenden Funktionen des Sammelns, Verteilens, Sortierens, Kommissionierens sowohl im Bereich der stofflichen als auch der informationellen Prozesse verbunden. Der Güterstruktureffekt in den Austauschbeziehungen stellt ein weiteres Gefährdungspotenzial für den Eisenbahngüterverkehr dar.

2.3 Zukünftige Strukturen des deutschen Güterverkehrs

Das Wachstum des Güterverkehrs wird sich vornehmlich im Anstieg der Gütertransportleistung in Tonnenkilometern, bedingt durch die größer werdenden Transportweiten, und weniger in einem Anstieg der Transportmenge in Tonnen dokumentieren. Neben den bereits angesprochenen Zuwächsen der Ost-West-Verkehre liegt die Dynamik vor allem im weltweiten Luft- und Seeverkehr und hier wiederum im Bereich der Logistik hochwertiger Güter begründet. Insbesondere im interkontinentalen Luft- und Seeverkehr werden die Kopplungen mit den Vor- und Nachläufen sowie die Integration dieser Verkehre in Produktions-, Handels- und Verkehrsnetzwerke (Logistiknetze) zunehmen. Einerseits gestalten sich dadurch die Prozessabläufe komplexer, andererseits können durch die Bündelung über solche Netzwerke sowohl der Qualitätsanspruch als auch die wirtschaftliche Realisierung garantiert werden. Das führt bei den Logistikunternehmen im Bereich der industriellen Lieferketten und der Konsumgüterlogistik zu so genannten „geschlossenen" Logistiksystemen mit sehr star-

---
[5] Vorrath, E.: Trend im Güterverkehr - ein Jahr nach der EU-Osterweiterung, Güterverkehrskongreß Mannheim 2005, Tagungsband 1, S. 60
[6] Es wird mit einem Mengenwachstum im landgestützten Ost-West-Verkehr von ca. 5 % pro Jahr gerechnet.

ken Bündelungseffekten, sehr oft auf Branchen oder einzelne Produkte spezialisiert mit höchsten Anforderungen an die stoffliche und informationelle Vernetzung. Im Bereich der Automobilindustrie oder der Neumöbeldistribution sind diese Entwicklungen exemplarisch darstellbar. Hier bestehen hohe Qualitätsforderungen im Lieferservice wie eine Lieferbereitschaft gegenüber dem Kunden von 99 %, flächendeckende Übernacht-Warenlieferungen deutschlandweit oder Warenabruf aus entsprechenden Lagern durch die Industrie innerhalb engster Zeitfenster z. B. im 2-Stunden-Bereich. Diese Aufgaben werden zunehmend durch international organisierte „Logistiknetzwerker" wahrgenommen. Sie realisieren die beschriebenen spezialisierten geschlossenen Logistiksysteme bestimmter Kunden. Mit ihren internationalen bzw. national flächendeckenden Netzwerken sind sie aber auch in der Lage, offene Logistiksysteme etwa im kombinierten Verkehr, im Sammelladungsverkehr oder Teilladungsverkehr anzubieten. Dazu gehen sie auf der Grundlage standardisierter Leistungspakete Kooperationen mit anderen großen Netzwerkern, mit größeren oder kleineren Carriern bis hin zu Subunternehmern mit nur einem Transportmittel ein.

These 3: Die wachsenden Anforderungen an die Güterverkehrslogistik ergeben sich aus der zunehmenden Durchgängigkeit der Prozesse, den steigenden Qualitäts-, Kosten- und Zeitanforderungen der verladenden Wirtschaft sowie den Forderungen nach kundenbezogenem Supply-Chain-Management.

2.4 Lösungsansätze – was kann durch Politik und Wirtschaft vorangetrieben werden?

2.4.1 Ausbau der Verkehrsinfrastruktur

Der Staat hat maßgebliche Verantwortung für den Ausbau der Verkehrsinfrastruktur als Trassen für den Güterverkehr. Die Infrastrukturpolitik bildet damit den Mittelpunkt bei der Förderung eines gesamtgesellschaftlichen Mobilitätssystems. Hier besteht Nachholbedarf in den nationalen Verkehrswegenetzen sowie beim Ausbau der transeuropäischen Strecken. Da die klassische Haushaltsfinanzierung die benötigten Mittel nicht mehr bereitstellen kann, ist die Umstellung von der Steuerfinanzierung auf die Nutzerfinanzierung (Mauterhebung), verbunden mit gleichzeitigen Schritten zur steuerlichen Entlastung der Nutzer (Kfz-Steuer, Mineralölsteuer) weiter voranzutreiben[7].

Die Vielzahl der gegenwärtig diskutierten Basismodelle zur Privatfinanzierung von Verkehrsinfrastrukturen im Straßenverkehr (Konzessionsmodell, build-operate-transfer (BOT)-Modell, design-build-finance-operate (DBFO)-Modell, Teilnetzkonzessionen und Gesamtnetzkonzessionen) sind auf ihre Umsetzbarkeit in Deutschland ergebnisoffen zu prüfen. Dies gilt auch für Teilbereiche der Schieneninfrastruktur, bei der regionale Netze ausgegliedert und in Regie der Bundesländer an lokale Eisenbahnunternehmen verpachtet werden können. Damit kann privates Kapital unter teilweiser Loslösung von Standards der DB AG für eine attraktivere Netzinfrastruktur sorgen[8].

Unabhängig von Finanzierungsproblemen ist die Verkehrsinfrastruktur vor allem in Ballungsräumen nicht beliebig erweiterbar. Da der Ausbau von Verkehrswegen i. d. R. auch neuen Verkehr induziert, ist der Wettlauf mit der Verkehrsnachfrage so nicht zu gewinnen. Dies gilt insbesondere vor dem Hintergrund der prognostizierten überdurch-

---
[7] s. auch Beitrag Haase, S. 161
[8] vgl. Wissenschaftlicher Beirat für Verkehr beim BMVBW: Privatfinanzierung der Verkehrsinfrastruktur, in: Internationales Verkehrswesen, Nr. 7+8, 2005, S. 303 ff

schnittlich hohen Wachstumsraten der Verkehrsleistung im Güterverkehr bis 2025 (vgl. Tz. 2.2.1). Damit sind Lösungen gefragt, die durch eine effizientere Organisation der Verkehrsabläufe und Verkehrssteuerung auf den vorhandenen Verkehrswegen Kapazitätserweiterungseffekte bewirken.

These 4: Der Staat legt die grundsätzlichen Rahmenbedingungen für den Ausbau der Verkehrsinfrastruktur fest (Zweckbindung und Ausdehnung der Infrastrukturentgelte, Wettbewerbsbedingungen und Regulierung, Integration privatisierter Verkehrswege-infrastruktur in den Bundesverkehrswegeplan etc.) und übernimmt die Verantwortung für Raumordnung und Planfeststellung. Ansonsten agiert er als Besteller von Infrastrukturleistungen. Die Beteiligung an der Finanzierung der Verkehrsinfrastruktur sollte auf ein unumgängliches Maß zurückgeschraubt werden und nur dort erfolgen, wo keine ausreichende Rentabilität für privates Engagement erzielt werden kann.

2.4.2 Nachhaltige Güterverkehrspolitik

Die Lösungsansätze für eine nachhaltige Güterverkehrspolitik sind mannigfaltig und vielfach diskutiert: Verkehr vermeiden, auf umweltfreundliche Verkehrsträger verlagern, bestehende Wege- und Fahrzeugkapazitäten optimal nutzen und die durch den Straßengüterverkehr hervorgerufenen Umweltbelastungen minimieren. Wie sind diese Ansätze zu bewerten? Was muss zu deren Umsetzung geschehen?

Verkehrsverlagerung
Um die seit Jahrzehnten geforderte gleichmäßigere Verteilung der Güterverkehrsströme auf Straße, Schiene und Schifffahrt zumindest in Ansätzen zu erreichen, ist eine der wichtigsten Voraussetzungen die Vernetzung von Straße, Schiene und Schifffahrt im Rahmen multimodaler Verkehrsketten, die die spezifischen Leistungsvorteile der einzelnen Verkehrsträger miteinander verbinden. Auf die Gestaltung des kombinierten Verkehrs als Gesamtverkehrsaufgabe sowie die Anforderungen an die einzelnen Akteure wird in einem nachstehenden Punkt näher eingegangen.

Verkehrsvermeidung
Güterverkehr ist nie Selbstzweck, sondern entspringt den Anforderungen der verladenden Wirtschaft in den unterschiedlichen produzierenden und dienstleistenden Sektoren der Wirtschaft. Reduzierung der Fertigungstiefe und weitflächiger kooperierende Unternehmensnetzwerke, global Sourcing, Just-in-time-Produktion sowie möglichst sofortige Warenverfügbarkeit beim Kunden haben das Güterverkehrsaufkommen und die Verkehrsleistung kontinuierlich ansteigen lassen.
Die Ausdifferenzierung unternehmensübergreifender Wertschöpfungsketten und Gestaltung von Supply Chains über alle Wertschöpfungsstufen hinweg führt in der Konsequenz zu einem stark ansteigenden Bedarf an Gütertransporten. Immer mehr Produktionskomponenten, Vor- und Fertigprodukte müssen an immer weiter entferntere und tiefer verzweigte Produktions- und Absatzstätten transportiert werden. Leistungsfähige IT-Systeme, die die Fertigungs- und Logistikprozesse von Unternehmen optimal aufeinander abstimmen und in Echtzeit vernetzen, flexible elektronische Fracht- und Laderaumbörsen, Tracking- und Tracing-Systeme etc. helfen zwar, die physischen Güterströme effizienter zu bewältigen, dennoch muss sich die verladende Wirtschaft die Frage stellen lassen, inwieweit sich der Trend zu immer schnelleren und kleinteiliger werdenden Transporten sowie immer längeren Transportwegen fortsetzen lässt.[9]

---
[9] Köberle, R.: Zukunft transportieren, Güterverkehrskongreß Mannheim 2005, Tagungsband 1, S. 5

Verkehrsoptimierung
Da allen Prognosen zufolge auch in den nächsten zwei Jahrzehnten trotz sehr verhaltenem Wirtschaftswachstum die Güterverkehrsleistung stark ansteigen wird, müssen Verbesserungen bei der Fahrzeugauslastung sowie Maßnahmen der dynamischen Verkehrssteuerung und IT-gestützten Erfassung des Verkehrsgeschehens in Echtzeit Platz greifen. Die Verschiebung der Güterstruktur von Massengütern zu hochwertigen Stückgütern, die voluminöser sind und damit mehr Transportraum benötigen, erfordert eine sukzessive Erhöhung der Abmessungen und zulässigen Gesamtgewichte von Lkw[10]. Dies ist nicht zuletzt eine Möglichkeit, den stark steigenden Transportbedarf (gemessen in Tonnenkilometern) und die dazu benötigten Fahrleistungen, d. h. den Zuwachs an Fahrzeugkilometern, zu entkoppeln.

Durch die umfassende Ausstattung der Lkw-Flotten mit komplexer Fahrzeugsensorik sowie hochgenauen, künftig GALILEO-gestützten Fahrzeugortungssystemen in Verbindung mit neuen Kommunikationsstrukturen (Ad-hoc-Netze, Protokolle, etc.) wird sowohl eine Kommunikation der Fahrzeuge untereinander als auch mit infrastrukturseitigen Einrichtungen zur Datenerfassung und -übermittlung an zentrale Rechner und Datenbanken ermöglicht. Die Auswertung der Daten in Echtzeit und Erstellung kurzfristiger, für die jeweiligen Fahrzeuge relevanter Verkehrsprognosen und individueller Routenempfehlungen, die permanent in den Navigationssystemen der Lkw verarbeitet werden, kann wesentlich zur Verkehrsoptimierung und einer gleichmäßig ausgelasteten Verkehrsinfrastruktur beitragen. Die Mobilitätsstudie des Institut für Mobilitätsforschung sieht in den Sensornetzwerken darüber hinaus die technischen Voraussetzungen für eine neue Generation fahrzeugübergreifender Fahrerassistenten, z. B. den Stop-and-go-Assistenten, der die Lkw effizienter durch Verkehrsengpässe steuern und damit die Verflüssigung des Verkehrsgeschehens positiv unterstützen kann[11].

Neben technischen Maßnahmen sind aber auch monetäre Steuerungsmechanismen zur Verkehrsoptimierung und Entzerrung von Güterverkehrsströmen über die Lkw-Maut durchsetzbar, indem diese künftig zeitlich, örtlich, nutzer- und auslastungsabhängig differenziert wird. Die Möglichkeiten einer verkehrslenkenden und -optimierenden Mautgestaltung sind durch die Politik bei Weitem noch nicht ausgeschöpft. So sollte beispielsweise für die Nutzung der Infrastruktur in Ballungsräumen und zu Hauptverkehrszeiten eine höhere Maut als in schwächer belasteten Gebieten und in Nebenzeiten gezahlt werden. Zur Vermeidung von Ausweichstrecken sind die Bundesfernstraßen in die Mautpflicht einzubeziehen.

These 5: Standortentscheidungen, Lagerkonzeptionen, extensive Just-in-time-Produktionssysteme, übermäßig Transportleistung induzierende Supply Chains und global Sourcing-Projekte sind unter dem Stichwort Verkehrsvermeidung ständig erneut zu durchdenken, ohne als falsch verstandene Güterverkehrsverhinderungsstrategien angesehen und damit abgelehnt zu werden[12]. Insbesondere steigende Treibstoff- und Energiekosten und damit Transportpreise stellen eine Art monetäres Zwangsinstrument dar. Als wesentlich besseres Instrument ist die ständige Überprüfung bestehender Logistikkonzepte als proaktive Maßnahme zu favorisieren.

---

[10] vgl. Institut für Mobilitätsforschung (ifmo): Zukunft der Mobilität - Szenarien für das Jahr 2025, München 2005, S.70
[11] ebenda
[12] Köberle, R.: Zukunft transportieren, Güterverkehrskongreß Mannheim 2005, Tagungsband 1

2.4.3 Beeinflussung der Standortpolitik von Industrie, Handel und Verkehr - Chancen und Risiken

Bei der Wahl der Standorte von Industrie, Handel und Verkehr dominieren im internationalen und nationalen Wettbewerb die harten Faktoren wie Personalkosten und Aufwendungen für die zu tätigenden Investitionen, inklusive der Förderungen durch die öffentliche Hand.

Die Bedingungen und Folgen für den Verkehr werden dabei eher unterschätzt. Dies betrifft insbesondere die laufenden Betriebskosten, vor allem wenn sich für die Durchführung der logistischen Dienstleistung immer wieder ein Anbieter findet, der die ursprünglich - wenn überhaupt - veranschlagten Kosten unterbietet. Dies kann verursacht sein durch die Nutzung von Skaleneffekten in der Leistungserstellung oder durch Nutzung von Ressourcen im Billiglohnbereich etwa durch osteuropäische Trucker und kulminiert letztlich in der Fragestellung, ob Verkehr in Deutschland zu billig ist oder nicht. Die aktuelle Debatte um Transportsicherheit und steigende Kraftstoffpreise ist ein erneuter Beleg für die Standortkosten des Verkehrs.

Da die Prozesse der internationalen Arbeitsteilung, der Wahl der Standorte von Industrie und Handel und somit die Entwicklung und der Ausbau der Verkehrsstandorte (Knoten, Achsen und Netze) nur sehr begrenzt beeinflussbar sind, muss umso mehr auf vorhandene Reserven im deutschen Güterverkehrs- und Logistikmarkt hingewiesen werden. So ist es gegenwärtig z. B. verboten, bei Fahrten des Werkverkehrs auf der Rückfahrt Ladungen, die nicht als Werkverkehr anzusehen sind, anzunehmen. Das betrifft vordergründig den Werkfernverkehr, also Fahrten mit Fahrzeugen über große Entfernungen, die völlig leer zurückfahren müssen, um den gewerblichen Straßengüterverkehr zu schützen. Hier ergeht die eindeutige Aufforderung an die Politik, die weitere Liberalisierung im Markt des Straßengüterverkehrs durchzusetzen.

Eine stärkere Bündelung der Landverkehre in den Hauptläufen, aber auch in den Vor- und Nachläufen etwa der interkontinentalen sowie internationalen Verkehre stellt ein weiteres Rationalisierungspotenzial dar. Die sich aus dem Sammeln und Verteilen der Güter ergebenden Effekte, z. B. höhere Auslastung der Fernverkehrsfahrzeuge und wirtschaftlichere Transportabwicklung, führen zur bereits erwähnten Entkopplung von steigender Gütertransportleistung auf der Straße und Fahrleistung der Lkw-Flotten. Elektronische Fracht- und Laderaumbörsen sowie telematikgestützte On-board-Services in Fahrzeugen helfen darüber hinaus, Such- und Leerfahrten zu reduzieren. Vor allem kleinere Frachtführer können von der Nutzung elektronischer Fracht- und Laderaumbörsen profitieren, deren Angebot nach anfänglichen Schwierigkeiten zunehmend auf Akzeptanz stößt.

These 6: Die Standortpolitik von Industrie, Handel und Verkehr ist nur begrenzt durch die Güterverkehrs- und Logistikdienstleister zu beeinflussen. Die Wirkungen standortpolitischer Entscheidungen auf die betrieblichen Kosten dieser Unternehmen sind vor allem durch Optimierungsmaßnahmen zur Auslastung der Fahrzeuge, nicht zuletzt durch stärkere Nutzung moderner Informations- und Kommunikationstechnologien zur Sendungsbündelung, zu kompensieren. Bei der Förderung von Standortentscheidungen durch öffentliche Mittel ist größerer Wert auf die verkehrlichen Auswirkungen einer Unternehmensansiedlung zu legen.

2.4.4 Realistische Eisenbahnpolitik

Das Wachstum des Verkehrs durch die Erweiterung der Europäischen Union und die zunehmenden Verkehrsmengen bzw. -leistungen bis hin zu den Staaten der GUS und nach China sowie im Transit durch Deutschland sind politisch und wirtschaftlich gewollt. Den damit verbundenen Anforderungen an die Entwicklung der Verkehrsinfrastruktur konnte bisher nicht nachgekommen werden, was auch zukünftig nur sukzessive zu leisten sein wird. Dies betrifft alle Verkehrsträger, hauptsächlich aber die Infrastruktur der Eisenbahn inklusive der Verkehrsleittechnik. In den Ländern der Europäischen Union wird noch eine stark nationale Eisenbahnpolitik betrieben, vor allem bei der Förderung der ehemaligen Staatsbahnen, resultierend aus der Gesellschafterfunktion der Staaten an den jeweiligen Eisenbahnverkehrsunternehmen. Der Protektionismus ist darüber hinaus aber auch hinsichtlich der so genannten NE-Bahnen sowie der übrigen nationalen „Staats"-bahnen zu spüren. Dieser Prozess wird sicher in den nächsten Dekaden noch anhalten. Zeichen der Deregulierung sind aber erkennbar. Was jedoch nicht einlösbar sein wird, sind die seit Jahrzehnten geäußerten Absichten zur Verlagerung nennenswerter Verkehrspotenziale von der Straße auf die Schiene. Diese verkehrspolitischen Absichtserklärungen wurden stetig strapaziert, obwohl in den letzten 35 Jahren die absolute Menge und erst recht der Anteil der Eisenbahn an der Güterverkehrsmenge stark rückläufig waren. So verringerte sich seit der Wiedervereinigung Deutschlands die Menge der von den damaligen beiden Bahnen (Bundesbahn und Reichsbahn) beförderten Güter von etwa 650 Mio. Tonnen 1989 auf etwa 300 Mio. Tonnen bis zum Jahre 1995. Mit der Osterweiterung der EU und hier vor allem der Beschleunigung der Grenzabfertigung im Straßengüterverkehr hat sich dieser Prozess in ähnlicher Weise wiederholt. Als Beleg sei die 2004 erfolgte Einstellung der rollenden Landstraße Dresden-Lovosice genannt, auf der innerhalb von wenigen Tagen die Auslastung der entsprechenden Züge von 75 % auf 9 % zurückging.

Zu fordern ist daher eine aus den Entwicklungen der letzten Jahre abgeleitete seriösere Verkehrspolitik hinsichtlich des Modal Split. Anstelle politisch unterstützter und sicherlich von guter Absicht getragener ideologischer Bevorzugung einzelner Verkehrsträger sollten vielmehr deren spezifische Systemstärken intensiver zum Tragen gebracht werden. Die Chancen der Bahn liegen nun einmal nicht in flächendeckenden Verkehren, sondern auf den Magistralen bei zunehmenden Transportweiten und Volumina, bei möglichst europaweiten Ganzzügen, deren Bildung jedoch nicht unproblematisch ist, sowie im kombinierten Verkehr.

Des Weiteren wird die Veränderung der Verkehrsströme in Europa zu neuen Prioritäten in der Verkehrspolitik und der Verkehrspraxis führen müssen, etwa von der heute immer wieder vorhandenen Fokussierung auf den Nord-Süd-Verkehr mit dem Brennerpass als europäischem Nadelöhr stärker auf die Ost-West-Richtung und die auch hier vorhandenen Engpässe im Netz an Grenzübergängen, Flussübergängen sowie Spurwechselstellen. Heute werden diese Probleme eigentlich nur von den Beteiligten in den betroffenen Regionen wahrgenommen, nicht aber von der Europäischen Gemeinschaft im umfassenden Sinne, da sie nicht den Personenverkehr, speziell den motorisierten Individualverkehr, berühren. Auch die vorhandenen wissenschaftlichen Untersuchungen gehen oft noch zu sehr vom europäischen Status quo aus und berücksichtigen zu wenig die sich bis 2020 entwickelnden technischen Möglichkeiten. Exemplarisch gesagt wird man es nicht hinnehmen können, dass es in Mitteleuropa bzw. an seinen östlichen Grenzen auf langfristige Sicht Abfertigungs- bzw. Wartezeiten von 12 bis 30 Stunden und gleichzeitig ein europäisches Sozialrecht gibt, was diese Zeiten innerhalb der Transportkette schlichtweg nicht zulässt. Dies ist nicht nur sozial, sondern auch logistisch aus Gründen der Lieferzeit und deren zuverlässiger Einhaltung bereits heute nicht mehr vertretbar.

These 7: Verkehrspolitik sollte die ideologische Bevorzugung einzelner Verkehrsträger im Rahmen des Modal Split aufkündigen und den Ausbau der systemimmanenten

Stärken der verschiedenen Transportzweige wirksamer unterstützen. Die Eisenbahn als spurgeführtes Transportsystem ist zur Automatisierung von Güterverkehrsprozessen bekanntermaßen besonders geeignet. Dies ist unter Einbeziehung moderner IuK-Technologien vor allem für die Gestaltung durchgängiger Prozess- und Lieferketten durch die stärkere Einbindung der Bahn zu nutzen. Es geht also um die umfassende Verknüpfung der Transportprozesse der verschiedenen Verkehrsträger und nicht einfach um die Verlagerung von Straßentransporten auf die Eisenbahn ohne Beachtung der Vor- und Nachläufe.

2.4.5 Gestaltung von intermodalen Transportketten als Gesamtverkehrsaufgabe
Eine Kernfrage der Zukunft wird sein, wie die Eisenbahn trotz Güterstruktur- und Logistikeffekt den Zugang zu hochwertigen Transporten finden und Transporte mit zuverlässiger Ankunftszeit anbieten kann, ggf. auch auf Trassen, die auf kurzfristige Anforderung bereitgestellt werden. Diese Fragestellung berührt unmittelbar die Entwicklung solcher Produkte, bei denen die Bahn ihre Systemstärken beweisen kann, wie im kombinierten Verkehr.
Kombinierter Verkehr ist die durchgehende Beförderung von Gütern in Ladeeinheiten vom Versender zum Empfänger über verschiedene Verkehrsträger ohne Wechsel der Ladeeinheit. Die Chancen des kombinierten Verkehrs liegen in der Nutzung der Systemvorteile der verknüpften Transportmittel, also vor allem in der kombinierten Leistungsfähigkeit der Linienverkehrsmittel (Bahn und Wasserweg) mit der Netzerschließung der Flächenverkehrsmittel (Straße).
In den Prognosen zum Bundesverkehrswegeplan werden für den kombinierten Verkehr unter allen Verkehrssegmenten die höchsten Zuwachsraten mit jährlich 5,5 % ausgewiesen[13]. Seine Marktchancen liegen insbesondere im Bereich der hochwertigen Güter, die zum einen das stärkste Wachstumspotenzial haben und zum anderen eine hohe Transportqualität innerhalb der Lieferkette erfordern. Hier besteht aber auch eines der Hauptprobleme des kombinierten Verkehrs: seine unzureichende Pünktlichkeit. Lediglich 30 % der kombinierten Verkehre in Ost-West-Relation verlaufen pünktlich. In der Gegenrichtung sind es ca. 75 %. Dies ist deutlich geringer als die Pünktlichkeitsrate im Straßengüterverkehr, die bei etwa 95 % liegt, allerdings mit den bekannten Auswirkungen des Leistungsdrucks auf die Kraftfahrer.
Die Einbettung des kombinierten Verkehrs in die Wertschöpfungsprozesse der Wirtschaft wird immer mehr zum Schlüssel der Entwicklung des kombinierten Verkehrs selbst und seiner Integration in das Gesamtverkehrssystem. Kombinierter Verkehr bekommt damit den Charakter eines funktionalen und wertschöpfenden, eben integralen Bestandteils einer Lieferkette. Dazu bedarf es eines Umdenkens aller Beteiligten bei den verschiedenen Verkehrsträgern intern sowie in der Positionierung des kombinierten Verkehrs nach außen. Bisher wurden diese Anforderungen aber eher, etwas überhöht formuliert, wie eine Aufgabe der Zugbildung oder der Belegung von Gleisen im Eisenbahnverkehr - also mit den Augen des Betriebseisenbahners - und zudem oft nur als Kostentreiber für den Schienentransporteur betrachtet. Dies zeigen auch die wechselnden Prioritäten für den kombinierten Verkehr in der Konzernpolitik der Bahn.
Um den kombinierten Verkehr als Gesamtverkehrsaufgabe zu gestalten, ist die Politik aufgefordert,
- Infrastrukturengpässe bei den Bahnen und den Wasserstraßen abzubauen und im Hinblick auf die Anbindung Osteuropas Netzerweiterungen bei den Strecken und

---
[13] Köberle, R.: Zukunft transportieren, Güterverkehrskongreß Mannheim 2005, Tagungsband 1, S. 6

Knoten von Eisenbahn und Binnenschifffahrt sowie im Bereich des Straßenhauptnetzes zu planen,
- die Möglichkeit der Nutzung der Schienenverkehre auch an Samstagen, Sonn- und Feiertagen länder- und standortübergreifend stärker als bisher zu unterstützen,
- die technische Harmonisierung bei den Bahnen gerade auch unter dem Blickwinkel des kombinierten Verkehrs voranzutreiben,
- die Haftungsbedingungen der einzelnen Partner in der Lieferkette eindeutig zu regeln und das Frachtrecht zwischen CIM[14] und SMGS[15] zu harmonisieren sowie
- die Stellung der Binnen-, Küsten- und Seeschifffahrt inklusive der Wasserstraßen und der Infrastruktur zu stärken.

Hinsichtlich der weiteren Entwicklung des kombinierten Verkehrs werden folgende Schwerpunkte gesehen:
- Der Ausbau der Eisenbahninfrastruktur ist auf die Schließung von Lücken im Netz, den mehrgleisigen Ausbau der erforderlichen Strecken, die Erhöhung der Radlasten, die Beschaffung von Tragwagen mit höheren zulässigen Fahrgeschwindigkeiten, die Anhebung der zulässigen Streckengeschwindigkeiten, die Elektrifizierung der Strecken und die Öffnung weiterer Grenzübergangsstellen zu konzentrieren.
- Ein generelles Problem ist die Sicherung der Interoperabilität des internationalen Schienenverkehrs, das sich in unterschiedlichen Spurweiten, Sicherungs- und Leitsystemen, verschiedenen Systemen der Stromversorgung etc. zeigt. Mit der zunehmenden Zahl der Überschreitungen dieser Systemgrenzen im europäischen Eisenbahnverkehr wird die Attraktivität des kombinierten Verkehrs durch fehlende Interoperabilität beeinträchtigt.
- Die Erneuerung des rollenden Materials und der Infrastruktur sollte möglichst im internationalen Kontext erfolgen, um eine weitere Vielfalt der technischen Strukturen zu verhindern.
- Bei der Entwicklung des Equipments für den kombinierten Verkehr zeigt sich, dass die bisher eingesetzten Behältertechnologien und die Ausrüstungen an den Schnittstellen zum Kunden unzureichend gestaltet sind, um die Mehrwertfunktion von durchgehenden Lieferketten vollständig zum Tragen zu bringen. Insbesondere betrifft dies die Tragwagenentwicklung der Eisenbahn, die Fahrzeug- und Aufbautenentwicklung im Straßengüterverkehr sowie die Standardisierung der Behälter.
- Im Zusammenwirken der Verkehrsträger ist die effiziente Gestaltung der Schnittstellenproblematik nicht zuletzt auch im Zusammenhang mit der Entwicklung der Güterverkehrszentren als Plattformen der Bündelung des regionalen, nationalen und europäischen Verkehrs einschließlich der Herausbildung von Gatewayfunktionen ausgewählter GVZ und KV-Terminals verstärkt voranzutreiben.
- Eine besondere Bedeutung wird der Organisation des kombinierten Verkehrs durch Einbeziehung der See-, Feeder- und Küstenschifffahrt im Ostseeraum zukommen. Das betrifft vor allem die Verbindungen der skandinavischen und baltischen Staaten mit den weiterführenden Strecken in die Länder der GUS. Über ein Netz der Logistikzentren im Ostseeraum ist eine abgestimmte Entwicklung der Zugangsmöglichkeiten zum kombinierten Verkehr zu gestalten.
- Für den Straßengüterverkehr und dessen Einbindung in den kombinierten Verkehr ist das Problem der Freistellung von zeitlichen Fahrverboten beim Vor- und Nachlauf

---

[14] CIM (franz.) Convention internationale concernant le transport des merchandises par chemins de fer (Internationales Eisenbahnabkommen für den Güterverkehr)
[15] SMGS (russ.) Soglaschenije Meschdunarodnoje Grusowoje Solbschtschenije (Abkommen über den Eisenbahn-Güterverkehr mit den sog. Ostblockstaaten)

zum Schienenverkehr zu lösen. Weiterhin ist der Radius des Einzugsgebietes zum Umschlagterminal bei internationalen kombinierten Verkehren zu überprüfen, wenn die Gesamtentfernung des Verkehrs zunimmt.

- Im Bereich der Abfertigung ergeben sich im internationalen Güterverkehr generell und im kombinierten Verkehr im Besonderen ganz erhebliche Rationalisierungspotenziale. Hierzu gehören neben Harmonisierungsaufgaben im Bereich Zoll, Versicherung, Frachtrecht und Preisbildung die Form und das Tempo der Abwicklung der jeweiligen Abfertigungsmodalitäten bis hin zur Qualität der entsprechenden Dokumente.
- Bezüglich der Entwicklung moderner Informations- und Kommunikationstechnologien ist besonders der Zusammenhang zur Lieferkette, also die Einbettung in die IT-Welt der Versender und Empfänger, zu beachten.

These 8: Die zunehmende Einbindung des kombinierten Verkehrs in das Supply-Chain-Management von Industrie, Handel und Gewerbe ist eine der wichtigsten Voraussetzungen, um der seit Jahren erhobenen Forderung nach mehr Intermodalität im Verkehrsbereich in Größenordnungen zum Ausdruck zu verhelfen. Doch dafür sind eine Reihe nachteiliger Umstände zu beseitigen, die es bis jetzt wenig attraktiv erscheinen lassen, mehrere Verkehrsträger miteinander zu verknüpfen. Hier ist vor allem die Schaffung eines einheitlichen Vertragsrechts, insbesondere haftungsrechtlicher Vorschriften für den multimodalen Verkehr, voranzutreiben, die technische Kompatibilität (vereinheitlichte Maße und Gewichte für Transportgefäße, Umschlaggeräte etc.) sowie die netzweite Durchsetzung erprobter Techniken des kombinierten Verkehrs zu sichern, die Rolle von neutralen Vermittlern, den so genannten „freight integrators" zu stärken, und nicht zuletzt sind auch mentale Barrieren im Management der beteiligten Unternehmen und Transporteure zu beseitigen.

2.4.6 Effiziente Ausschöpfung der IuK-Potenziale

Verkehrsträger und Informationsnetzwerke bilden in ihrer Einheit die infrastrukturelle Basis der Wirtschaft. Die Palette des Einsatzes innovativer Informations- und Kommunikations(IuK)-Lösungen im Bereich von Güterverkehr und Logistik ist äußerst vielfältig und komplex (vgl. Abb. 1).

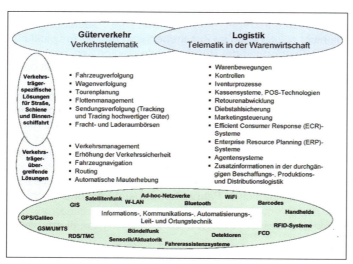

Abbildung 1:
Innovative Informations- und Kommunikationslösungen für Güterverkehr und Logistik

Für die Unterstützung durchgehender logistischer Prozessketten kristallisiert sich insbesondere der Einsatz von Navigations-, Ortungs- und Überwachungslösungen für Wagen-, Fracht- und Sendungsverfolgung, Tourenplanung oder Flottenmanagement als zukunftsträchtiges Anwendungsfeld heraus. Das grundlegende Prinzip: ein Güterwagen oder eine andere Transporteinheit (Lkw, Wechselbehälter, Container etc.) wird mit einem Telematiksystem ausgestattet, das die Eigenschaften des Satellitenortungssystems GPS (später GALILEO) mit den Möglichkeiten des GSM/GSM-R-Mobilfunknetzes (später UMTS-Mobilfunknetz) kombiniert. Das Telematiksystem überwacht die Transporteinheit inklusive angeschlossener Sensoren und meldet alle Daten zusammen mit der Fahrzeugposition über das Mobilfunknetz an einen zentralen Kommunikationsserver des Logistikdienstleisters (z. B. DB Telematik, DHL, Schenker Deutschland AG etc.), der die Informationen den jeweiligen Transporteuren und Transportkunden strukturiert und individualisiert i. d. R. über das Internet oder Einbindung in das firmeneigene Extranet zur Verfügung stellt. Derartige e-Logistics-Lösungen basieren heute auf skalierbaren und kundenindividuell anpassbaren Baukastensystemen, die auch vielfältigen Einsatz in verkehrsträgerübergreifenden integrierten Transportketten finden.

Wie bereits oben erwähnt, wird mit der Erweiterung der EU eine beachtliche Steigerung der Ost-West-Güterverkehre verbunden sein. Die von den Transportdienstleistern am dringendsten benötigten Daten und Informationen beziehen sich daher auf folgende Fragen: Wo ist der aktuelle Aufenthaltsort der Güterwaggons, Fahrzeuge, Behälter? Wie ist der Zustand der Ladung? Wo ist die Ladung zur Zeit? Werden die Umschlagsorte im kombinierten Verkehr pünktlich erreicht und die Umschlagszeiten eingehalten? Wie ist der technische Zustand der Fahrzeuge, Transportbehälter, Umschlagseinrichtungen etc.?

Auf diese eigentlich trivialen Fragestellungen gibt es gegenwärtig keine befriedigenden Antworten innerhalb kurzer Zeiträume, und besonders problematisch stellt sich die Situation bei Bahntransporten dar, wenn die gesuchten Güterwaggons die Landesgrenze überschritten bzw. ausländische Eisenbahnunternehmen die Zuständigkeit für die Traktion übernommen haben.

Ortung, Satellitennavigation, Sensorik und deren Verbindung mit geeigneten IuK-Systemen kommen neben dem Straßengüterverkehr in den letzten Jahren auch verstärkt im Schienengüterverkehr zum Einsatz, wobei folgende Anwendungsgebiete dominieren:
- Optimierung logistischer Prozesse
- Ladegutüberwachung
- Fahrwerksdiagnose
- leistungsbhängige Instandhaltung.

So haben z. B. die Autotransportlogistic GmbH (ATG) rund 5.600 Autotransportwaggons und die Railion Deutschland AG im Rahmen ihres Projektes „eCargoService" rund 13.000 Güterwaggons mit autarken Telematiksystemen ausgestattet und zur logistischen sowie sensorischen Überwachung im Dauereinsatz. Die Systemstabilität ist hier in den nächsten Jahren noch erheblich zu verbessern. Dies betrifft die Widerstandsfähigkeit der telematischen Komponenten gegenüber den hohen mechanischen Beanspruchungen im eisenbahntechnischen Umfeld, die Energieversorgung sowie die eingesetzte Sensortechnologie[16].

Insgesamt ist das Potenzial der Telematik im Schienengüterverkehr bislang nur zu einem bestimmten Prozentsatz ausgelastet. Diese Technologie ist insgesamt stärker in

---

[16] vgl. Barnek, M./Bauschulte, W.: Telematik-Ernüchterung statt Euphorie?, in: Eisenbahningenieur (56) 3, 2005, S.8

die Betriebsprozesse der Bahnen zu integrieren, um die Transporte sicherer, kalkulierbarer, für die Transportkunden transparenter und die Eisenbahnunternehmen kostengünstiger zu gestalten. Hier sind noch erhebliche Potentiale zur Vermeidung unnötiger Standzeiten, Beschleunigung der Wagenumlaufzeiten, zur verursachungsgerechten leistungsabhängigen Wartung des rollenden Materials, telematikgestützten Akquise von Rücktransporten etc. erschließbar. Dadurch lässt sich zum einen im Modal Split eine Vielzahl systemimmanenter Nachteile des Verkehrsträgers Schiene im Vergleich zum Lkw kompensieren. Zum anderen werden diejenigen Eisenbahnunternehmen im intramodalen Wettbewerb am europäischen Verkehrsmarkt vorn sein, die durch eine qualitativ hochwertige Transportleistung mit durchgängiger Transportverfolgung, zeitnahen Informationen über Abweichungen vom Soll-Fahrplan, Angabe der voraussichtlichen Dauer der Verspätung und optimierter Abstimmung zwischen den Transporteuren einen spürbaren Mehrwert für die verladende Wirtschaft generieren, der den Transportkunden wiederum hilft, ihre eigenen Supply Chains effizienter zu gestalten.

Unter dem Blickwinkel einer schnell fortschreitenden Weiterentwicklung der IuK-Technologien sind künftige Generationen von Telematiksystemen vor allem als offene Systeme mit standardisierten Schnittstellen zum Anschluss von Sensoren sowie standardisierten Protokollen für die Luftschnittstelle (Funkanwendungen) im Sinne von europäischen Mindeststandards zu etablieren, die eine länder- und transportträgerübergreifende Kompatibilität gewährleisten können.

Ein weiteres zukunftsträchtiges Feld IuK-gestützter Innovationen, die Datenzugriff und -erfassung in vielen Industriezweigen, darunter auch in logistischen Prozessketten revolutionieren werden, stellt die Radio Frequency Identification (RFID)-Technologie dar. Sie bietet die Möglichkeit der berührungslosen Datenübertragung auf Basis elektromagnetischer Wechselfelder. Informationen lassen sich zur Identifizierung von Objekten übertragen, auch wenn sie in Bewegung sind. Zum Speichern dieser Informationen bzw. zum Austausch der Daten dient ein Mikrochip mit einer Antenne, der als Transponder oder Tag bezeichnet wird. Informationen, die auf dem Transponder an Objekten aufgebracht werden, sind mit einem Reader auslesbar. RFID-Tags, die nicht nur ausgelesen, sondern mithilfe einer Schreib-/Leseeinheit auch beschrieben werden können, ermöglichen Echtzeit-Informationsaktualisierungen in der Logistik und Warenwirtschaft. So kann z. B. die gesamte logistische Kette vom Hersteller über den Transporteur und Handel bis hin zum Verbraucher in einem RFID-Tag gespeichert und damit lückenlos nachverfolgt werden. Die RFID-Technologie ermöglicht es, mehrere Tags gleichzeitig ohne Berührung oder Sichtverbindung zwischen Tag und Empfänger zu lesen. Eine Antenne, die sowohl in den Schreib-/Lesegeräten (Empfängern) als auch in den Tags vorhanden ist, gewährleistet die drahtlose Kommunikation zwischen den beiden Komponenten über die Luftschnittstelle.

Aufgrund seiner hochentwickelten Möglichkeiten und vielfältigen Vorteile wird RFID in jenen Unternehmen verstärkten Einsatz finden, die mit automatischer Datenerfassung, Identifizierung und Tracking von Gütern, Waren, Gepäckstücken, Transporteinheiten, Personen oder Lebewesen jeglicher Art befasst sind. RFID liefert Daten über Arbeitsabläufe in der Industrie, im Versand, für die Verfolgung von Container- und Luftfracht sowie die Fuhrparkwartung. Dies ermöglicht es Bahnunternehmen, Speditionen und Containerunternehmen, ihre Lkw, Waggons, Container, Wechselbrücken, Paletten etc. samt Inhalt in Umschlagspunkten des kombinierten Verkehrs, Häfen, Terminals oder sonstigen relevanten Statuspunkten zu identifizieren. In Zukunft sollen auch Pakete dank RFID selbst ihren Weg zum Empfänger finden.

Trotz aller Vorteile steckt RFID noch in den Kinderschuhen und konzentriert sich auf Nischenanwendungen, bei denen aufgrund hoher Nachweispflicht absolute

> **Das „Internet der Dinge"**
>
> Die Idee: Jedes Paket, jeder Container, jeder Transportbehälter findet selbst den richtigen Weg zum Empfänger.
>
> Das Ziel wird einfach in die intelligenten Etiketten geschrieben. So weiß das Paket, wo es hin muss, steuert sich selbst auf seinem Weg durch die Anlagen und bucht seinen Platz in einem Transportfahrzeug.
>
> Ähnlich wie E-Mails sollen auch Pakete in Zukunft selbst ihren Weg finden. Dafür müssen sie mit schlauen Funketiketten versehen werden, die nicht nur Informationen enthalten über die Ware, deren Zusammensetzung oder Preis, sondern auch über ihr Ziel oder bestimmte Zwischenziele. In einer zweiten Generation werden intelligente Labels eigenständig die dynamische Verwaltung des Weges übernehmen, im Fachjargon wird dies als Routing bezeichnet.
>
> (Prof. Michael Hampel, Leiter des Fraunhofer Instituts für Materialfluss und Logistik IML, Dortmund)

Prozesssicherheit erforderlich ist, oder auf den Einsatz in geschlossenen Logistikverläufen, bei denen die Wiederverwendung der teuren Chips gewährleistet wird. Für offene Systeme, die heute Grundlage der Anwendungen im Handel und der Konsumgüterindustrie sind, lassen sich aufgrund der noch relativ hohen Investitionskosten für Tags, Reader-Infrastruktur und Systemintegration gegenwärtig keine tragfähigen Geschäfts- und Kostenmodelle abbilden. Das heißt, dass für viele Unternehmen, vor allem auch Mittelständler in der Güterverkehrs- und Logistikbranche, Investitionen in RFID immer noch zu riskant sind, da ein betriebswirtschaftlich vertretbarer Return on Investment nicht abzusehen ist. Die Dynamik der RFID-Einführung wird daher mehr durch eine ambitionierte Vermarktung der Technologieanbieter denn durch überzeugende Wirtschaftlichkeitsrechnungen getrieben. Hinzu kommt, dass Logistik-, Lager- und Transportwirtschaft in den letzten 15 Jahren automatisierte Prozessketten stark vorangetrieben haben. IT-gestütztes Supply Chain Management und Transportsendungen mittels Barcode sind vielfach ausgebauter Standard, so dass der Mehrwert von RFID vor allem unter den bereits erwähnten Kostenaspekten begrenzt ist. Hochwertige aktive Tags, die die gespeicherten Daten batteriebetrieben an einen Empfänger von bis zu mehr als 30 Meter Abstand übermitteln können, sind mit derzeit bis zu 20 € pro Stück extrem teuer. Aber auch die Preise für passive Tags (haben keine Batterie, sondern beziehen ihre Energie aus elektromagnetischen Wellen, die sie von einer RFID-Leseeinheit empfangen) sind mit rund 0,50 € noch zu kostenintensiv. Erst wenn deren Preise auf deutlich unter 10 Cent pro Stück fallen, lassen sich neue zukunftsträchtige Massenmärkte erschließen. Für kleine und mittelständische Speditions- und Logistikdienstleister muss ein bestimmter Komplexitätsgrad erreicht werden, z. B. eine große Anzahl zu verwaltender Wechselbrücken und entsprechende Verladevolumina, um diese innovative Identifikationstechnologie in der Verbindung mit entsprechenden RFID-basierten Dienstleistungen in der Behälter- und Transportmittelverwaltung, in der temperaturgeführten Logistik oder bei der Kennzeichnung von Verladeeinheiten wirtschaftlich sinnvoll betreiben zu können.

Der Nutzen von RFID steigt exponentiell mit der Anzahl der Anwendungen. Dies wird neben der preislichen Komponente vor allem dann gefördert, wenn Datenübertragung und Prozessgestaltung unternehmensintern wie -extern standardisiert ablaufen. Bislang treiben aber nur wenige große Hersteller-, Handels-, Logistik- und Transportunternehmen eine solche Standardisierung voran und integrieren diese in ihre RFID-Gesamtplanung. Internationale Standardisierung wie ISO oder Electronic Product Code (EPC) sind bei der übergreifenden Einführung ebenso zu berücksichtigen wie industriespezifische Regelungen und Anforderungen der Logistikindustrie. Hier sind Politik und Wirtschaft gleichermaßen gefordert.

These 9: Innovative IuK-Technologien erlauben sehr viel besser als heute die Zusammenführung von einzelnen Prozesselementen zu Prozessketten mit einem hohen Grad an Leistungsfähigkeit, Wirtschaftlichkeit und Servicequalität. Eine der wichtigsten telematischen Voraussetzungen hierfür sind lückenlose Wagen-, Fracht- und Sendungsverfolgungssysteme. Hier ergeben sich umfassende Anwendungsfelder der RFID-Technologie, die aber gegenwärtig vor allem kleinen und mittelständischen Unternehmen in der Logistik- und Transportbranche noch nicht wirtschaftlich zugänglich sind. Die Politik kann in diesen Bereichen Innovationen stärken, indem sie für entsprechenden Kompetenzaufbau sorgt, staatlich zu beeinflussende Standardisierungsarbeiten vorantreibt und zu einer gesicherten Finanzierungslage vom KMU beiträgt, denn vielen Unternehmen fehlt die finanzielle Basis für den umfassenden Einsatz moderner IuK-Technologien und die Ausschöpfung ihrer ressourcenschonenden und Wettbewerbsvorteile erzeugenden Potenziale.

2.4.7 Verstärkte Nutzung der Binnenschifffahrt und Wasserstraßen für den Gütertransport

Auf die Förderung der Binnenschifffahrt und der Wasserstraßen ist im Rahmen der Verkehrsentwicklung besonders eindringlich hinzuweisen. Die Schifffahrt verfügt als einziger Verkehrsträger über nennenswerte tatsächliche und potenzielle Kapazitätsreserven.

Mit der Binnenschifffahrt werden jährlich in Deutschland etwa 230 bis 240 Mio. Tonnen Güter transportiert und dies trotz sehr unterschiedlicher Navigationsbedingungen. Damit beträgt die Transportmenge der Binnenschifffahrt immerhin etwa 75 bis 80 % der durch die Eisenbahn transportierten Güter. Hinsichtlich der Transporte von Massengütern ist sie der stärkste Wettbewerber der Bahn in den geografisch bedingten Einzugsbereichen. Mit dem Wachsen der Containerschifffahrt und der Ro-Ro-Schifffahrt sind auch für den Bereich der hochwertigern Güter und im Seehafenhinterlandverkehr weiter ausbaubare Potenziale vorhanden.

2.4.8 Entwicklung und Einsatz unkonventioneller Verkehrslösungen und Transportsysteme in Güterverkehr und Logistik

Den unkonventionellen Transportsystemen ist stets eine hohe Publikumsaufmerksamkeit sicher. Dies trifft beispielsweise auf den Cargolifter ebenso zu wie auf unterirdische Fördersysteme. Solange öffentliche Gelder in deren Entwicklung und Ausbau fließen, wird auch immer wieder die große Wirkung solcher Systeme hervorgehoben. Wenn es dann aber um die praktische Einführung inklusive Wirtschaftlichkeitsnachweis geht, scheitern die Projekte meist an der Markteinführung.

Trotz allem kann eine wissenschaftliche Begleitung unkonventioneller Gütertransportsysteme empfohlen werden, auch im Hinblick darauf, dass sich politische und wirtschaftliche Rahmenbedingungen ständig weiterentwickeln werden. Generell sind nach heutigen realistischen Abschätzungen aber keine grundsätzlichen Einflüsse auf die Strukturen des Güterverkehrs von derartigen Systemen zu erwarten.

In greifbarere Nähe sind allerdings Lösungen zur stärkeren Automatisierung der Abwicklung von Güterverkehrstransporten im Straßenverkehr gerückt. So sind beispielsweise die technischen Möglichkeiten der elektronischen Kopplung mehrerer Lkws zu Fahrzeugverbänden (elektronische Deichsel) umsetzbar und über Anreize bei der Mautgestaltung zu präferieren. Eine weitere Entwicklungsetappe in dieser Richtung könnte das führerlose Fahren solcher Verbände einschließlich der Organisation der Zugbildung und -auflösung der Kolonnen darstellen, was allerdings noch umfassender Machbarkeitsnachweise bedarf.

2.5 Fazit und Ausblick

Die Gewährleistung der wachsenden Gütermobilität wird zukünftig erhöhte Anforderungen an die Infrastruktur sowohl im Verkehrs- als auch im IuK-Bereich stellen. Es muss deshalb das Ziel sein, über das politische Lippenbekenntnis hinaus in einem intermodalen Verkehrssystem das reibungslose Ineinandergreifen der Verkehrsträger Straße, Schiene, Luft- und Schifffahrt und ihrer jeweiligen Netze derart zu gestalten, dass jeder Verkehrsträger seine spezifischen Systemvorteile voll ausspielen kann. Das Fließen von Güter- und Warenströmen ist durch steuerungsrelevante Informationen, IT-gestützte Verkehrsmanagementsysteme und Mehrwertdienste sowie unternehmensübergreifende Kopplungen von IT-Systemen wesentlich effizienter und ressourcenschonender realisierbar als heute. Gerade der multimodale Verkehr benötigt besonders gut funktionierende durchlaufende Informationen. Es geht um proaktives Vernetzungs- und Störungsmanagement, Sendungsverfolgung, Reduzierung von Such- und Leerfahrten.

Sendungen unterscheiden sich nicht grundsätzlich von Fahrzeugen, weil sie nach heutigem Stand der RFID-Technologie ebenso wie Fahrzeuge navigations- und kommunikationsfähig gemacht werden können. Das bedeutet aus der Sicht von Versendern, dass sich die Ladung ihren optimalen Weg durch die verfügbaren Transportketten selbstständig sucht und dabei über Freiheitsgrade verfügt, die die Bindung an bestimmte Verkehrsträger, vielleicht auch an bestimmte Transporteure aufhebt. Logistische und speditionelle Intelligenz entscheidet damit verstärkt über Qualitäts- und Kostenvorteile, wettbewerbliche Erfolge und damit letztlich über die Attraktivität des Logistikstandortes Deutschland.
Die Verkehrspolitik ist aufgefordert, hierfür die notwendigen wettbewerbsfördernden Rahmenbedingungen zu schaffen, um die europa- und weltweite Nachfrage der Wirtschaft nach Güterverkehrs- und Logistikdienstleistungen für Deutschland in Wachstumsimpulse umsetzen zu können.

3 Mit „E-Ticketing" in die Mobilität des 21. Jahrhunderts

Dipl.-Ing. Volker Sparmann
Sprecher der Geschäftsführung, Rhein-Main Verkehrsverbund GmbH,
v_sparmann@rmv.de

Zusammenfassung

Die maßgeblichen ÖPNV-Experten gehen davon aus, dass sich die Rahmenbedingungen der Mobilität im Allgemeinen und damit auch im ÖPNV künftig teils dramatisch ändern. So führen starke demografische Veränderungen und die Flexibilisierung der Arbeitswelt zu einer ausgeprägteren Individualisierung des Mobilitätsverhaltens. Die Ansprüche an die Bedienung des Verkehrsmarktes werden dadurch erheblich steigen. Die Verkehrsverbünde müssen auf diese Veränderungen mit neuen Kommunikations- und Verkaufsinstrumenten reagieren. Ein geeignetes Instrument zur Marktbearbeitung ist das elektronische Fahrgeldmanagement (E-Ticketing), das der ÖPNV für neue Informations- und Vertriebswege nutzen kann. Mittels E-Ticketing lassen sich u.a. angepasste Preisstrategien und multimodale Produkte einführen sowie die Kundenbeziehungen nachhaltig ausbauen. Insgesamt können so, bei kundennäherer Orientierung, die Marktpotenziale besser abgeschöpft werden. Über E-Ticketing sollen des Weiteren interne Betriebsprozesse im Bereich des Marketing optimiert und Effizienzpotenziale erschlossen werden. Hierzu gehört die kostensenkende Bündelung von Vertriebsprozessen. Ein E-Ticketing-Gesamtkonzept muss deshalb – viel stärker als heute – das Spektrum der Kundenanforderungen an einen einfachen, mühelosen und transparenten Erwerb von ÖPNV-Nutzungsberechtigungen optimal abdecken. Gleichzeitig soll es flexibel genug sein, lokale und regionale Anforderungen zu berücksichtigen bzw. die Aufgabenträger und deren Regie-Organisationen sowie die operativen Vertriebspartner in die Lage versetzen, diesen Anforderungen gerecht zu werden. Bis zur wirtschaftlich erfolgreichen Marktdurchdringung sind noch erhebliche Anstrengungen nötig, die weiterhin durch Wirtschaft und Politik engagiert unterstützt werden müssen, weil die erfolgreiche Einführung von E-Ticketing in starkem Maße von den organisatorischen Voraussetzungen und Rahmenbedingungen abhängt. Schließlich geht es nicht nur um eine neue Technologie sondern um die Initiierung eines nachhaltigen Veränderungsprozesses, der die Akteure auf allen Organisationsebenen tangiert und sie erheblich herausfordert. Das zeigt sich in der Komplexität der Aufgabenstellung, jedoch auch in der Höhe der Gesamtinvestition in eine umfassende E-Ticketing-Infrastruktur, die eine schrittweise Einführung eines Systems der „Automatisierten Fahrpreisfindung" nahe legt. Der Umbruch, in dem sich die ÖPNV-Branche durch die Deregulierung des ÖPNV-Marktes und die Vergabe von Verkehrsleistung befindet, sollte als Chance verstanden werden, neue Standards am Markt durchzusetzen. Es ist Zeit, weitere Schritte für eine umfassende Einführung von E-Ticketing zu tun.

3.1 Mobilität für die Zukunft: Chancen nutzen und neue Ziele erreichen

Spätestens seit der Erfindung des aufrechten Gangs nutzt die Menschheit die Möglichkeiten, ihre Mobilität zu optimieren und die Ziele, die hierüber erreicht werden können, stets neu zu definieren. Neben einer guten Orientierung war die Motivation für die Überwindung großer Entfernungen stets die Kenntnis des Möglichen und Machbaren. Da das technologische Rüstzeug oftmals beschränkt war, zählten auf den Reisen umso mehr Wagemut und Glück. Der Horizont und damit die Grenzen des Bekannten und Möglichen wurden so nur langsam, quasi im Schritttempo erweitert. Dies wird etwa dadurch belegt, dass das im Jahre 150 n. Chr. von Ptolemäus herausgegebene abendländische Weltbild bis ins 15. Jh. Bestand hatte. Die Suche nach den „glücklichen Inseln" (Gewürzinseln) führte damals nicht nur zur Erkenntnis, dass völlig neue Wege zum erhofften Ziel führen, sondern brachten eine völlig „Neue Welt", ein neues Ziel zum Vorschein. Der Schritt - hier war es schon eine Fahrt - über die bekannten Grenzen hinaus hatte sich also doppelt gelohnt.

Heute erfolgt die Suche nach neuen Wegen in der Mobilität insbesondere aus der Motivation heraus, die Mobilität selbst als Ausdruck menschlicher und gesellschaftlicher Kultur sowie als Standortfaktor für Wirtschaft und wachsenden Wohlstand nachhaltig zu sichern und weiter zu entwickeln. Als technisch-organisatorisches Rüstzeug (neudeutsch: tool) für eine signifikante Verbesserung der Vermarktungschancen des ÖPNV-Angebots soll sich in den kommenden Jahren das Instrumentarium Electronic Ticketing („E-Ticketing") entwickeln.

3.2 Änderungen und Wandel zum Mobilitäts- und Verkehrsmarkt der Zukunft

Auf eine Reihe von Fakten und Untersuchungen gestützt, gehen die maßgeblichen Experten (eine gute und aktuelle Übersicht bietet die im Sommer 2005 vorgestellte DELPHI-Studie[1]) davon aus, dass sich die Rahmenbedingungen der Mobilität in der Zukunft im Allgemeinen und damit auch im ÖPNV teils dramatisch ändern werden.

Hierzu gehören starke demografische Veränderungen in der Bevölkerungsstruktur, die u. a. mit sich bringen, dass es einen größeren Anteil älterer Menschen geben wird. Die zukünftigen „Älteren" unterscheiden sich aber von den heutigen „Alten" dadurch, dass sie fast alle über einen Führerschein und (mindestens) einen Pkw verfügen, dessen Gebrauch sich über Jahrzehnte habitualisiert haben wird. Das heißt, dass die objektive Affinität zum motorisierten Individualverkehr in der Gruppe der zukünftigen Alten („best agers") im Vergleich zu heute weiter ansteigen wird.

Und im Gegensatz zu gestern werden „die Älteren von Morgen" eine hochaktive Bevölkerungsgruppe sein, mit reger Beteiligung am Alltagsleben und den damit verbundenen Mobilitätsansprüchen. Die in der ÖPNV-Nachfrage heute noch dominierenden Wegezwecke Arbeit und Ausbildung werden in dieser Bevölkerungsgruppe keine Rolle mehr spielen; dafür gewinnen Wege zum Einkaufen, für Besorgungs- und Freizeitaktivitäten aller Art und begleitete bzw. gemeinsam zurückgelegte Wege an Bedeutung.

Darüber hinaus ist davon auszugehen, dass für die mittlere Bevölkerungsgruppe der 20 bis 60jährigen (>50 % der Gesamtbevölkerung) die Flexibilisierung der Arbeitswelt wei-

---

[1] www.delphi-oepnv.de

ter voranschreiten wird. Eine stärkere Trennung von Wohn-, Lebens- und Arbeitsorten sowie die höhere Verfügbarkeit von „Freizeit" führen dazu, dass die Menschen nicht nur weitere Wegstrecken zurücklegen (müssen), sondern vor allem auch in viel flexiblerer Weise mobil unterwegs sein möchten und müssen. Teilzeitbeschäftigung, gleitende Arbeitszeiten, geänderte Ladenöffnungszeiten, Sport-, Kultur- und Freizeitaktivitäten aller Art sowie Einkaufen, Besorgungen etc. führen schon heute dazu, dass die ehemals bekannten „Verkehrsspitzen" viel weniger ausgeprägt sind als früher. Dies wird zukünftig noch dadurch verstärkt, dass die Zahl der Schüler/innen stark zurückgeht, was sich vor allem in der ÖPNV-Nachfrage in ländlichen Gebieten negativ bemerkbar machen wird. So rechnet man beispielsweise für das Land Brandenburg mit einem Rückgang der Schülerzahlen bis zum Jahr 2020 um 50%. Demgegenüber existiert ein Trend in den Ballungsräumen hin zu immer kleineren Haushalten, d. h. mehr Einpersonenhaushalten, Haushalten von Alleinerziehenden und kinderlosen Zweipersonenhaushalten. Der gestiegene Motorisierungsgrad und die höhere Pkw-Verfügbarkeit sind nur weitere Indizien dafür, daß der gesamte Verkehrsmarkt einem Wandel unterliegt, der noch lange nicht abgeschlossen ist. Es muss resümiert werden, dass die Ansprüche an die Bedienung des Verkehrsmarktes erheblich gestiegen sind.

Entscheidend für das wirtschaftliche Bestehen des ÖPNV als Angebotsbasis innovativer Verkehrsdienstleister wird sein, dass es viel besser als heute gelingt, dem Prinzip der so genannten Multimodalität zum Durchbruch zu verhelfen. Genau hier bieten sich für ÖPNV-basierte Mobilitätsdienstleister riesige Potenziale, die allerdings mit dem heutigen Kommunikations- und Verkaufsinstrumentarium des ÖPNV kaum erschlossen werden können. So werden viel besser angepasste Preisstrategien benötigt, die oft gegensätzliche Prinzipien wie Einfachheit, Differenzierung und Preisanreize zusammenführen müssen. Hierfür ist ein System des elektronischen Fahrgeldmanagements in geradezu idealer Weise als „Marktbearbeitungswerkzeug" (marketing-tool) geeignet.

Ziel muss es dabei sein, die meist starre und extrem routinemäßige (habitualisierte) „Wahl" eines Verkehrsmittels (ob PKW oder Bus bzw. Bahn) durch eine echte Auswahl der Nachfrager nach Mobilität unter bestehenden Alternativen zu überwinden. Dieser Auswahlvorgang muss allerdings mindestens genauso einfach, unkompliziert, bequem und schnell möglich sein wie heute der Griff zum Autoschlüssel. In dieser Richtung befinden sich einige Vorreiter der ÖPNV-Branche bereits auf einem richtigen Weg, wie einige Beispiele (Haus-zu-Haus-Fahrplanauskünfte, Mobilitätspakete mit periodischer Mobilitätsrechung) eindrucksvoll zeigen. Bis zur wirtschaftlich erfolgreichen Marktdurchdringung sind jedoch noch allergrößte Anstrengungen nötig, die auch weiterhin engagierte Förderung und unterstützende Rahmensetzungen durch Wirtschaft und Politik benötigen.

3.3 Formen des E-Ticketing

Vom technischen Standpunkt aus betrachtet, bedeutet E-Ticketing, dass eine Chipkarte (oder sonstiges elektronisches Trägermedium) die Funktionen des bargeldlosen Zahlens übernimmt - laut Definition des Verbands Deutscher Verkehrsunternehmen (VDV) die „1.Stufe" des elektronischen Fahrgeldmanagements, die so genannte VDV-Stufe 1- und zum Trägermedium für eine elektronisch abgebildete Fahrkarte wird (so genannte VDV-Stufe 2). Im Rahmen der automatisierten Fahrpreisfindung (so genannte VDV-Stufe 3) dient die Chipkarte (oder ein anderes Trägermedium) auch der Erfassung der Fahrten, die mit dieser Chipkarte unternommen wurden. Dies kann über aktive Verfahren geschehen, bei der die Kunden sich im System an- und abmelden (so genannte Check-In/Check-Out), oder auf passivem Wege, bei der die Anwesenheit in einem Verkehrsmittel automatisch erfasst wird (so genannte Raumerfassung oder Be-In/Be-Out). Bei der automatisierten Fahrpreisfindung verarbeitet ein Hintergrundsystem die erfassten Daten und stellt die in Anspruch genommene Transportleistung im Nachhinein in Rechnung (post-paid) oder das Nutzungsentgelt wird direkt von der Karte abgebucht (pre-paid); auch an die jeweiligen lokalen Rahmenbedingungen angepasste Mischformen sind natürlich denkbar. Die Leistungsfähigkeit der Kundenmedien (z.B. Chipkarte oder auch Handy) ist dabei bestimmend für den potenziellen Nutzen und den Mehrwert, der für den Kunden durch das System generiert werden kann.

Die heutzutage von der Halbleiterindustrie angebotenen prozessorgesteuerten Chipkarten verfügen über kontaktbehaftete sowie kontaktlose Schnittstellen, die nicht nur einen schnellen Datenaustausch zulassen. Die verwendeten Prozessoren erlauben gleichzeitig eine äußerst schnelle Datenverschlüsselung und somit auch einen wesentlich höheren Schutz für sämtliche auf der Chipkarte gespeicherten Daten. Der frei programmierbare Prozessor sowie das höhere Speichervolumen ermöglichen ebenfalls unterschiedliche Anwendungen („Multiapplikationsfähigkeit") der Chipkarte, die damit eher einem Mini-PC gleicht denn einer bislang üblichen Speicherchipkarte. So lassen sich gleichzeitig verschiedene Leistungen bzw. Anwendungen auf einer Karte unterbringen, bspw. Zahlungs- oder Zugangssysteme (u. a. Car-Sharing oder Mietwagen), eine elektronische Geldbörse und natürlich auch eine ÖPNV-Fahrtberechtigung.

Nach einer erfolgreichen Einführungsphase von E-Ticketing werden Papierfahrkarten als Fahrtberechtigung der Vergangenheit angehören. Statt dessen wird es für die Nachfrager nach Mobilität in der Zukunft eine alltägliche Selbstverständlichkeit sein, Fahrräder, Car-Sharing, Mietwagen oder eben ÖPNV-Angebote mithilfe von Chipkarten als Fahrtberechtigung zu nutzen und damit eine bislang nicht gekannte Flexibilität auch im Nahverkehr erleben zu können. Aus Kundensicht werden Tarifkenntnisse oder die Festlegung auf eine bestimmte Fahrkartenart mit einer starren Bindung an Tarifrelationen obsolet.

3.4 E-Ticketing: Neuer Vertriebsweg oder innovatives Vertriebssystem?

Beim E-Ticketing handelt es sich nicht um einen neuen oder weiteren Vertriebsweg, der komplementär zu den bestehenden, konventionellen Vertriebswegen eingeführt würde. Ein E-Ticketing-System für den ÖPNV ist ein modernes und ganzheitliches Vertriebssystem, d.h. ein System, mit dem das ÖPNV-Angebot auf der Basis moderner Informations- und Kommunikationstechnologien aktiv und in optimaler Weise vermarktet werden kann. So wird die Nutzung des ÖPNV als Bestandteil eines individuellen Mobilitäts-Mixes entscheidend an Attraktivität gewinnen, die intermodale Konkurrenzfähigkeit gegenüber einer „monopolisierten" Automobil-Nutzung gestärkt und der Übergang zur Welt des multimodalen Verkehrs ermöglicht: aus der „freien Fahrt für freie Bürger" wird die „freie Wahl (nach Lust, Laune, Entfernung, Wetter, ...) für mobile Bürger".

Über E-Ticketing sollen des Weiteren interne Betriebsprozesse vor allem - aber nicht nur - im Bereich des Marketing optimiert und Effizienzpotenziale erschlossen werden. Hierzu gehören vor allem Verhinderungen in Bezug auf Betrugs- und Fälschungsmöglichkeiten von Fahrkarten sowie die Generierung von Cross-Selling-Effekten. Letzteres ist insbesondere vor dem Hintergrund der Positionierung der deutschen Verkehrsverbünde als Mobilitätsdienstleister von besonderer Bedeutung. Mittels E-Ticketing können die Verkehrsverbünde den Verkehrsmarkt entsprechend der

Nachfrage noch effizienter bedienen oder gar aktiv gestalten und eine konkrete Beweisführung ihrer besonderen Leistungsfähigkeit auf diesem Gebiet überzeugend dokumentieren.

3.5 E-Ticketing: Wachsende Oase in der ÖPNV-Vertriebswüste?

Im Bereich des ÖPNV-Vertriebswesens (einer Welt, die oft noch nach „Fahrkartenausgabe-/Fahrtentgelteinnahme-Betriebseinheiten" aussieht) haben es neue Ideen oder sogar Innovationen sehr schwer. Die heutigen ÖPNV-Vertriebseinheiten und -strukturen sind historisch gewachsen und deshalb - den reformbedürftigen Regularien des deutschen Personenbeförderungsrechts (PBefG, AEG etc.) entsprechend - von markanter Heterogenität und Schwerfälligkeit geprägt. Hinzu kommen unübersichtliche bzw. uneinheitliche Aufgabenteilungen aufgrund der Trennungen zwischen Besteller- und Ersteller-Funktionen einerseits sowie lokalen und regionalen Verantwortlichkeiten in den Verkehrsverbünden andererseits. Beim Entstehen der Vertriebslandschaften standen bislang wirtschaftliche Aspekte eher selten im Vordergrund. Es wurde vielmehr das Ziel einer möglichst flächendeckenden Präsenz (oft „lokalpolitisch" mit dem Argument der Verantwortung für die Daseinsvorsorge begründet) von Erwerbsstellen für Fahrtberechtigungen verfolgt.

Für die effiziente und zukunftsfähige Gestaltung moderner Vertriebskanäle bzw. eines optimierten Vertriebskanal-Mixes spielen wirtschaftliche Gesichtspunkte und zeitgemäße Kundenorientierung innerhalb eines E-Ticketing-Systems jedoch eine herausragende Rolle. Das Fortbestehen eines Vertriebskanals (ggf. in modifizierter Form) bzw. die Implementierung eines oder mehrerer neuer und innovativer Vertriebskanäle kann nur dann sinnvoll sein, wenn sich die Wirtschaftlichkeit des Vertriebswegemixes dadurch insgesamt nachhaltig verbessert - gemessen an der bestehenden Einnahmesituation für das zu vermarktende (ÖPNV-)Angebot und der Gesamtaufwandssituation für Transportleistung und Vertriebsdurchführung. Insbesondere mit E-Ticketing können Vertriebsprozesse kostensenkend gebündelt und effizienter sowie marktnah gestaltet werden.

3.6 Mit E-Ticketing rückt der Kunde ins Zentrum der ÖPNV-Vermarktung

Ein wesentliches Ziel, welches über E-Ticketing verfolgt wird, ist die stärkere Bindung bestehender Kunden, die Erhöhung des durchschnittlichen Umsatzes je Kunde (Fahrtenzahl) und die Gewinnung neuer Kunden am Verkehrsmarkt. In diesem Zusammenhang sollen im Bereich der Kommunikation mit (potenziellen) Kunden neue, Erfolg versprechende Ansätze hin zu einem professionellen Management der Kundenbeziehungen etabliert werden. Gerade in großen Verkehrsverbünden, die auf das gut abgestimmte Zusammenspiel vieler Akteure (Verkehrsunternehmen, Landesnahverkehrsgesellschaften, Aufgabenträger, Genehmigungsbehörden etc.) angewiesen sind, kann erst über ein E-Ticketing-System für das bereitgestellte ÖPNV-Angebot überhaupt eine „echte" Beziehung zum Kunden aufgebaut werden. Basis für ein umfassendes und auf lange Sicht hin profitables Kundenbeziehungsmanagement ist das Wissen über die Anforderungen und Wünsche der Kunden, welches in erster Linie auf den Kundendaten basiert.

Für die umfassende Betreuung des Kunden ist es ferner notwendig, die

Kundenerwartungen und -wünsche fundiert ableiten zu können. Differenziert nach z.B. unbekannten, anonymen, registrierten oder gar loyalen Kunden erhält dieser eine optimale, auf ihn abgestimmte individuelle Beratung und Serviceleistungen. Hat der Kunde beispielsweise eine nachträgliche Abrechnung seiner in Anspruch genommenen Leistungen gewählt, erhält dieser (auf Wunsch) neben einer detaillierten Auflistung seiner Fahrten auch wahlweise Informationen über Neuerungen und Veränderungen, die auf seine individuellen Mobilitätsbedürfnisse zugeschnitten sind. Zusatzleistungen wie Car-Sharing oder Eintrittsberechtigungen zu Kultur- oder Sportveranstaltungen, die ebenfalls über die Chipkarte in Anspruch genommen und abgerechnet werden, sowie ein begleitendes Bonusprogramm können das Produkt abrunden. Hohe Fluktuationen und Absprungbereitschaften sollen so minimiert sowie die Kundenzufriedenheit und damit die Kundenbindung gefestigt werden. Ziel aller Aktivitäten ist die Gewinnung von Interessenten, deren Wandlung in Kunden sowie der Aufbau langfristiger und rentabler Geschäftsbeziehungen.

Entscheidend sind in diesem Zusammenhang die Berücksichtigung der Kunden-Reaktionen, insbesondere gemessen an den erzielten Fahrgeldeinnahmen. Ein E-Ticketing-Gesamtkonzept muss deshalb - viel stärker als heute - das Spektrum der Kundenanforderungen durch einen einfachen, mühelosen und transparenten Erwerb von ÖPNV-Nutzungsberechtigungen optimal abdecken. Gleichzeitig soll es ausreichend Flexibilität besitzen, lokale und regionale Anforderungen zu berücksichtigen bzw. die Aufgabenträger und deren Regie-Organisationen sowie die operativen Vertriebspartner in die Lage versetzen, diesen Anforderungen gerecht zu werden.

3.7 Wirtschaftlichkeit von E-Ticketing

In der Diskussion um das Für und Wider der Einführung von E-Ticketing-Systemen wird gelegentlich argumentiert, dass es keinen belastbaren „Business-Case" gäbe. Abgesehen davon, dass die Gesamtfinanzierung von Verkehrsarten/-trägern aller Art immer aus einer gesellschaftlich legitimierten Mischung verschiedener Finanzierungsquellen (staatlich, privat, kollektiv, individuell) entsteht und das Vertriebssystem einer oder mehrerer Verkehrsdienstleistungen als Teil dieses Gesamtangebots zu werten ist, kann dem entgegen gehalten werden, dass die Erreichung von wirtschaftlichen Zielsetzungen maßgeblich von der Gestaltung und Entwicklung der Rahmenbedingungen abhängt. Genau diese werden sich aber - wie oben beschrieben - mit dem Wandel des Mobilitäts- und Verkehrsmarktes auch im ÖPNV teils dramatisch ändern. Wenn der ÖPNV sich nicht darauf zurückziehen möchte, mit unverhältnismäßig hohen öffentlichen Geldern „Mobilität" für eine kleine Gruppe (vermeintlich sozial Benachteiligter) bereit zu halten, muss er sich zeitnah für diesen Wandel positionieren.

Die Investition in ein E-Ticketing-System muss selbstverständlich aus wirtschaftlichen Erwägungen getroffen werden. Diese Erwägungen dürfen jedoch nicht nur die heutigen Einnahmenverhältnisse gegenrechnen, sondern müssen die oben genannten zukünftigen Entwicklungen und Chancen einbeziehen. Die maßgeblichen ÖPNV-Experten (siehe DELPHI-Studie) sehen in modernen Vertriebskonzepten, die auf E-Ticketing basieren, wesentliche Hebel zur Umsatz- und Kostenoptimierung und damit zur Steigerung von Wirtschaftlichkeit und Wettbewerbsfähigkeit des ÖPNV. Aber wie bei jeder technisch-organisatorischen Innovation werden sich die Gewinne aus optimierten Einnahmen- und Kostenbedingungen in vollem Umfang nicht sofort (sozusagen „von heute auf morgen") erzielen lassen, sondern erst nach Durchlaufen einer entsprechenden

Reorganisations- bzw. Einführungsphase, die sicher mehrere Jahre dauern wird. Die Einführung eines flächendeckenden und alle Kundengruppen adressierenden E-Ticketing-Systems muss daher vorausschauend frühzeitig angestoßen werden, damit sich die positiven Effekte so schnell wie möglich einstellen. Anderenfalls würde man sich damit abfinden müssen, unter dem Diktat der leeren öffentlichen Kassen die Angebotsstrukturen oder die Standards im ÖPNV in Frage zu stellen.

Die erreichbaren Einsparpotenziale hängen darüber hinaus von Faktoren ab wie der Vertragsgestaltung bzw. deren Anpassungen in den Vereinbarungen mit Verkehrsunternehmen. In den Verkehrsverträgen muss daher zukünftig berücksichtigt werden, dass sich positive Aufwandseffekte bei Leistungserstellern (z.B. durch den Wegfall der Verkaufsleistung für Fahrkarten) in entsprechend niedrigeren Besteller-Entgelten (pro km) niederschlagen oder dass bei gleich bleibenden Entgelten Angebotsumfang bzw. -qualität durch das betreffende Verkehrsunternehmen gesteigert werden (z. B. dichterer Takt, höhere Pünktlichkeit, Verbesserung der Sauberkeit).

3.8 Erfahrungen aus aller Welt nutzen

Insgesamt betrachtet kann E-Ticketing einen wesentlichen Beitrag liefern, den ÖPNV in der Zukunft attraktiv und leistungsfähig zu gestalten und so die nachhaltige Mobilitätssicherung in der Region unterstützen. Was und wie das möglich ist, zeigen uns zahlreiche Beispiele aus dem Ausland. Weltweit gibt es mittlerweile mehr als 100 Metropolen und Regionen, in denen der Vertrieb über E-Ticketing-Systeme organisiert wird. Unter ihnen gibt es etliche Systeme, die technologische Weiterentwicklungen hinter sich haben. So wurden einige Systeme von der Magnetstreifentechnik auf Smartcards umgestellt (New York, Paris) oder Zugangskontrollen („gates") in räumlich offenen Systemen eingeführt (Niederlande, London). Dies belegt unter anderem, dass es weder einen „richtigen" Zeitpunkt noch „die richtige Ausprägung" für einen Einstieg in das E-Ticketing gibt. Der richtige Zeitpunkt wird alleine dadurch definiert, ob Mehreinnahmen generiert und Kosteneinsparungen vorgenommen werden können und müssen. Das ist in den allermeisten Verkehrsverbünden in Deutschland weiterhin dringend der Fall.

Allerdings kann es bei der Einführung von E-Ticketing-Systemen nicht einfach darum gehen, vorhandene technische Lösungen aus dem Ausland „1:1" zu übertragen - dies würde in den seltensten Fällen schon zufriedenstellende Antworten liefern. Vielmehr müssen bestehende Lösungsansätze an hiesige strukturelle und organisatorische Rahmenbedingungen angepasst werden. Hierbei gilt es insbesondere auch, die spezifischen Kundenerwartungen zu berücksichtigen. Denn natürlich zeigen sich zwischen den einzelnen Ländern teilweise deutliche Mentalitätsunterschiede in der Einstellung beispielsweise zum Datenschutz, zu Bezahlverfahren, zur Nutzungserfassung und -verarbeitung oder in der Aufgeschlossenheit gegenüber technologischen Neuerungen und Verfahren.

3.9 VDV-Kernapplikation und komplementäre Mobilitätsplattformen als technische Grundlagen für E-Ticketing in Deutschland

Auch in Deutschland konnten in den letzten Jahren schon eine Reihe von Erfahrungen mit der Einführung und Nutzung von E-Ticketing-Systemen gesammelt werden. Abgesehen von der Einführung des Elektronischen Fahrscheins für Abo-Kunden in den

Zweckverbänden in Nordrhein-Westfalen gibt es innovative E-Ticketing-Systeme bislang allerdings nur in Pilotversuchen und meist lokal begrenzt.
Dennoch belegen bereits diese Ansätze, dass E-Ticketing-Prinzipien auch in Deutschland von den Kunden nicht nur akzeptiert sondern auch routiniert genutzt werden. Einer Demonstration der technologischen Machbarkeit bedarf es schon längst nicht mehr, vor allem seitdem in Deutschland seit Mitte 2005 mit der VDV-Kernapplikation nun auch ein technischer Standard existiert, der die Einführung interoperabler Systeme möglich macht.
Die VDV-Kernapplikation wurde gemeinsam von zahlreichen Verkehrsverbünden, Verkehrsunternehmen und weiteren ÖPNV-Akteuren sowie Partnern aus der Industrie und Kreditwirtschaft unter finanzieller Beteiligung des Bundes entwickelt. Die Kernapplikation stellt aber nicht nur die Interoperabilität von E-Ticketing-Systemen gemäß einer der drei Ausprägungen (VDV-Stufen) des Elektronischen Fahrgeldmanagements sicher. So werden im Rahmen der Kernapplikation wichtige Festlegungen für die Erfassung der Nutzungsdaten getroffen, die Grundlage für die Abrechnung unternehmens- und verkehrsmittelübergreifender Reiseketten sind. Die Kernapplikation legt außerdem wichtige Abläufe aus Kundensicht in Bezug auf die Benutzeroberfläche und die Kundenmedien fest, die für einfache und routinemäßige Nutzung durch die Mobilitätskonsumenten der Zukunft unabdingbar sind. Damit stellt die VDV-Kernapplikation eine solide Grundlage für künftige Umsetzungen bis hin zu Ausschreibungen von E-Ticketing-Systemen dar.
Wichtiger Bestandteil einer umfassenden Einführung von E-Ticketing auf Basis der VDV-Kernapplikation ist eine damit kompatible integrierte Vertriebs- und Informationsplattform („Mobilitätsplattform"), über die die Möglichkeiten der Vermarktung und des Kundenbeziehungsmanagements (CRM = customer relationship management) ausgeschöpft werden können. Kernelement dieser Mobilitätsplattform ist in Verbindung mit dem sukzessiven Aufbau eines Kundenbeziehungsmanagements die verstärkte Nutzung der „modernen" Vertriebskanäle Internet und Mobilfunk(geräte). Hierüber können Informationen und Transaktionen (Fahrplandaten/Preise) direkt mit dem Verkaufsprozess („click-to-buy") verknüpft werden und Kundenreaktionen sogar initiiert werden, die dann für Marketing und Angebotsplanung wertvolle Steuerungshinweise liefern. Optimierungen in den Vertriebsprozessen können so kontinuierlich realisiert werden.
Die Mobilitätsplattform sollte vor dem Hintergrund der weiteren technologischen Entwicklung modular, flexibel und skalierbar sein und an vorhandene Vertriebsstrukturen sowie an die spezifischen Erfordernisse der Aufgabenträger bzw. Verkehrsunternehmen anpassbar sein, um Synergien voll auszuschöpfen und bereits getätigte Investitionen nicht zu gefährden. In Verbindung mit der vorhandenen VDV-Kernapplikation entsteht so ein umfassendes und homogenes Implementierungsangebot und ein zukunftsfähiges Marketinginstrument zur erfolgreichen Bearbeitung der regionalen und lokalen Mobilitätsmärkte.

3.10 Strukturelle Voraussetzungen für die Einführung von E-Ticketing

Einführung und erfolgreiche Umsetzung von E-Ticketing hängen in starkem Maße von den organisatorischen Voraussetzungen und Rahmenbedingungen ab. In der zurückliegenden Diskussion um E-Ticketing als Vertriebssystem wurde häufig nicht ausreichend berücksichtigt, dass wirksame und wirtschaftlich erfolgreiche Realisierungen fast immer auch Veränderungen in den Organisations- und Unternehmensstrukturen der ÖPNV-Branche voraussetzen. Bereitschaft bzw. das Erkennen der Notwendigkeit für diese notwendigen Veränderungen ist vor allem in den Marketingbereichen Vertrieb, Preisgestaltung und Kommunikation gefragt. Sollen die über das E-Ticketing generierten Daten auch für Planungszwecke oder sogar als Basis für dynamische Einnahmeaufteilungsverfahren genutzt werden, können die Veränderungen aber schnell das gesamte Zusammenspiel und die interne Organisation von Verbund, LNGs und Verkehrsunternehmen betreffen. Daher ist neben dem Entschluss zur Veränderung auch die Festlegung konkreter Erwartungen und Ziele nicht nur hilfreich sondern auch notwendig.

Eine immer noch anzutreffende Erwartungshaltung, mit E-Ticketing ein Stück Technologie einzuführen, wodurch sich Effizienzsteigerungen und Kosteneinsparungen quasi von alleine ergeben, kann der Notwendigkeit zum aktiven Handeln nicht gerecht werden. Dass die ÖPNV-Branche in der Lage ist, technologische und organisatorische Innovationen erfolgreich einzuführen, ist z. B. mit der Implementierung zahlreicher Telematik-Anwendungen in den Bereichen der Betriebsleitung, der Fahrplaninformation und der Fahrzeuginfrastruktur - also in der gesamten Kette der Leistungserstellung - in der Vergangenheit immer wieder demonstriert worden. Demgegenüber werden die Bereiche des Vertriebs und der Vermarktung der ÖPNV-Leistungen nach wie vor „eher traditionell" gestaltet. Nun gilt es, auch in diesen Bereichen ein marktnahes Denken mit den zugehörigen wirtschaftlichen Anreizen zu etablieren, die den Fokus der Aktivitäten auf den Kunden richten.

Insbesondere dem direkten Kontakt von Vertrieb(smitarbeiter) bzw. Vertriebsoberfläche (elektronisch, telefonisch) und Kunde (Kundenschnittstelle) kommt vor dem Hintergrund des erhöhten Wettbewerbs und damit einhergehender Anforderungen an Effizienz eine neue besondere - wirtschaftliche - Bedeutung zu. Aus der Sicht eines im Wettbewerb stehenden Verkehrsunternehmens ist die Erreichung einer verbesserten Wirtschaftlichkeit bei transparenten Kosten und gestiegener Qualität die Voraussetzung, in einem wettbewerbsorientierten Verkehrsmarkt bestehen zu können. In diesem Zusammenhang kann sich ein E-Ticketing-System zu einem wichtigen Instrument entwickeln, die Kundenpräferenzen am Markt nicht nur besser einzuschätzen, sondern auch zielorientierte Antworten in Form flexibler und innovativer Angebote bereitzustellen und hierüber Marktpotenziale abzuschöpfen.

Durch die Modernisierung der Vertriebs- und Preisstrukturen eröffnen sich für die meisten Akteure im Bereich Mobilitätsdienstleistungen (von Verkehrsunternehmen über lokale Aufgabenträger/-organisationen bis hin zu Verbünden) gleichzeitig neue Möglichkeiten der Marktpositionierung. Die wirtschaftlichen Potenziale des E-Ticketing ergeben sich insbesondere aus den flexiblen und offenen Gestaltungsmöglichkeiten, die mit der Erschließung neuer Medien für den Vertrieb oder der Einführung innovativer Preismodelle und Produkte verbunden sind. Durch das verbesserte Wissen über Anforderungen und Nutzungsverhalten von ÖPNV-Kunden kann die Kommunikation zu diesen optimiert und deren Ansprache segmentspezifisch und zielgerichtet realisiert werden. Zugang und Nutzung dieser Kundenschnittstelle wird künftig also wesentlichen Einfluss auf die Generierung von Wettbewerbsvorteilen haben.

3.11 E-Ticketing ist richtungsweisend für die Zukunft des ÖPNV

Prinzipiell rechtfertigt das Potenzial an Modernisierung, Attraktivitätssteigerung und Verbesserung der Wirtschaftlichkeit des ÖPNV - als unverzichtbare Säule eines innovativen und nachhaltigen Mobilitätssystems - auch eine staatliche Unterstützung der Einführung von E-Ticketing. Vor dem Hintergrund der hohen Gesamtinvestition in eine umfassende E-Ticketing-Infrastruktur, die für ein System der Automatisierten Fahrpreisfindung (VDV-Stufe 3) benötigt wird, sprechen viele Argumente dafür, durch eine schrittweise Einführung die Investitionen über mehrere Jahre zu strecken. Im Rahmen einer Migrationsstrategie geht es darum, sinnvolle aufeinander abgestimmte und in der Kundenwirkung plausible und nützliche Realisierungsstufen zu definieren. So kann sich als erste Zwischenmigration beispielsweise die Ausgabe von elektronischen Kundenmedien an Stammkunden anbieten (VDV-Stufe 2). Gleichzeitig können Bestell- und Kommunikationsvorgänge über Internet und Mobilfunk massiv ausgebaut und eine Verlagerung von Verkaufsvorgängen auf die kostengünstigen Vertriebskanäle erreicht werden.

Vor dem Hintergrund der Notwendigkeit verbundweiter (oder sogar landesweiter) Harmonisierung von Vertriebs- bzw. Vermarktungsaufgaben wird die zukünftige ÖPNV-Co-Finanzierung in viel stärkerem Maße aufgabenträgerorientiert sein müssen. Denn die Aufgabenträger haben die organisatorische und finanzielle Verantwortung für die Erbringung der Verkehrsleistungen/-angebote und damit auch die Aufgabe, „Mobilität" auf diese Weise sicherzustellen.

Zusammenfassend betrachtet, sind die Erwartungen und Hoffnungen, die an ein E-Ticketing-System formuliert werden, außerordentlich anspruchsvoll. Denn bei der Einführung von E-Ticketing geht es nicht alleine um die Anschaffung und Finanzierung eines „Stücks Technologie", wie dies in der Branche beispielsweise im Rahmen von GVFG-finanzierten Einzelmaßnahmen oft üblich ist. Vielmehr geht es um die Initiierung eines nachhaltigen Veränderungsprozesses, der die Akteure auf allen Organisationsebenen tangiert und für diese eine echte Herausforderung darstellt.

Zur Einführung von E-Ticketing gibt es keine gleichwertigen Alternativen, die es ermöglichen würden, sowohl den Herausforderungen des Verkehrsmarktes als auch den Anforderungen der Mobilitätskonsumenten in der Zukunft in einer nachhaltigen Weise zu entsprechen. Nachhaltigkeit bedeutet in diesem Zusammenhang auch, die organisatorisch-rechtlichen Strukturen für gezielte Veränderungen zu schaffen und zu nutzen. Dabei wird es keineswegs im Interesse der öffentlichen Hand und der Aufgabenträger des ÖPNV liegen, positive Veränderungen nur über ein freies Kräftespiel in einem deregulierten Markt zu erreichen. Vielmehr sind Regelungen und Standards notwendig, die die Entwicklung des Mobilitätsmarktes auf ein bestimmtes Ziel hin steuern - und ein entscheidendes Ziel muss „Effizienzsteigerung" heißen.

Der Umbruch, in dem sich die ÖPNV-Branche durch die Deregulierung des ÖPNV-Marktes und die Vergabe von Verkehrsleistungen befindet, sollte daher als Chance verstanden werden. Ideen und Konzepte für die Betätigung des ÖPNV auf dem Mobilitätsmarkt gibt es reichlich. Der Markthorizont muss nicht mehr erweitert werden. Mit den heute bestehenden Strukturen und Instrumenten lassen sich die Potenziale aber noch nicht ausreichend erschließen. Die Erarbeitung von Standards und Konzepten sowie die Beschäftigung mit Pilotprojekten und Feldversuchen waren wichtig. Jetzt gilt es, neue Standards am Markt durchzusetzen. Allein der Bau eines Schiffs führt eben noch nicht zu neuen Ufern. Vielmehr kommt es darauf an, das Schiff zu besteigen, den Aufbruch zu wagen und sich auf die Reise zu begeben. Im Blickfeld der Ideen und Konzepte, die es zu realisieren gilt, ist die Zeit gekommen, weitere wegweisende Schritte für eine umfassende Einführung von E-Ticketing zu unternehmen. E-Ticketing ist das Instrument, das den ÖPNV für das 21. Jahrhundert mobil macht.

4 Verkehr verstehen und beherrschen

Dr. Martin Treiber, Dipl.-Phys. Arne Kesting und Prof. Dr. Dirk Helbing
Institut für Wirtschaft und Verkehr an der Technischen Universität Dresden,
treiber@vwitme011.vkw.tu-dresden.de

Zusammenfassung

Ein reibungsloser Verkehrsfluss ist zentral für eine florierende Volkswirtschaft. Maßnahmen zur Vermeidung von Verkehrszusammenbrüchen und zur Reduktion der Unfallzahlen haben daher höchste Priorität. In diesem Beitrag werden für den Straßenverkehr der aktuelle Stand der Stau- und Unfallforschung zusammengefasst sowie aktuelle Forschungsstrategien und zukünftige Maßnahmen vorgestellt.

Da in Deutschland in Ballungsräumen und auch aus ökologischen und finanziellen Gründen ein Ausbau des vorhandenen Verkehrsnetzes nur noch bedingt möglich ist, konzentrieren sich die heutigen Forschungsansätze auf eine „intelligentere" und effektivere Nutzung der vorhandenen Infrastruktur. Dabei spielen die Vernetzung der jetzt noch größtenteils getrennt betrachteten Komponenten Informationstechnik/Telematik, Fahrzeugtechnik und ihre verkehrlichen Wirkungen eine entscheidende Rolle.

Zunächst werden der Stand des Wissens über Stauentstehung, Verkehrsdynamik und Unfallwahrscheinlichkeit sowie offene Fragen erläutert. Eine bereits gesicherte Erkenntnis ist vor allem, dass die Entstehung von Verkehrszusammenbrüchen in der Regel an drei Bedingungen gekoppelt ist: Ein hohes Verkehrsaufkommen, eine lokale Störstelle („Bottleneck") und eine letztendlich als Auslöser wirkende temporäre Störung im Verkehrsfluss selbst. Dieses Szenario ist sowohl durch Verkehrsdatenanalyse als auch durch Simulationen gut bestätigt. Forschungsbedarf gibt es dagegen bei der Definition von Indikatoren für die Unfallwahrscheinlichkeit.

Weiterhin diskutieren wir aktuelle und zukünftige technologische Maßnahmen zur Stauvermeidung und zur Erhöhung der Effektivität des Verkehrsflusses unter Fokus auf Informations- und Kommunikationstechnologien (IuK-Technologien). Gegenwärtig eingesetzte Mittel beinhalten Verkehrsbeeinflussungs-Maßnahmen wie adaptive Tempolimits oder dynamisches Routing und zum Teil eine Zuflusssteuerung an Einfahrten von Fernstraßen durch so genannte „Pförtnerampeln" („ramp metering"). Mögliche zukünftige Maßnahmen betreffen unter anderem die Implementation von systemoptimalem Routing sowie eine automatisch der Verkehrssituation angepasste Fahrweise durch Fahrzeug-Fahrzeug-Kommunikation im Zusammenspiel mit automatischen Längsreglern („Adaptive Cruise Control"), welche schon jetzt in einigen Oberklassefahrzeugen zur Verfügung stehen.

Die Ergebnisse aus der Forschung und erste Praxiserfahrungen zeigen ein erhebliches Chancenpotenzial. So steht bereits heute fest, dass typische Staus bei einem geringen Ausstattungsgrad mit Fahrzeug-Fahrzeug-Kommunikation vollständig vermieden werden können. Die Einführung solcher Systeme setzt begleitende Initiativen voraus, z.B. die Zulassung von Pförtnerampeln mit extrem kurzen Schaltfrequenzen und LKW-Überholverbote in Verbindung mit einer vorgeschriebenen Lkw-Mindestgeschwindigkeit. Generell bietet sich für die Auslegung von Verkehrswegen und die Definition der Verkehrsqualität als bessere Kalkulationsbasis die Fahrzeit an.

4.1 Einleitung

Im Jahre 2004 gab es in Deutschland 5.844 Verkehrstote und über 440.000 Verletzte. Der durch Verkehrsstaus - hauptsächlich durch Zeitverluste, aber auch durch zusätzliche Emissionen und Unfälle - verursachte volkswirtschaftliche Schaden wird unterschiedlich hoch angegeben. Eine der jüngsten Studien des EU-Weißbuchs beziffert ihn europaweit auf 0,5 % des Bruttoinlandprodukts (was für Deutschland 21 Mrd. Euro entsprechen würde) mit einer Prognose von 1 % für das Jahr 2010. Eine andere, von BMW Ende der Neunziger Jahre in Auftrag gegebene Studie gibt sogar 100 Milliarden Euro pro Jahr für Deutschland an. In jedem Falle stellen Verkehrsstaus einen der größten volkswirtschaftlichen Schadensfaktoren dar.

Vorschläge zur Stau- und Unfallvermeidung beinhalten unter anderem einen massiven Ausbau der Verkehrsinfrastruktur. Dieser ist in Deutschland aus den verschiedensten Gründen aber nur begrenzt möglich. Eine Alternative besteht in Verkehrsvermeidung, z.B. durch stark erhöhte Steuern. Die damit einhergehende Einschränkung an individueller Mobilität kann jedoch eine empfindliche Einbuße an Lebensqualität darstellen und unabsehbare Auswirkungen auf die Wirtschaft haben.

Damit kommt einer dritten Stoßrichtung, der Verkehrsoptimierung durch technologische Maßnahmen, vor allem aus dem Bereich IuK, eine überragende Bedeutung zu. Ansatzpunkte dazu liegen in der Informationstechnik (Telematik), Fahrzeugtechnik und Verkehrstechnik. Gerade auf dem Gebiet der Fahrzeugtechnik wurde in den letzten Jahrzehnten bereits viel erreicht. So ist - bedingt vor allem durch Sicherheitsgurte, Airbags, im Hinblick auf das Crashverhalten optimierte passive Sicherheit und nicht zuletzt durch Fahrerassistenzsysteme wie ABS und ESP - die Zahl der Verkehrsopfer gegenüber den siebziger Jahren bereits um mehr als den Faktor drei zurückgegangen. Auf die Verkehrsleistung in Personen-Kilometern bezogen, entspricht dies sogar einem Faktor von etwa sechs.

Von Seiten der Verkehrstechnik und Telematik werden bereits heute Maßnahmen zur Stauvermeidung erfolgreich eingesetzt, wie z.B. adaptive Tempolimits oder dynamisches Routing, teilweise auch adaptive Zufluss-Steuerungen an Autobahnzufahrten. Verschiedene weitere Ansätze sind in der Vergangenheit aus verschiedenen Gründen gescheitert oder verschoben worden, da sie zu sehr auf die technologische Machbarkeit ausgerichtet waren und zu wenig die politischen, gesetzlichen, haftungsrechtlichen und gesellschaftlichen Rahmenbedingungen im Auge hatten. Auch Fragen der Finanzierung, Geschäftsmodelle und Markteinführungsstrategien sowie der technischen Reife und Nutzerakzeptanz haben teilweise zu erheblichen Schwierigkeiten bei der Umsetzung neuer Technologien geführt.

In den letzten Jahren hat man diesen Problemen bei den Leitprojekten des BMBF und der EU verstärkt Aufmerksamkeit geschenkt. Außerdem wird zunehmend erkannt, dass sich aus den zum Teil überraschenden Erkenntnissen der theoretischen Erforschung von Verkehrsflüssen und komplexen Systemen neue Potenziale ergeben, die von den zu stark pragmatisch ausgerichteten Ansätzen der Vergangenheit übersehen wurden. Zudem werden die drei Sektoren Informationstechnik, Fahrzeug- und Verkehrstechnik heute noch weitgehend isoliert betrachtet. Eine Vernetzung dieser Sektoren zu einem einheitlichen Ansatz birgt jedoch das größte Optimierungspotenzial, wie im Folgenden dargestellt wird.

4.2 Stand des Wissens

Einen wesentlichen Beitrag zum aktuellen Kenntnisstand der Verkehrsdynamik und Stauentstehung haben BMBF-Verbundprojekte und Forschungsinitiativen wie PROMETHEUS, SANDY („Straßenverkehrsanwendungen der Nichtlinearen Dynamik"), MoTiV („Mobilität und Transport im Intermodalen Verkehr") und INVENT („Intelligenter Verkehr und nutzergerechte Technik") geleistet.

Statistische Auswertungen von Verkehrsdaten - vor allem von stationären Detektordaten - ergeben ein klares Bild des Mechanismus' der Stauentstehung auf Autobahnen und Fernstraßen: In fast allen Fällen entstand ein Verkehrszusammenbruch durch das gleichzeitige Zusammenwirken von drei Komponenten:
- einem hohen Verkehrsaufkommen,
- einer lokalen Störstelle (Ungleichmäßigkeit) der Strecke (welche als Engpass oder „Bottleneck" wirkt), und
- einer temporären Störung des Verkehrsflusses, die den Stau letztlich initiiert.

Die Abbildung des aus stationären Detektordaten rekonstruierten raumzeitlichen Verlaufs eines Verkehrszusammenbruches auf der A5-Süd bei Frankfurt zeigt dies deutlich anhand der umgekehrt aufgetragenen Geschwindigkeit:

In Abb. 1 ist freier Verkehr mit dunklen, blau-violetten Farbtönen, deutlich gestörter Verkehr hellblau und gestauter Verkehr mit grün und gelb markiert. Die hohe Verkehrsnachfrage ist hier durch die morgendliche rush-Hour bedingt. Als stationäre Störstelle, auch als „Bottleneck" oder Engpass bezeichnet, fungiert hier die Einfahrt des „Nordwestkreuzes Frankfurt" bei Kilometer 488. Als temporäre Störung wirkt schließlich eine Kolonne dicht aufeinander folgender Fahrzeuge, die in der Abbildung als hellblauer Streifen zu erkennen ist und die gegen 7:00 h die Einfahrt passiert. Die dort zusätzlich stattfindenden Störungen durch Spurwechsel der einfahrenden Fahrzeuge führen zum Aufschaukeln der Störung, die letztendlich ihre Richtung umkehrt und sich als „Stop&Go-Welle" stromaufwärts fortpflanzt. An der Störstelle werden zu späteren Zeitpunkten weitere Stop&Go-Wellen erzeugt, bis sich der Stau nach Ende der rush-Hour wieder auflöst. Dieses Auflösen setzt jedoch eine um mindestens 10 bis 20 % reduzierte Verkehrsnachfrage voraus, da mit dem Verkehrszusammenbruch nicht nur eine drastische Verlängerung der Fahrtzeit, sondern auch eine merkliche

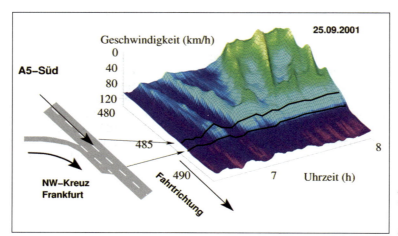

Abbildung 1:
Raumzeitlicher Verlauf eines Verkehrszusammenbruches

Kapazitätsreduktion einher geht („capacity drop"). Gerade dann, wenn während der Hauptverkehrszeit ein besonders hoher Bedarf an Straßenkapazität besteht, wird diese durch die Stauentstehung um 10 bis 20% reduziert. Die Strategie muss also lauten, die Entstehung von Staus zu unterdrücken oder so lange wie möglich herauszuzögern.
Die lokale Ungleichmäßigkeit bzw. Störstelle der Strecke kann
- eine Anschluss-Stelle oder ein Autobahnkreuz,
- ein Streckenabschnitt mit Baustelle,
- ein Unfallort,
- eine Steigungs-, Gefälle- oder Kurvenstrecke,
- eine Tunneleinfahrt mit veränderten Licht- und Sichtverhältnissen oder
- (durch die damit einhergehende Ablenkung der Fahrer) ein Unfall auf der Gegenfahrbahn sein.

Statistischen Untersuchungen des ADAC zufolge machen Ein- und Ausfahrten, Baustellen und Unfälle je 30% der Stau verursachenden Momente aus. Nur 10% der Staus haben andere Ursachen, wie Steigungen.
Der Mechanismus der Stauentstehung kann inzwischen sehr detailliert durch Verkehrsmodelle und -simulation erklärt werden. Selbst eine empirisch fundierte Kategorisierung der Stauarten ist möglich: Für kleinere Engpässe bilden sich bevorzugt einzelne stehende oder mit einer charakteristischen Geschwindigkeit von 15 km/h entgegen der Fahrtrichtung laufende Stauwellen aus. Ist die Störung größer, z.B. bei Baustellen mit Spurzahl-Reduktion oder nach Unfällen, bilden sich ausgedehnte Stauzonen mit homogenem Verkehrsfluss („zähfließender Verkehr") oder mit Stop&Go-Verkehr.
Wesentlich für eine Rekonstruktion der aktuellen Verkehrssituation in Echtzeit ist, dass die Ausbreitung der Staufronten festen Gesetzmäßigkeiten unterliegt. Beispielsweise ist die stromabwärtige Staufront entweder ortsfest oder wandert mit etwa 15 km/h entgegen der Fahrtrichtung. Die Bewegung der stromaufwärtigen Staufront folgt hingegen Gesetzmäßigkeiten, die nur von der Nachfrage und der Kapazität der Engstelle abhängen. Auf diesen Erkenntnissen beruhende Anwendungen zur Verkehrszustandsanalyse und Kurzzeit-Voraussage werden bereits angeboten, wie die von Prof. Kerner entwickelten Tools ASDA (automatische Stauanalyse) und FOTO (Forecasting of Traffic Objects). Die in Abb. 1 gezeigte Rekonstruktion des Verkehrszustandes anhand der „Adaptive Smoothing Method" beruht ebenfalls auf solchen Erkenntnissen. Auch explizit modellgestützte Verfahren zur Rekonstruktion und Kurzzeitprognose des Verkehrs werden erfolgreich angewandt, beispielsweise in dem System von T-Traffic oder der Simulation des Autobahnverkehrs in Nordrhein-Westfalen.
Hingegen besteht bezüglich der Quantifizierung der Unfallwahrscheinlichkeit noch viel Forschungsbedarf. Dafür wird gegenwärtig vor allem die Time-To-Collision herangezogen, welche die Zeitspanne bis zur Kollision mit dem Vorderfahrzeug unter der Annahme angibt, dass während der Annäherung keine Beschleunigungen oder Bremsverzögerungen stattfinden. Während bei gleichmäßiger Fahrt ohne Geschwindigkeitsdifferenzen die Time-to-Collision gegen unendlich geht, gelten Werte unterhalb von 4 s als kritisch. Die Unfallwahrscheinlichkeit steigt rapide, falls gehäuft Werte unterhalb von 4 s auftreten. Eine noch nicht gelöste Herausforderung stellt eine empirisch belastbare dynamische Modellierung der Unfallwahrscheinlichkeiten dar. Da auf Fernstraßen gehäuft Auffahrunfälle am stromaufwärtigen Stauende auftreten, bedeutet eine Stauvermeidung indirekt eine Reduzierung der Unfallhäufigkeit. Im Gegensatz zu den konventionellen Ansätzen zur Stauvermeidung ist bei der Unfallvermeidung auch ein einzelfahrzeugbasierter Ansatz Erfolg versprechend. Neben dem Schutz der motorisier-

ten Verkehrsteilnehmer selbst ist dabei verstärkt ebenfalls auf den wachsenden Anteil von Fußgängern und Radfahrern an den Verkehrsopfern hinzuweisen. Auch hierbei helfen neue Technologien, die z.B. im Projekt VESUV ("Videobasiertes Assistenzsystem zur Erhöhung der Sicherheit ungeschützter Verkehrsteilnehmer") untersucht wurden.

4.3 Maßnahmen zur Verkehrsoptimierung - heute und im Jahre 2020

Das Verständnis der drei Stau verursachenden Faktoren bildet den Schlüssel der aktuell und künftig eingesetzten Maßnahmen zur Verkehrsoptimierung. Nimmt man die Verkehrsnachfrage und damit ein zeitweilig hohes Verkehrsaufkommen als gegeben hin, so verbleiben als Ansatzpunkte die Verringerung oder Vermeidung der beiden anderen Stauursachen, also der Streckenungleichmäßigkeiten und der Störungen im Verkehrsfluss selbst. Damit ergibt sich als Grundsatz der Verkehrsoptimierung die *Homogenisierung des Verkehrsflusses bezüglich Ort und Zeit und die Minimierung von inneren Störfaktoren.*

Während als Zielgröße der Verkehrsoptimierung in der Vergangenheit vor allem die Kapazität und Verkehrsdichte oder Geschwindigkeit im Mittelpunkt stand, erkennt man zunehmend, dass zur Charakterisierung der Verkehrsqualität eine differenziertere Herangehensweise nötig ist. Als Zielgrößen rücken daher immer mehr
- die Minimierung der Gesamtreisezeit,
- die Maximierung der Unfallsicherheit und
- die Maximierung des Fahrkomforts

in den Vordergrund, zumal dies relevante Faktoren für den individuellen Kaufanreiz sind und damit für die Markteinführung von Systemen, die nicht vom Staat finanziert werden.

Die Minimierung von inneren Störfaktoren im Verkehrsfluss ist zum Beispiel die Grundlage für die verkehrliche Wirksamkeit von adaptiven Tempolimits.

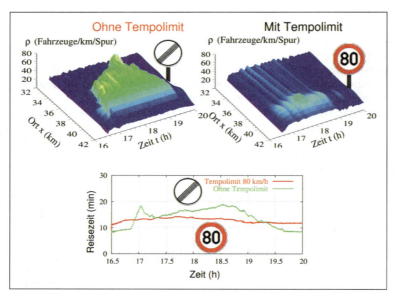

Abbildung 2: Verkehrsverflüssigungseffekte durch harmonisierte Geschwindigkeiten

4 Verkehr verstehen und beherrschen

Ein Tempolimit im dichten Verkehr von beispielsweise 80 km/h (vgl. Abb. 2) passt die Geschwindigkeiten der PKW an die der LKW an, so dass Geschwindigkeitsunterschiede innerhalb des Verkehrsstroms deutlich reduziert werden. Dadurch entfällt einerseits die Motivation für häufige Spurwechsel - die in jedem Fall eine Störung des Verkehrsflusses und damit eine mögliche Stauursache darstellt. Andererseits können die dennoch durchgeführten Spurwechsel vergleichsweise störungsarm durchgeführt werden, da die Notwendigkeit starker Beschleunigungs- oder Bremsmanöver entfällt. Dies ist vor allem bei Spurzahl-Reduktionen im Vorfeld von Baustellen relevant. Als Ergebnis können Tempolimits Staus vermeiden, es gilt also hier das Prinzip „Langsamer ist schneller"! Die Erhöhung der Reisezeiten bei geringem Verkehrsaufkommen und der deutsche Grundsatz „Freie Fahrt für freie Bürger" legt jedoch die Beschränkung auf Strecken und Zeiträume mit Gefahr von Verkehrszusammenbrüchen nahe. Dies setzt voraus, dass Tempolimits zur Verkehrsflussoptimierung nur gezielt bei hoher Verkehrsnachfrage, also verkehrsadaptiv, und vor Engstellen aktiviert werden. (Andere Gründe für Tempolimits, wie Lärmschutz, werden hier nicht diskutiert.) Während adaptive Tempolimits wegen teilweise unausgereifter Steuerungen anfangs Akzeptanzprobleme hatten, sind sie mittlerweile weit verbreitet und in Deutschland und anderen mitteleuropäischen Ländern akzeptiert.

Eine weitere, vor allem in den USA häufig angewandte Strategie zur Stauvermeidung ist die Zufluss-Steuerung an Einfahrten von Fernstraßen („ramp metering"). Diese zielt auf eine Reduktion des Zuflusses bei starker Belastung der Hauptstrecke. Akzeptanzprobleme ergaben sich aber daraus, dass es nur schwer gelang, die Interessen von Lang- und Kurzstreckenpendlern auf faire Weise auszubalancieren. So hatten stadtnah wohnende Pendler zum Teil Probleme, in die Stadt zu gelangen. Ein weiteres Problem ergab sich aus der unflexiblen, nur von der Tageszeit abhängigen Steuerung. Heutige Ansätze verfolgen eine andere Strategie. Sie koordinieren die Zuflüsse, anstatt sie zu kontrollieren. Das heißt konkret, dass Fahrzeuge dann in die Autobahn eingespeist wer-

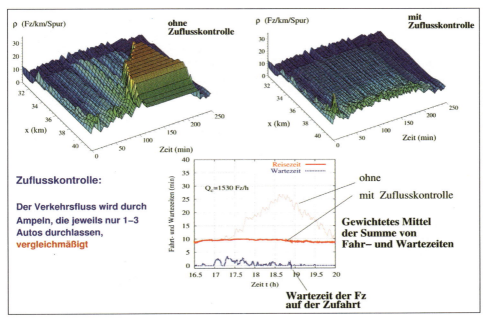

Abbildung 3: Verkehrsverflüssigungseffekte durch Zuflusssteuerung

den, wenn Sensoren einen vorübergehend abgeschwächten Verkehrsfluss diagnostizieren, während die Einfahrt während Lastspitzen verzögert wird. Dadurch wird der Verkehrsfluss auf der Hauptstrecke geglättet, was seinerseits Verkehrszusammenbrüche verhindern kann. Abb. 3 illustriert dies für den Fall eines nachsimulierten realen Verkehrszusammenbruchs gegen 7:00 Uhr auf der Autobahn A5 (Abb. 3/links oben). Durch kurzfristiges Verzögern des Einfahrens von Fahrzeugen mittels „Pförtnerampeln" lässt sich in einem Alternativszenario mit adaptiver Zuflusssteuerung der Zusammenbruch vermeiden (Abb. 3/rechts oben). In diesem Fall sind die resultierenden Fahrtzeiten unter Berücksichtigung der Wartezeiten an der Zufahrt nur unwesentlich erhöht, während sich bei einem Verkehrszusammenbruch die Fahrtzeiten mehr als verdoppeln (Abb. 3/untere Grafik).

Wie bei adaptiven Tempolimits liegt das Optimierungspotenzial in einer flexibleren, IT-gestützten Steuerung des Verkehrs und der Berücksichtigung von nutzerorientierten Zielgrößen wie der Fahrtzeit. Diese beschreibt die Verkehrsqualität und die volkswirtschaftlichen Begleiterscheinungen wesentlich sensitiver als die Straßenkapazität, die der Verkehrsplanung und dem klassischen Level-of-Service-Konzept heute zugrunde liegen.

In den vergangenen Jahren hat sich die Entwicklung zunehmend auf die Nutzung der Möglichkeiten moderner Informationstechnologien (Internet, Handy, Floating Cars usw.) konzentriert. Fortgeschrittene Fahrerinformationssysteme, wie Verkehrszustandsinformationen und -prognosen sowie individualisierte Routenwahl-empfehlungen, ermöglichen es den Straßenverkehrsteilnehmern zunehmend, ihre Routenwahl und die Startzeit ihrer Fahrt zu optimieren. Auch die Entwicklung von Mautsystemen zur Erreichung einer systemoptimalen Nutzung vorhandener Infrastruktur verdient hier Erwähnung[1].

In den kommenden Jahren werden die neu verfügbaren Möglichkeiten der IuK-Technologie im Mittelpunkt stehen. Dies wird dazu führen, dass Fahrzeuge Funktionen der bordautonomen Verkehrsdatenerhebung und der computergestützten Informationsverarbeitung sowie Kommunikationsaufgaben als Sende-, Relais- und Empfangsstationen übernehmen werden. Damit führt die Verkehrstelematik der Zukunft weg von Verkehrszentralen zu lokalen Steuerungs- und Selbstregelungs-konzepten nach dem Prinzip der „kollektiven Intelligenz". So wird derzeit an Verfahren zur selbstorganisierten (dezentralen, autonomen, adaptiven und flexiblen) Steuerung von Straßennetzen durch

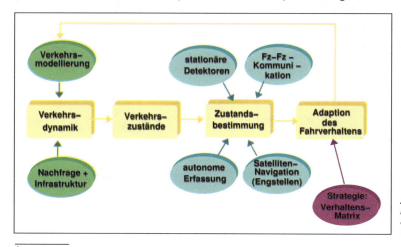

Abbildung 4: Dezentrale Selbstregelung von Verkehr

---

[1] vgl. dazu Beitrag Krank, bes. S. 129 ff.

4 Verkehr verstehen und beherrschen

Koordination zwischen benachbarten Ampeln gearbeitet, die zukünftig durch drahtlose Kommunikation miteinander in Kontakt stehen und zusätzlich mit billig verfügbar werdenden Mess-Sensoren ausgestattet sein werden.

Im Folgenden konzentrieren wir uns aber mit Blick auf den Verkehr im Jahre 2010 oder 2020 beispielhaft auf eine innovative Optimierungsmaßnahme, die auf einer Verknüpfung der Fahrzeug-, Verkehrs- und Kommunikationstechnik beruht.

Sie verbindet in innovativer Weise die Erhöhung des Fahrkomforts und der Verkehrssicherheit mit verkehrlichen Wirkungen wie der Stabilisierung des Verkehrs-flusses und der Steigerung der effektiven Kapazität von Straßen an Bottlenecks (Engpässen). Das Flussdiagramm (Abb. 4) erläutert die einzelnen Komponenten:

- Die fahrzeugseitige Komponente stellt dabei ein adaptiver Temporegler dar. Solche, auch *Adaptive Cruise Control* (ACC) genannten Fahrerassistenzsysteme übernehmen die Längsregelung, d.h. sie beschleunigen und bremsen das Fahrzeug selbstständig in Abhängigkeit vom Abstand zum Vorderfahrzeug und von der eigenen Geschwindigkeit und der des Vorderfahrzeuges. Solche Systeme werden in Oberklassefahrzeugen bereits angeboten.
- Die informationstechnische Komponente besteht in der automatischen Erfassung des aktuellen und des voraus liegenden Verkehrszustandes. Dies geschieht durch Fahrzeug-Fahrzeug-Kommunikation sowie anschließende Analyse und Fusion mehrerer Datenquellen:
  - von bordautonomen Daten, d. h. Zeitreihen der eigenen Geschwindigkeit sowie der vom ACC-Sensor bereitgestellten Information über Abstand vom und Geschwindigkeit zum Vorderfahrzeug,
  - von Informationen über die Position verkehrlich relevanter Engpässe auf der Basis von GPS- und digitalen Karten-Daten[2],
  - von Verkehrsdaten in der Nähe liegender Detektoren,
  - und schließlich von per Fahrzeug-Fahrzeug-Kommunikation empfangenen Daten von anderen, mit kompatiblen Systemen ausgestatteten „mitschwimmenden" Fahrzeugen („floating cars").

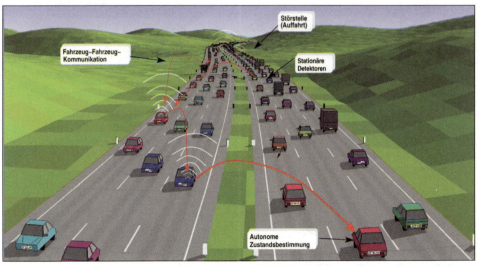

Abbildung 5: Start-Szenario für dezentrale Selbstregelung von Verkehr durch Fahrzeug-Fahrzeug-Kommunikation

---
[2] da hier fahrzeugseitige Einrichtungen gemeint sind, gilt das gleiche wie für Abb. 4

- Schließlich besteht die verkehrliche Komponente des Systems in einer automatischen und verkehrsadaptiven Anpassung des „Fahrstils", d.h. der Parameter des ACC-Systems. In einem konkreten, im Rahmen der BMBF-Initiative INVENT erstellten Machbarkeitsstudie wird dabei der ACC-Regler durch komfort- und sicherheitsrelevante Verhaltensparameter beschrieben, die in Abhängigkeit von verschiedenen diskreten Verkehrszuständen, wie „freier Verkehr", „Annähern an einen Stau", „Verlassen eines Staus" sowie „Passage einer Engstelle", angepasst werden. Eine der wichtigsten Ergebnisse der Optimierung dieser „Strategiematrix" ist die kapazitätssteigernde Wirkung von erhöhten Beschleunigungen bei der Ausfahrt aus dem Stau und beim Verlassen von Engstellen sowie eine – unter Berücksichtigung der Verkehrssicherheit – sinnvoll verkürzte Zeitlücke bei der Passage von nicht zu langen Engstellen.

Zur Kommunikation der Informationen von anderen ausgestatteten Fahrzeugen oder stationären Datenquellen wird derzeit ein auf der Wireless Local-Area Network-Technik (WLAN) basierendes Ad-Hoc-Netzwerk getestet. Zur effektiven Kommunikation auch bei sehr kurzen Reichweiten (Größenordnung < 100 m) erweist sich dabei wegen der anfänglich geringen Ausstattungsgrade die Informationsübertragung über die Gegenfahrbahn als effektive Lösung.

Dabei wird die Nachricht (vgl. Abb. 5) zunächst an ein ausgestattetes Fahrzeug auf der Gegenfahrbahn übertragen und von diesem nach einiger Zeit - wenn die Information für Fahrzeuge in der ursprünglichen Richtung verkehrlich relevant geworden ist - auf Fahrzeuge in dieser Richtung zurückübertragen. Jedes ausgestattete Fahrzeug kann

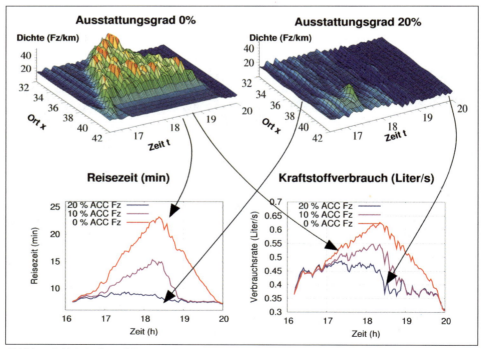

Abbildung 6: Verkehrsflusseffekte durch Fahrzeug-Fahrzeug-Kommunikation

also gleichzeitig als Sender, Sendbote und Empfänger von ereignisgesteuert generierten Nachrichten fungieren. Die daraus resultierende Informationsverarbeitung und Komplexität stellt eine Herausforderung für die Zukunft dar.

Eine integrierte Verkehrs-Simulation aller Komponenten im Zusammenspiel ergibt für dieses System bereits bei einem Ausstattungsgrad von wenigen Prozent eine funktionierende Fahrzeug-Fahrzeug-Kommunikation. Ferner zeigt sich bereits bei einem Ausstattungsgrad von 10% eine deutliche verkehrliche Wirkung, während bei 20% ein typischer heutiger Stau (helle, gelbe und rote Bereiche in der linken 3D-Grafik/Abb. 6) gänzlich vermieden werden kann (s. Abb. 6/rechte 3D-Grafik). Insbesondere wird bereits bei 10% Ausstattungsgrad die Gesamtzunahme der Reisezeit (Abb. 6/Fläche zwischen der roten und blauen bzw. zwischen der violetten und blauen Kurve/Teilgrafik links unten) mehr als halbiert, was für alle betroffenen Fahrzeuge auf dem dargestellten Streckenstück einer Gesamtersparnis von 500 Staustunden pro Tag entspricht. Ferner werden in diesem Streckenabschnitt bereits bei 10% Ausstattungsgrad in jeder Stunde bis zu 360 Liter Kraftstoff eingespart.

4.4 Diskussion und Bewertung

In diesem Beitrag wurde anhand von konkreten Beispielen das Optimierungspotenzial aufgezeigt, welches eine Integration der heute noch weitgehend getrennt gesehenen Komponenten der Fahrzeug-, Verkehrs-, Informations- und Kommunikationstechnik zu einer einheitlichen Verkehrsoptimierungsstrategie verspricht. Neben den technologischen Herausforderungen dieser Vision, deren Realisierbarkeit in Machbarkeitsstudien bereits nachgewiesen werden konnte, gibt es jedoch auch legislative und rechtliche Aspekte, die noch geklärt werden müssen. Insbesondere ist bei ACC[3]-Systemen – im Gegensatz etwa zu anderen Assistenzsystemen wie ABS oder ESP – stets der Fahrer die letzte Instanz und muss im Fehlerfall jederzeit die Kontrolle übernehmen.

Auch bei anderen Aspekten kollidiert die Verkehrsflussoptimierung mit der aktuellen Gesetzeslage. Zum Beispiel sind für Pförtnerampeln zur Zufluss-Steuerung vorschriftswidrig kurze Grünzeiten (bis zu 2 s) notwendig, um in einer Grünphase nur ein Fahrzeug passieren lassen zu können.

Ein anderer Aspekt betrifft den LKW-Verkehr, der bei der Stauentstehung aufgrund seines wachsenden Umfangs eine immer wichtigere Rolle spielt. Simulationen zeigen, dass ein LKW-Überholverbot zusammen mit einer vorgeschriebenen Mindestgeschwindigkeit ein überragendes Verbesserungspotenzial zeigt. Auch eine generelle Erhöhung des Tempolimits für LKW wirkt in der Regel kapazitätssteigernd.

Von verkehrspolitisch überragender Bedeutung ist jedoch, dass die kritische Schwelle für erhebliche Verbesserungen des Verkehrsflusses nicht besonders hoch ist. Staubedingte Reisezeitverzögerungen lassen sich mehr als halbieren, wenn nur 10 % der Fahrzeuge an einer Fahrzeug-Fahrzeug-Kommunikation teilnehmen. Und bereits bei einem Ausstattungsgrad von 20 % sind in der in Abbildung 6 gezeigten typischen Staus gänzlich vermeidbar.

---

[3] Adaptive Cruise Control

5 Das Auto als Produzent von Verkehrssicherheit und Verkehrsmanagement

Prof. Dr. Willi Diez

Institut für Automobilwirtschaft (IFA) an der Hochschule für Wirtschaft und Umwelt Nürtingen-Geislingen, Geislingen/Steige, mail@ifa-info.de

Zusammenfassung

Die Entwicklungsgeschichte des Automobils ist auch eine beeindruckende Geschichte ständig verbesserter Verkehrssicherheit. Weitere Sicherhheitsgewinne zählen unverändert zu den wichtigsten Kaufmotiven und treiben die Kfz-Industrie zu weiteren Innovationen. Potenziale dafür sind noch reichlich vorhanden, insbesondere bei der Verbesserung der aktiven, Unfällen vorbeugenden Sicherheit. Unter dem Sammelbegriff der Fahrerassistenzsysteme entstanden Lösungen, die zum Teil bereits zur Serienaustattung gehören. Weitere Fortschritte werden auf der Basis von Sensoren entwickelt, die zu einer Rundum-Sicht der Fahrer führen.

Basis dieser Aktivitäten ist eine alte Erkenntnis: Die Vorverlegung der Reaktion des Fahrers auf Gefahrenkonstellationen um bis zu einer Sekunde würde Unfalltypen, die einen großen Anteil der Unfälle ausmachen, um 40 bis 90 % reduzieren.

Diese Analyse führte über die Betrachtung des Einzelfahrzeugs hinaus zu einer systemischen Sichtweise auf den Verkehr insgesamt. Gegenüber fahrzeugautonomen Lösungen gewann in Forschung und Entwicklung die Optimierung von Abläufen durch Ansätze im fahrzeugübergreifenden Systemmanagement zunehmend an Bedeutung. Damit schlug die Geburtsstunde der Telematik und zahlreicher Projekte, in denen sich Staat und Industrie engagierten. In jüngster Zeit stehen dabei industrieübergreifende Standardisierungsanstrengungen im Vordergrund. Damit wird ein europaweiter Standard für die Fahrzeug-Fahrzeug- und Fahrzeug-Infrastruktur-Kommunikation angestrebt. Sie werden benötigt, um im Verkehr sich selbst organisierende Ad-hoc-Netze aufzubauen.

Konkrete Anwendungen richten sich auf verstetigte Verkehrsflüsse, für die Maßnahmen wie variable Geschwindigkeitsempfehlungen, dosierte Verkehrszuflüsse oder dynamische Navigationssysteme eingesetzt werden können. Neben erheblichen Investitionen in Fahrzeuge und Infrastrukturen erfordert dies im bestehenden Ordnungsrahmen die vorherige Klärung zahlreicher Fragen im Hinblick auf Standards, Haftungsrisiken, Datenschutz oder Zahlungsbereitschaften. Letztlich ist die Systemführerschaft durch einen Betreiber gefordert. Ob dies eine staatliche oder private Einrichtung ist, ist nicht zuletzt eine Frage der ordnungspolitischen Orientierung. Dazu gehört auch, dass die nicht mehr unrealistische Vision vom unfallfreien Fahren eine Bestimmung des Verhältnisses zwischen individueller Verantwortung und automatisiertem Fahren verlangt.

> *Die weitere fahrzeugtechnische Entwicklung wird durch die immer stärkere Integration des Automobils in das gesamte Verkehrssystem geprägt werden. Der Übergang vom Produkt- zum Systemdenken wird für das Automobil nicht weniger revolutionär sein, als die Entwicklung der Schreibmaschine oder des Telefons zum Kommunikationssystem.*
> *Prof. Dr. Werner Breitschwerdt[1], 1987*

5.1 Einleitung

Trotz deutlich gestiegener Fahrzeugbestände und Fahrleistungen ist die Zahl der Verkehrsunfälle in den letzten Jahren erheblich zurückgegangen. So erreichte die Zahl der bei Verkehrsunfällen Getöteten im Jahr 2003 mit 6.100 den niedrigsten Stand seit Gründung der Bundesrepublik Deutschland. Gegenüber dem Spitzenwert im Jahr 1970, in dem allein in den alten Bundesländern 17.000 Menschen bei Verkehrsunfällen auf der Straße getötet wurden, bedeutet dies einen Rückgang von über 60 Prozent. Parallel dazu ist der PKW-Bestand im gleichen Zeitraum von 13,9 auf 44,7 Mio. Fahrzeuge gestiegen und die mit PKW und Kombi erbrachten Fahrleistungen haben sich auf 577,8 Mrd. Personenkilometer fast verdreifacht (Tabelle 1). Diese Entwicklung zeigt eindrucksvoll, welche Fortschritte in der Vergangenheit im Bereich der Fahrzeugsicherheit erzielt werden konnten.

Auf der anderen Seite wird niemand der Auffassung widersprechen, dass jeder Tote im Verkehr ein Toter zuviel ist und die Zahl der Verkehrsunfälle weiter reduziert werden sollte. Neben dem menschlichen Leid, das hinter jeder Unfall mit Toten und Verletzten steht, gilt es auch, den enormen volkswirtschaftlichen Schaden zu bedenken, der durch Unfälle mit Sachschäden entsteht. So wird der ökonomische Schaden durch Verkehrsunfälle in Industrieländern mit 682 Mrd. Euro beziffert.

Die Automobilindustrie muss dem Thema Sicherheit aber auch deshalb weiterhin höchste Priorität einräumen, weil die Fahrzeugsicherheit eines der wichtigsten Kriterien

	1970	1980	1990	2000	2003	1970/2003
Verkehrsunfälle (in Tsd.) mit Personenschäden	377,6	379,2	340,0	382,9	354,5	-6,12%
dar.: Getötete	19,2	13,0	7,9	7,5	6,6	-65,63%
mit Sachschaden	166,5	462,1	260,5	133,3	124,8	-25,05%
PKW-Bestand (in Mio.)	17,9	23,2	30,7	42,8	44,7	+149,72%
PKW-Fahrleistungen (in Mrd. km)	212,9	314,3	431,5	559,5	577,8	+171,40%

*) bis 1990: nur alte Bundesländer

Tabelle 1: Entwicklung der Unfälle, Fahrzeugbestände und Fahrleistungen   (Quelle: Verkehr in Zahlen, lfd. Jg.)

---
[1] CEO von Daimler-Benz 1985-1987

für die Kaufentscheidung der Kunden ist. Über 80 Prozent der Autofahrer geben an, dass für sie „Sicherheit" ein sehr wichtiger Kaufgrund für das gewählte Modell und die gewählte Marke ist.

Der vorliegende Beitrag soll deutlich machen, welche technischen Potenziale im Bereich der Fahrzeugsicherheit, insbesondere durch moderne telematische Systeme noch erschlossen werden können. Gleichzeitig sollen aber auch die technischen, organisatorischen und ökonomischen Grenzen solcher Systeme aufgezeigt werden. Nicht zuletzt geht es im Bereich des Verkehrsmanagements aber auch um die Frage, wo im Interesse einer weiteren Erhöhung der Verkehrssicherheit die individuellen Freiheitsräume der Verkehrsteilnehmer eine Grenzen finden sollen.

5.2 Vom Produkt- zum Systemdenken

Viele Jahrzehnte war das Bemühen, die Sicherheit im Straßenverkehr zu erhöhen, sehr stark auf das Fahrzeug selbst fokussiert. Im Vordergrund stand dabei zunächst die passive Sicherheit, also das Bestreben, mögliche Unfallfolgen zu mildern. Der Fahrgastraum als Sicherheitszelle, der Drei-Punktsicherheitsgurt oder auch der Airbag markieren über einen Zeitraum von drei Jahrzehnten, von den 50er bis zu den 80er Jahren, wichtige Fortschritte in diesem Bereich. Eine kaum noch überschaubare Zahl von Detaillösungen in der Gestaltung der Fahrzeugaußenstruktur, im Fahrzeuginnenraum sowie im Hinblick auf die Insassenbergung nach einem Unfall hat dazu geführt, dass das Verletzungsrisiko und die Wahrscheinlichkeit, bei einem Unfall getötet zu werden, deutlich zurückgegangen ist.

Schon früh wurde aber auch erkannt, dass es letztlich das Ziel sein muss, Unfallschäden nicht nur zu vermindern, sondern Unfälle gänzlich zu verhindern. Dementsprechend rückte der Bereich der aktiven, das heißt der Unfall vermeidenden Sicherheit immer stärker in den Vordergrund von Forschung und Entwicklung. Das Bestreben, die aktive Sicherheit von Automobilen zu erhöhen, war jedoch lange Zeit sehr stark auf das einzelne Fahrzeug bezogen. So sollte die Sicherheit erhöht werden, indem das „Sehen und Gesehen Werden" der Fahrzeuge erhöht (Wahrnehmungssicherheit), der Sitzkomfort für den Fahrer verbessert (Konditionssicherheit) oder auch durch ergonomische Optimierungsmaßnahmen (Bediensicherheit) mögliche Unfallursachen ausgeschaltet wurden. Weiterhin konnten im Bereich der Fahrwerksauslegung, der Antriebstechnik sowie der Bremssysteme erhebliche Fortschritte erzielt werden, so dass das Unfallrisiko erheblich reduziert wurde (Tabelle 2).

Auswertungen von realen Verkehrsunfällen zeigten jedoch, dass viele Unfälle hätten vermieden werden können, wenn der Fahrer früher reagiert hätte oder wenn ihm sicherheitsrelevante Informationen zur Verfügung gestanden hätten. In einer Erhebung aus den 70er Jahren wurde beispielsweise festgestellt, dass bei einer Vorverlegung der Fahrerreaktion um lediglich 0,5 Sekunden 30 Prozent der Gegenverkehrsunfälle, 40 Prozent der Kreuzungsunfälle und 60 Prozent der Auffahrunfälle hätten vermieden werden können. Bei einer Vorverlegung der Fahrerreaktion um eine Sekunde wären es teilweise sogar 90 Prozent der Kreuzungs- und Auffahrunfälle gewesen.

Diese Erkenntnis hat nach und nach dazu geführt, das Thema Fahrzeugsicherheit sehr viel stärker im Systemzusammenhang mit den Elementen Fahrzeug, Fahrer, Umfeld und Infrastruktur zu sehen. Die Optimierung des Gesamtsystems, so wurde deutlich, versprach größere Zugewinne an Sicherheit als die Optimierung der einzelnen Elemente, wobei natürlich auf Letzteres nicht verzichtet werden sollte. So entstanden die ersten

Überlegungen, die Steigerung der Fahrzeugsicherheit in umfassende Verkehrsmanagement-Konzepte einzubinden, deren Ziel neben einer Erhöhung der Verkehrssicherheit gleichzeitig auch eine Verbesserung des Verkehrsflusses und eine Steigerung der Umweltverträglichkeit war.

Die Entstehung einer ganzheitlichen, systemischen Sichtweise für verkehrliche Abläufe und die Erkenntnis, dass eine Optimierung dieser Abläufe im Hinblick auf gesellschaftlich relevante Zielsetzungen eine zeitnahe Bereitstellung entscheidungsrelevanter Informationen erfordert, war die Geburtsstunde der Telematik. Telematik - ein Kunstwort aus der Zusammenführung der Begriffe Telekommunikation und Informatik - bezeichnet in einer weiten Fassung des Begriffs die intra- und intermodale Vernetzung der Verkehrsträger durch informations- und kommunikationstechnische Systeme. Neben der Verkehrsleittechnik gehören dazu auch die so genannten Fahrerassistenzsysteme, die den Fahrer bei der Erfüllung seiner Fahraufgabe unterstützen sollen.

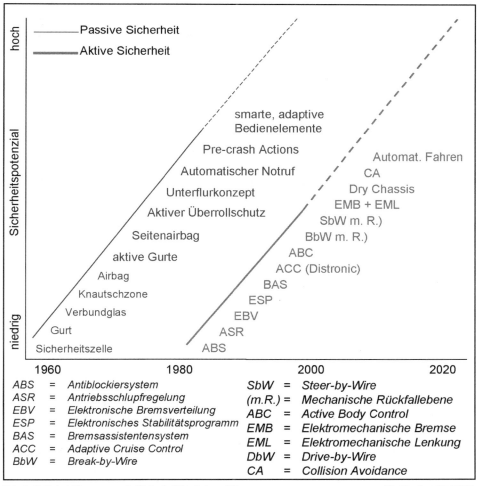

Tabelle 2: Entwicklungsszenario Sicherheit im Automobil   (Quelle: Anselm 2005)

5.3 Von der Idee zur Invention: Forschungsprojekte

Das erste große telematische Verkehrsprojekt war das Projekt Prometheus, das im Jahr 1986 ins Leben gerufen wurde. Prometheus ist eine Abkürzung für: Programme for a European Traffic with highest efficiency and unprecedented safety. Es wurde im Rahmen des Eureka-Programms von 18 Automobilherstellern sowie Unternehmen aus der Automobilzuliefer- und Elektronikindustrie ins Leben gerufen. Wie bereits der Name andeutet, spielten dabei Fragen der Verkehrssicherheit eine große Rolle.
Das Prometheus-Projekt war der Ausgangspunkt und die Basis für zahlreiche weitere Forschungsprojekte, in denen Teilgebiete weiter vertieft (z.B. MoTiV, FleetNet, CarTalk 2000, Softnet) oder in denen versucht wurde, auf regionaler Basis Systemlösungen zu finden, zum Beispiel in dem Programm Stuttgart Transport Organisation by Regional Management (STORM).

Im April 2005 wurde die vom Bundesministerium für Bildung und Forschung (BMBF) geförderte Forschungsinitiative INVENT (Intelligenter Verkehr und nutzergerechte Technik) nach vierjähriger Forschungs- und Entwicklungsarbeit abgeschlossen. Auch im Mittelpunkt dieses Projektes standen Lösungen für einen noch sichereren und flüssigeren Straßenverkehr. An dem Projekt waren 24 Projektpartner aus der Automobil-, Zulliefer-, Elektronik-, Telekommunikations- und IT-Industrie sowie Logistikdienstleister, Softwarehäuser und verschiedene Forschungsinstitute beteiligt. In acht Teilprojekten zu den drei Forschungsbereichen Fahrerassistenz und Aktive Sicherheit sowie Verkehrsmanagement und Logistik wurden zahlreiche technische Neuerungen erarbeitet (Tabelle 3).

- Kreuzungsassistenten, die querenden Verkehr an Rechts-vor-Links-Kreuzungen oder Gegenverkehr beim Linksabbiegen, aber auch Stoppschilder automatisch erkennen und den Fahrer entsprechend warnen
- Querführungsassistenten, die den Fahrer beim Halten der Fahrspur und beim Spurwechsel unterstützen und bei Gefahr warnen
- Stauassistenten, die den Autofahrer bei der Stop-and-Go-Fahrt im stockenden Verkehr entlasten
- Techniken zum aktiven Fußgängerschutz – bei einer drohenden Kollision hebt sich z. B. automatisch die Motorhaube, um Verletzungen zu minimieren
- Lösungen zur Blickerfassung des Fahrers und verbesserten Mensch-Maschine-Schnittstellen
- Fahrzeugsysteme, mit denen Verkehrszustände im Fahrzeug erfasst und über Funk an nachfolgende Fahrzeuge und Zentralen übermittelt werden und den Fahrer beim verkehrsoptimalen Fahren unterstützen
- Fahrsimulator, mit dem Wirkung und Akzeptanz von Funktionen zur Fahrerinformation und Fahrerunterstützung untersucht werden
- Systeme zur Simulation und Animation, die moderne verkehrsadaptive Assistenzsysteme im Verkehr erlebbar darstellen
- Verkehrsmanagementzentralen, welche ihre Verkaufsinformationen aus den verschiedenen Datenquellen (z. B. stationäre Erfassungseinrichtungen) mittels Modellen und Prognose erzeugen, wobei auch Interessen der öffentlichen Hand und deren Leitstrategien berücksichtigt werden
- Navigationssysteme, die die aktuellen Verkehrsdaten mit in die Routenberechnung einbeziehen
- Dynamische Logistikprozesse dank intelligenter Planungssysteme
- Optimierte Lieferdienste, welche die individuellen Zustellungswünsche und die gesteigerte Mobilität ihrer Kunden berücksichtigen (z. B. Lieferung direkt in den Kofferraum des Kunden)

Tabelle 3: Verkehrliche Innovationen aus dem Projekt INVENT (Quelle: Invent 2005)

Ein weiteres zukunftsträchtiges Projekt ist die im Jahr 2003 gestartete Forschungsinitiative Car-2-Car. Sie wurde von einem Konsortium gestartet, in dem mehrere europäische Automobilhersteller zusammenarbeiten. Ziel dieses Projektes ist es, einen europaweiten Standard für die Fahrzeug-Fahrzeug- und Fahrzeug-Infrastruktur-Kommunikation zu schaffen und die Vergabe einer für sicherheitsrelevante Funktionen reservierten Funkfrequenz zu erwirken. Damit würde die Grundlage geschaffen, dass dem Fahrer Informationen übermittelt werden können, die über das unmittelbare Fahrzeugumfeld hinausgehen und ihm helfen, sich rechtzeitig auf schwierige oder gefährliche Verkehrssituationen einzustellen.

Der kursorische Überblick über einige Forschungsprojekte auf dem Gebiet der Verkehrstelematik macht die hohe Priorität deutlich, mit der die Automobilhersteller in diesem Bereich seit nunmehr 20 Jahren aktiv sind. Es stellt sich daher die Frage, welche Entwicklungen im Bereich der Fahrzeugsicherheit durch diese Projekte sichtbar geworden sind und welche Perspektiven sich für einen Verkehr mit einer „unprecedent safety", wie es im Namen des Projekts „Prometheus" hieß, auftun.

5.4 Die Vision vom unfallfreien Verkehr

Um die Zahl und Schwere der Verkehrsunfälle in Zukunft weiter zu reduzieren, ist es notwendig, das Zusammenspiel von Fahrzeug, Fahrer, Umfeld und Infrastruktur zu optimieren. Dies erfordert einen ganzheitlichen, aktive und passive Sicherheitsmaßnahmen umfassenden Ansatz. Tabelle 4 zeigt ein solches Konzept im Überblick.

Obwohl die weitere Erhöhung der passiven Sicherheit notwendig und möglich ist, werden sich die künftigen Anstrengungen noch stärker darauf konzentrieren, Unfälle so weit wie möglich zu vermeiden. Dazu gibt es zahlreiche technische wie auch organisatorische Möglichkeiten.

5.4.1 Einsatz der Verkehrsleittechnik

Ein erster Schritt zur Unfallvermeidung ist die Sicherstellung eines gleichmäßigen und flüssigen Verkehrs auf dem Straßennetz, da damit potenzielle Unfallrisiken minimiert

Aktive Sicherheit				Passive Sicherheit	
Normale Fahrzeugbewegung	Kritische Fahrsituationen	Pre-Crash		In-Crash	Post-Crash
Beispiele: • Verkehrsnachrichten • Parkleitsysteme • Navigation • Abstandswarner • Blind Spot Detection	Beispiele: • Night Vision • Lane Departure Warning • Notruf • ESP • Bremsassistent • ABS	Beispiele: • PRE-SAFE	Unfall	Beispiele: • Gurtstraffer • Innenraumoptimierung • Sicherheitszelle • Airbag	Beispiele: • automatischer Warnruf an nachfolgende Fahrzeuge
Verkehrsleittechnik → Fahrzeugassistenzsysteme				Aktive Schutzsysteme → Pro-aktive Schutzsystme	

Tabelle 4: Ganzheitliches Sicherheitskonzept für Automobile *(eigene Darstellung)*

werden. Die Verstetigung verkehrlicher Abläufe dient dabei nicht nur der Erhöhung der Verkehrssicherheit, sondern auch der Steigerung der Effizienz und gleichzeitig der Reduzierung der Umweltbelastungen, da unnötiger Energieverbrauch und unnötige Emissionen vermieden werden. Es ist daher nicht überraschend, dass bereits im Prometheus-Programm die Harmonisierung des Verkehrsflusses einer der Projektschwerpunkte war.

Erreicht werden kann eine Verstetigung durch den Einsatz telematischer Systeme, beispielsweise durch flexible, vom Verkehrsaufkommen abhängige Geschwindigkeitsbegrenzungen oder auch durch eine Dosierung des Fahrzeugzuflusses auf temporär stark belastete Straßenabschnitte[2]. Dadurch können „Staus aus dem Nichts", die bei Überschreiten einer kritischen Verkehrsdichte durch Ungleichmäßigkeiten des Verkehrsablaufes entstehen, verhindert werden. Eine Dosierung des Verkehrszuflusses kann über Lichtsignalanlagen an den Zufahrten erfolgen, die in Abhängigkeit von der jeweiligen Verkehrssituation dynamisch gesteuert werden.

Neben dieser Form der kollektiven Verkehrsbeeinflussung tragen auch Systeme der individuellen Verkehrsleittechnik wie dynamische Navigationssysteme potenziell zur Stauvermeidung bei. Allerdings besteht hier die Gefahr, dass der Stau auf eine nachgeordnete Straße verlagert wird (z.B. von einer Autobahn auf eine Bundesstraße). Daher müssen auch nachgeordnete Straßen zwingend in das System der Verkehrsbeobachtung mit einbezogen werden.

Ein wesentlicher Fortschritt in der Verkehrsleittechnik wäre dann erreicht, wenn der Aufbau von Ad hoc-Netzen gelänge. Mit einem Ad hoc-Netz ist eine sich selbst organisierende Form der Kommunikation gemeint, bei der Daten direkt zwischen Fahrzeugen in einem lokalen Gebiet ohne eine vorab installierte Infrastruktur ausgetauscht werden. Dies würde zu einer deutlichen Verbesserung der Verkehrssicherheit beitragen, weil dann sicherheitsrelevante Daten (z.B. über ein in einer unübersichtlichen Kurve liegen gebliebenes Fahrzeug) schnell, zuverlässig und direkt an jene Fahrzeuge übertragen werden könnten, die unmittelbar von dieser Gefährdung betroffen sind, während andere, nicht betroffene Fahrer nicht unnötig abgelenkt werden.

Der Aufbau solcher Ad hoc-Netze, der Gegenstand des bereits erwähnten Forschungsprojektes Car-2-Car ist, stellt jedoch sehr hohe Anforderungen an die Datensicherheit, Standardisierung und insbesondere an das Vorhandensein entsprechender Frequenzen. Im Gegensatz zu den USA ist in Europa ein für die Fahrzeug-Fahrzeug-Kommunikation reserviertes Frequenzband noch in Vorbereitung.

5.4.2 Fahrerassistenzsysteme

In den letzten Jahren haben Fahrerassistenzsysteme erheblich an Bedeutung gewonnen, ohne dass deren Potenzial bereits vollständig ausgeschöpft wäre. Darunter können alle Technologien zusammengefasst werden, die dem Fahrer helfen, seine Fahraufgabe unfallfrei zu erfüllen. Eines der ersten Assistenzsysteme war das Anti-Blockier-System (ABS), das bereits im Jahr 1979 Einzug in ein Serienfahrzeug gefunden hat. Es vereinigt die für Assistenzsysteme typischen Merkmale, nämlich die ständige Verfügbarkeit einerseits und den lediglich situativen und selbstgesteuerten Einsatz andererseits. Das ABS war und ist insofern ein „intelligentes" System, als es fahrkritische Zustände „erkennt" und dann wirksam wird.

Mittlerweile ist eine Vielzahl solcher Systeme in den Bau von Serienautomobilen einge-

---

[2] s. auch Beitrag Treiber, Kesting, Helbing, bes. S. 85 f.

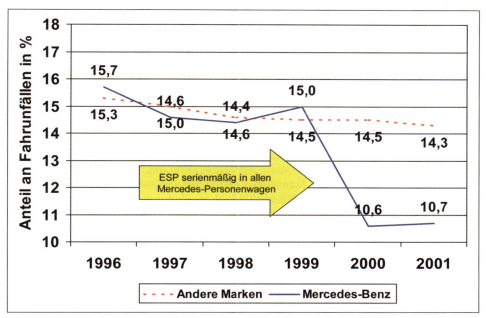

Tabelle 5: Reduktion der Fahrunfälle mit ESP an Mercedes-Benz-Fahrzeugen (Quelle: DaimlerChrysler)

flossen. Beispielhaft sei hier das Electronic Stability Programme ESP genannt, mit dem das Unter- oder Übersteuern eines Fahrzeugs verhindert und damit dessen Fahrstabilität und Kontrollierbarkeit deutlich erhöht wird. Tabelle 5 zeigt den beträchtlichen Effekt des serienmäßigen Einbaus von ESP auf die Fahrsicherheit, nämlich eine Reduzierung des Anteils einer Fahrzeugmarke an allen Unfällen um nahezu ein Drittel.
Ein weiteres System, das bereits bei vielen Serienfahrzeugen zum Einsatz kommt, ist der so genannte Bremsassistent. Er verstärkt automatisch die Bremskraft, wenn erkennbar ist, dass der Fahrer in einer kritischen Fahrsituation das Bremspedal nicht mit ausreichendem Druck betätigt.
Im Hinblick auf die zukünftige Entwicklung werden im Bereich der Fahrerassistenzsysteme Sensoren eine erhebliche Bedeutung bekommen. Ein erster Ansatz dazu sind die automatischen Abstandswarner, die heute schon in vielen Serienfahrzeugen eingebaut werden. Abhängig von der Fahrgeschwindigkeit wird hier der Fahrer gewarnt, wenn er beispielsweise auf ein vorausfahrendes Fahrzeug zu dicht auffährt.
Die Entwicklung geht in Richtung einer „Rundum-Sensorik" für das komplette Fahrzeug. Dazu zählen:
- Blind Spot Detection: Damit wird der Fahrer über Objekte, die sich im so genannten Toten Winkel („Blind Spot") befinden, informiert. Die Rundumsicht des Fahrers wird damit gewissermaßen „virtuell" erweitert.
- Lane Departure Warning: Diese Systeme warnen vor einem unbeabsichtigten Wechsel der Fahrspur. Außerdem wird auf Objekte hingewiesen, die bei einem Spurwechsel zu einer Verkehrsgefährdung führen könnten. Immerhin 30 Prozent der tödlich verlaufenden Verkehrsunfälle sind auf gefährliche Spurwechsel zurückzuführen.
- Night Vision: Das Ziel dieser Systeme ist eine Verbesserung der Nachtsicht. So kann

durch den Einsatz von Lasern erreicht werden, dass ein Fahrer bei Gegenverkehr auch in der Nacht ein Objekt, zum Beispiel einen die Fahrbahn querenden Passanten, erkennt und rechtzeitig ausweichen kann.

Insgesamt führt der verstärkte Einsatz von Sensoren dazu, dass sich die Wahrnehmung des Fahrers verbessert und die Verarbeitung von Informationen erleichtert wird. Ziel der weiteren Entwicklung in diesem Bereich ist es, die Reichweite der Sensoren, die bislang auf den Nahbereich des Fahrzeuges beschränkt ist, zu erweitern.

5.4.3 Vom assistierten zum automatischen Fahren?

Mit dem weiter oben erwähnten Aufbau von Ad hoc-Kommunikationsnetzen zwischen den Fahrzeugen bzw. zwischen Fahrzeugen und Infrastruktureinrichtungen, z.B. Baken, sowie der Weiterentwicklung der Sensorik rückt die Vision des unfallfreien Fahrens in den Bereich des Möglichen. Durch die Vernetzung der Fahrzeuge mit Sender- und Empfängereinrichtungen bzw. den Einsatz von Sensoren mit mittlerer Reichweite kann die natürliche Sicht des Fahrers elektronisch erweitert werden. Beispielsweise können zwei Fahrzeuge beim Heranfahren an eine Kreuzung miteinander Kontakt aufnehmen. Der Fahrer des Fahrzeuges auf der nicht vorfahrtsberechtigten Straße erhält die Information, dass sich ein anderes Fahrzeug ebenfalls auf den Kreuzungsbereich zu bewegt und könnte - optisch oder akustisch - gewarnt werden. In einer weitergehenden Form wäre vorstellbar, dieses Warnsystem mit dem Bremssystem zu koppeln, so dass bei einer akuten Unfallgefahr eine Zwangsbremsung der Fahrzeuge durchgeführt werden könnte.

Ein noch weitergehender Schritt wäre die Kopplung von Sensoren und Bordrechnern mit den gesamten Bedienungselementen eines Fahrzeuges. Durch eine automatische Verarbeitung der von den Sensoren gelieferten Informationen könnte der Fahrer das Fahren mehr und mehr an die Elektronik delegieren. Ein solcher „Auto-Pilot"-ähnlich wie in Flugzeugen – würde die Steuerung des Fahrzeuges in kritischen und technisch nicht mehr beherrschbaren Situationen übernehmen. Letztlich könnte damit menschliches, nicht vorsätzliches Fehlverhalten als Unfallursache weitestgehend eliminiert werden. Eher nur noch technische Defekte könnten dann zu Unfällen führen.

Theoretisch wäre damit der Übergang vom assistierten zum automatischen Fahren vollziehbar. So blendend der logische Schluss sein mag, das Auto würde wie im schienengebundenen Verkehr der individuellen Steuerung durch den Fahrer weitgehend entzogen, so falsch ist er. Wie der folgende Abschnitt zeigt, lässt sich der individuelle Charakter des motorisierten Individualverkehrs durch solche Innovationen nicht grundlegend verändern.

5.5 Barrieren der Umsetzung: Grenzen des Systemmanagements

Die Umsetzung der aufgezeigten technischen und organisatorischen Möglichkeiten stößt teilweise auf erhebliche Barrieren, die hier - allerdings nur kursorisch - angesprochen werden sollen:

- Der Einsatz zahlreicher Technologien erfordert die Einführung verbindlicher und einheitlicher Standards für eine friktionsfreie Kommunikation. Nur so lassen sich Schnittstellen zwischen verschiedenen technischen Systemen überwinden. Noch fehlen aber vielfach diese einheitlichen Standards.

- Der Einsatz der aufgezeigten Technologien wird zu einem weiteren Anstieg der Fahrzeugelektronik im Fahrzeug führen. Wie die Vergangenheit gezeigt hat, ist dazu die Entwicklung einheitlicher elektronischer Architekturen in den Fahrzeugen notwendig, da andernfalls mit Funktionsstörungen gerechnet werden muss. Solche elektronischen Architekturen können jedoch erst nach und nach mit der Entwicklung völlig neuer Fahrzeuggenerationen aufgebaut werden, wobei auch hier eine gewisse Normung allein aus Kostengründen unverzichtbar erscheint.
- Die Wirksamkeit einiger technischer Systeme ist davon abhängig, dass eine große Zahl von Fahrzeugen damit ausgestattet ist[3]. Das dürfte beispielsweise für den Aufbau von Ad hoc-Netzen zwischen Fahrzeugen gelten. Da solche Netzeffektgüter nur bei einer gewissen Marktdurchdringung einen optimalen Nutzen bringen, muss geprüft werden, ob eine möglichst rasche Diffusion bereits durch entsprechende Serienausstattungen im oberen Pkw-Marktsegment erreicht werden kann.
- Insbesondere dort, wo technische Systeme in den Fahrbetrieb eingreifen, stellen sich schwierige haftungsrechtliche Probleme. Dabei geht es ganz allgemein um die Frage, wo die Produzentenhaftung aufhört und die Haftung des Fahrzeuglenkers beginnt. Bislang liegen dazu weder gesetzliche Regelungen vor, noch hat sich eine einheitliche Rechtsprechung entwickelt.
- Bei einer Reihe von Systemen der Verkehrsleittechnik kommt es zu einem intensiven Datenaustausch. Hier gilt es zu regeln, wie ein wirksamer Datenschutz rechtlich und organisatorisch gestaltet werden kann.
- Eine weitere offene Frage ist die nach der Preisakzeptanz der Konsumenten. In der Vergangenheit wurde deutlich, dass diese für die Nutzung telematischer Systeme nicht so ausgeprägt ist wie dies erwartet wurde. Dementsprechend ist die Ausbreitung telematischer Systeme deutlich hinter den Prognosen zurückgeblieben. Eine ganze Reihe von Herstellern hat daher zwischenzeitlich verschiedene telematische Dienste - z.B. Verkehrsinformationsportale und gebührenpflichtige Stauinformationen auf Handy-Abruf - wieder eingestellt.
- Last not least erfordern einige der genannten Systeme Investitionen in die informationstechnische Infrastruktur. Angesichts der anhaltend schwierigen Situation der öffentlichen Haushalte müssen hier neue, wahrscheinlich gebührenabhängige Finanzierungsmodelle entwickelt werden.

Die aufgezeigten Barrieren zur Umsetzung eines ganzheitlichen Konzepts zur Steigerung der Sicherheit im Straßenverkehr sind typisch für Systeminnovationen. Überwunden werden können sie nur, wenn ein Systemführer eine Steuerungsfunktion übernimmt. Ob dies die Politik oder die Wirtschaft sein wird, ist nicht zuletzt auch eine Frage der ordnungspolitischen Orientierung in der Verkehrspolitik.

5.6 Fazit und Ausblick

Überblickt man die aufgezeigten technischen Entwicklungstendenzen, so wird deutlich: Ein unfallfreier Verkehr mit dem Automobil ist keine Fiktion, sondern erscheint im Rahmen eines ganzheitlichen Systemmanagements möglich. In der Konsequenz würde dies allerdings bedeuten, dass der Fahrer seiner Fahraufgabe und damit auch seiner individuellen Verantwortlichkeit weitgehend enthoben würde, denn letztlich kann nur im

---

[3] zur Konkretisierung s. Treiber, Kesting, Helbing, S. 85

Rahmen eines automatischen Fahrens ein Höchstmaß an Sicherheit gewährleistet werden. Der Übergang zum automatischen Fahren in gefährlichen Ausnahmesituationen bedeutet keine Absage an das bisherige Paradigma in der Fahrzeugentwicklung, das auf dem Gedanken der „Assistenz" aufbaut, der dem Fahrer letztlich die individuelle Verantwortlichkeit belässt, weil aus heutiger Sicht keine Technologie erkennbar ist, die sämtliche Umfeldbedingungen erfassen kann. Sollte es dennoch möglich oder beabsichtigt sein, den Abschied von diesem Paradigma selbstverantwortlicher Mobilität einzuleiten, würde natürlich auch die Frage aufgeworfen, wie attraktiv das Automobil als Verkehrsmittel überhaupt noch wäre, wenn man dem Fahrer die Entscheidungsfreiheit über seinen persönlichen Fahrstil nehmen würde.

So geht es in der Diskussion um die Zukunft individueller Mobilität letztlich auch um die grundsätzliche Frage nach dem Verhältnis zwischen individueller Freiheit und der eigenen oder der Sicherheit Dritter. Das Automobil ist für seine Nutzer noch immer der Inbegriff von Unabhängigkeit und Selbstverantwortung. Im Zeichen der technologischen Perspektiven für einen unfallfreien Verkehr ist es Aufgabe des politischen und gesellschaftlichen Diskurses, einen Konsens darüber herzustellen, welchen Stellenwert wir der individuellen Entscheidungsfreiheit des Autofahrers künftig geben wollen und welchen Preis in Gestalt individueller und kollektiver Risiken wir dafür zu zahlen bereit sind.

Ausgewählte Literaturhinweise

Breitling, Th.: Unfallverminderungspotentiale von Systemen der Aktiven Sicherheit, in: Technischer Kongreß 2005, Frankfurt/M. 2005, S. 267-279

Diekmann, A: Die Entwicklung des Automobils - ist ein Systemmanagement mit Individualverkehr vereinbar?, in: Zeitschrift für Verkehrswissenschaft Nr.4/1986, S. 225-235

Dicke, B.: Telematik im Verkehr - Chancen für den Produktionsstandort Deutschland, in: Müller, G. und Hohlweg, G. (Hrsg.): Telematik im Straßenverkehr, Berlin-Heidelberg 1995, S. 3-21

Diez, W.: Automobilmarketing - Erfolgreiche Strategien, praxisorientierte Konzepte, effektive Instrument, Landsberg a. Lech 2002

Diez, W.: Das Automobil als Verkehrsträger, in: Diez, W. und Brachat, H. (Hrsg.): Grundlagen der Automobilwirtschaft, Ottobrunn b. München 2001, S. 24-42

Goetz, J.: Erhöhung der Straßenverkehrssicherheit durch Umfeldsensorik, in: Verband der Automobilindustrie (Hrsg.): Technischer Kongreß 2005, Frankfurt/M. 2005, S. 209-228

Paulus, I.: Fahrzeug-Fahrzeug und Fahrzeug-Infrastruktur Kommunikation in Europa, in: Technischer Kongreß 2005, Frankfurt/M. 2005, S. 243-255

Wissenschaftlicher Beirat beim Bundesminister für Verkehr, Bau- und Wohnungswesen: Möglichkeiten und Grenzen des Einsatzes von Telematik im Verkehr, in: Internationales Verkehrswesen Nr.12/2003, S. 599-607

6 Vergleichende Sicherheitsbewertung der verschiedenen Verkehrsträger

Prof. Dr.-Ing. Ullrich Martin und Dipl.-Kfm. techn. Bernd Arm
Institut für Eisenbahn- und Verkehrswesen der Universität Stuttgart,
post@ievvwi.uni-stuttgart.de

Zusammenfassung

Es gibt eine Reihe von Gutachten zum Vergleich der Sicherheit von Verkehrsträgern und Verkehrsmitteln. Dementsprechend hoch ist auch die Anzahl unterschiedlicher Übersichten und Schlussfolgerungen. Der vorliegende Beitrag konzentriert sich daher nicht auf die bloße Gegenüberstellung von Zahlen sondern hinterfragt zuerst die Erhebung der Daten und deren Zuordnungen auf die einzelnen Verkehrsträger. Die Wahl einer geeigneten Bezugsgröße wird ebenfalls thematisiert und erst danach die Entwicklung der Sicherheit im Straßen-, Schienen- und Luftverkehr, mit den vorliegenden Daten von 1960 bis 2000, ansatzweise analysiert. Aus den gewonnenen Erkenntnissen werden Ansätze zu einer globalen Definition von Sicherheitszielen für die Verkehrssystemgestaltung abgeleitet.

Dabei ist festzustellen, dass die doppelte Erhebung und Darstellung von Unfällen an Schnittstellen mehrerer Verkehrsträger das Ergebnis des Vergleichs beeinflussen können. Eine Trennung der Daten nach Verursachern oder Betroffenen erfolgt oftmals ebenso wenig wie eine Aufteilung nach Personen- und Güterverkehr. Letzteres würde, auch in Bezug auf die entsprechende Verkehrsleistung, zu einer wesentlich objektiveren Beurteilung des durch die Verkehrsträger entstehenden volkswirtschaftlichen Schadens und deren Gefährdung des Umfelds beitragen. Eine weitere Erhöhung der Aussagekraft von Statistiken kann durch die Wahl der Betriebsleistung als Bezugsgröße erreicht werden, da hiermit die tatsächlichen Fahrzeugbewegungen als Auslöser von Gefährdungen abgebildet werden.

Wird die Entwicklung der Verkehrssicherheit betrachtet, so lässt sich bei den Getöteten bezogen auf die Verkehrsleistung in den letzten Jahrzehnten für *alle* Verkehrsträger ein eindeutiger Trend ableiten: *Die Senkung der Verkehrstoten pro eine Milliarde Personenkilometer um fünf Prozent pro Jahr!* Diese These kann noch nicht als abschließende Gesetzmäßigkeit definiert werden; sie sollte jedoch als Mindestziel von den Entscheidungsträgern in der Politik und in den Unternehmen des Verkehrsbereiches bei der weiteren Entwicklung der Verkehrssicherheit angestrebt werden.

6.1 Einleitung

„Welches ist das sicherste Verkehrsmittel?" Auf diese einfache Frage gibt es viele Antworten, abhängig von den betreffenden Personen oder Interessenvertretern, aber auch abhängig von der angewandten Methodik. Eine Suchmaschine im Internet findet beispielsweise unter den ersten vier Treffern gleich drei verschiedene Antworten:
- „Bahn ist sicherstes Verkehrsmittel"[1]

---

[1] Allianz pro Schiene e. V., Mit Sicherheit Bahn - Warum man mit der Eisenbahn am sichersten fährt, Berlin 2005

- „Bus seit Jahren sicherstes Verkehrsmittel"[2]
- „Aufzüge - Deutschlands sicherstes Verkehrsmittel"[3]

Bei der weiteren Suche kommen noch Seilbahnen und die Wuppertaler Schwebebahn hinzu. Alle können sich auf, zumeist staatliche, Statistiken berufen und anhand von aufbereiteten Zahlen und Diagrammen das Ergebnis belegen. Ein genauerer Blick auf die Auswertungen verdeutlicht die Differenzen: Zum einen variieren die in die Statistiken einbezogenen Zahlenwerte (z. B. Getötete im Bahnbetrieb/getötete Bahnreisende), zum anderen unterscheiden sich die Bezugsgrößen (z. B. Getötete pro Jahr/Getötete pro Personenkilometer).

Im Folgenden soll auf die derzeitige Situation bei der Erhebung und Zusammenstellung des Datenmaterials sowie deren Zuordnung auf die Verkehrsträger kurz eingegangen werden. Darüber hinaus werden die Wahl der Bezugsgröße näher betrachtet und Empfehlungen für eine objektivere Vergleichbarkeit der Verkehrsträger untereinander gegeben. Abschließend werden die Entwicklung der Verkehrssicherheit der einzelnen Verkehrsträger gegenübergestellt und Ansätze zur globalen Definition von Sicherheitszielen für die künftige Verkehrssystemgestaltung abgeleitet.

6.2 Erhebung und Zusammenstellung des Datenmaterials

Die Unfalldaten der Verkehrsträger werden derzeit von verschiedenen Stellen erhoben:
- Die Unfälle auf den Straßen werden von der Polizei erfasst. Durch die Bundesanstalt für Straßenwesen werden zudem spezielle Unfallstatistiken für Bundesstraßen und Autobahnen aufbereitet und archiviert.[4]
- In der so genannten „Statistik der Betriebsunfälle und gefährlichen Unregelmäßigkeiten" werden die Ereignisse bei der Deutschen Bahn detailliert gesammelt. Zusätzlich führt das Eisenbahn-Bundesamt eine Statistik der gefährlichen Ereignisse.[5]
- Für die Untersuchung und Erhebung von Flugunfällen ist die Bundesstelle für Flugunfalluntersuchung zuständig.[6]

Die gesammelten Daten werden unabhängig voneinander erhoben und entsprechen den teilweise stark voneinander abweichenden Erhebungskriterien der jeweiligen Verkehrsträger. Daraus ergeben sich erste Schwierigkeiten bezüglich der Vergleichbarkeit der Zahlen. Bei der Anzahl von Unfällen mit Personenschaden am Bahnübergang fällt beispielsweise auf, dass die Erhebungen der Polizei nicht mit denen der Eisenbahn übereinstimmen. Des Weiteren wird im Luftverkehr auch ein Unfall eines deutschen Flugzeuges im Ausland berücksichtigt, während im Landverkehr die Unfälle innerhalb von Deutschland genau abgegrenzt werden.

Auch bei der Veröffentlichung gibt es Unterschiede. Die Polizei und die Bundesanstalt für Straßenwesen veröffentlichen zumindest jährlich Unfallberichte. Die Bundesstelle für Flugunfalluntersuchung gibt zum Jahresbericht zusätzlich monatlich ein Bulletin mit den gemeldeten Ereignissen sowie abgeschlossenen Untersuchungsberichten heraus.

---
[2] Bundesverband Deutscher Omnibusunternehmer e. V., Unfallstatistik - Verkehrsmittel im Vergleich, www.bdo-online.de (15.07.05)
[3] MieterMagazin, Aufzüge - „Deutschlands sicherstes Verkehrsmittel", November 2001
[4] Bundesanstalt für Straßenwesen, www.bast.de (15.07.05)
[5] Eisenbahn-Bundesamt, Unfalluntersuchung durch das Eisenbahn-Bundesamt, www.eisenbahn-bundesamt.de/zentrale/uu/uu.htm (15.07.05)
[6] Bundesstelle für Flugunfalluntersuchung, www.bfu-web.de (15.07.05)

Dagegen werden die Eisenbahnstatistiken und Unfallberichte, mit wenigen Ausnahmen, nicht veröffentlicht. Über die eigenen Darstellungen hinaus werden die jeweiligen Daten dem Statistischen Bundesamt bereitgestellt und von diesem monatlich in verschiedenen Reihen der Fachserie 8 (Verkehr) [SBA-05] sowie in den Statistischen Jahrbüchern veröffentlicht. Die Aufstellungen sind fast ausschließlich verkehrsträgerbezogen, lediglich in einer Übersicht des Jahrbuchs werden die Verkehrsunfälle, die Getöteten und die Verletzten (teilweise ohne Unterteilung in Schwer- und Leichtverletzte), nach Verkehrszweigen unterschieden, aufgeführt. Eine Betrachtung in Bezug auf die Verkehrsleistung erfolgt nicht.

Eine Trennung nach Güter- und Personenverkehr ist momentan nicht vorhanden, wäre aber für eine Beurteilung des durch die verschiedenen Verkehrsträger entstehenden volkswirtschaftlichen Schadens sowie der Gefährdung des Umfelds sehr wichtig. Daraus könnten auch Priorisierungen bestimmter Verkehrsträger bei der Verteilung von Investitionen abgeleitet werden.

6.3 Zuordnung der Unfälle auf die Verkehrsträger

Die Frage nach der Anlastung eines Unfalles auf einen Verkehrsträger ist vor allem im Eisenbahnverkehr umstritten. Die offiziellen Statistiken beziehen zunächst alle Unfälle ein, die sich im Zusammenhang mit dem Bahnverkehr ereignet haben. Für die Jahre 2000 bis 2003 ergibt sich, differenziert nach Unfallarten, daher folgendes Bild:

Jahr	2000	2001	2002	2003
Entgleisungen von Eisenbahnfahrzeugen	10	0	0	0
Zusammenstöße von Eisenbahnfahrzeugen	0	1	1	9
Aufpralle auf Gegenstände	2	3	4	3
Zusammenpralle mit Wegebenutzern	84	80	80	50
Persönliche Unfälle (Personen- einschl. Rottenunfälle)	146	122	115	109
Sonstige Unfälle	5	1	4	2
Getötete Gesamt	247	207	204	173

Tabelle 1: Anzahl Getöteter im Eisenbahnverkehr nach Unfallarten   (SBA-03)

Auffällig ist hierbei die geringe Zahl bei Eisenbahnunfällen im engeren Sinn, also Entgleisungen, Zusammenstöße oder Aufpralle auf Gegenstände. Demgegenüber steht eine hohe Zahl Getöteter durch Unfälle an Bahnübergängen oder Personenunfälle, die zumeist von Bahnfremden verursacht wurden, welche sich unerlaubt im Gleisbereich aufgehalten haben. Selbsttötungen sind in dieser Statistik bereits ausgeklammert.

Die folgende Abbildung 1 veranschaulicht den hohen Anteil getöteter Bahnfremder im Vergleich zu den Reisenden und Bahnbediensteten.

Im Jahr 2003 waren beispielsweise von den 173 getöteten Personen lediglich 16 Bahnbedienstete und 23 Bahnreisende. An Bahnübergängen ist das Bild noch wesentlich eindeutiger: Alle 50 Getöteten sind bahnfremd. Als Verursacher wird in 97 Prozent der Fälle[7] der Fahrzeuglenker ermittelt.

---

[7] ADAC u. a., „sicher drüber" - Jeder Unfall am Bahnübergang ist einer zu viel, Pressemitteilung des ADAC Sachsen-Anhalt vom 30.03.2004

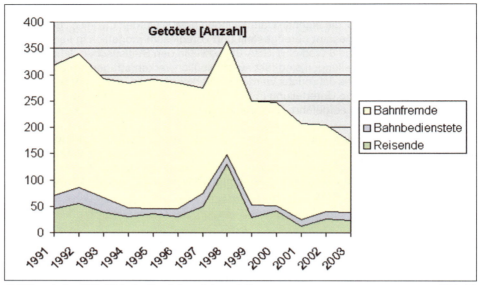

Abbildung 1: Anzahl Getöteter im Eisenbahnverkehr nach Personengruppen (SBA-03)

Bei einer genaueren Betrachtung der Unfallstatistiken an Bahnübergängen stellt man außerdem fest, dass die Daten doppelt erhoben werden und sowohl bei der Eisenbahn als auch im Straßenverkehr ausgewiesen sind. Während der Anteil der Verunglückten an Bahnübergängen im Straßenverkehr verschwindend gering ist (etwa 1 %), erreicht er im Bahnverkehr aufgrund der Seltenheit anderer Unfallursachen 30 bis 40 % (vgl. Tabelle 1).

Eine doppelte Einbeziehung in die Statistiken sollte aus Gründen der Vergleichbarkeit zukünftig vermieden werden. Zielführend wäre eine verursacherbezogene Anlastung, ergänzt durch eine Übersicht mit Gesamtdarstellung der Zusammenpralle mit Wegebenutzern. Die vom Statistischen Bundesamt ab 2005 geplante stärkere Hervorhebung der betroffenen Reisenden in den Veröffentlichungen ist daher zu begrüßen.

Betrachtet man die eingangs erwähnten Fundstellen im Internet zur Sicherheit eines Verkehrsmittels, so lassen sich weitere Unterschiede in der Zurechnung feststellen. Der Bundesverband Deutscher Omnibusunternehmer stellt auf seiner Internetseite[8] die Anzahl im Personenverkehr getöteter Insassen (einschließlich Bediensteter) dar. Für 2003 sind dies laut Statistischem Bundesamt im Busverkehr 17 Personen, im Eisenbahnverkehr die oben aufgeschlüsselten 39 Personen (16 Bedienstete und 23 Reisende). Der Verband kommt somit zu dem Schluss, dass der Bus das sicherste Verkehrmittel sei.

Die Allianz pro Schiene verwendet in Ihrer Veröffentlichung „Mit Sicherheit Bahn - Warum man mit der Eisenbahn am sichersten fährt"[9] dasselbe Bezugsjahr. Aufgeführt sind hier ebenfalls die 17 verunglückten Businsassen. Da jedoch nur Reisende in die Betrachtung eingehen, wären bei der Bahn 23 Personen anzusetzen, jedoch werden hier lediglich 13 Reisende aufgeführt. Laut Quellenangabe stammt diese Zahl aus den Statistiken der Deutschen Bahn AG und berücksichtigt scheinbar andere Bahnen oder bestimmte Unfälle (vgl. Kap. 2 Datenerhebung) nicht.

[8] [BDO-05]
[9] Allianz pro Schiene e. V., Mit Sicherheit Bahn - Warum man mit der Eisenbahn am sichersten fährt, Berlin 2005

Auch wenn die Deutsche Bahn AG den überwiegenden Anteil des Schienenverkehrs bewältigt, sollte bei verkehrsträgerübergreifenden Vergleichen keine Unterscheidung nach Unternehmen gewählt werden.

6.4 Wahl der Bezugsgröße

Wie im letzten Abschnitt bereits angedeutet, ist der Vergleich der absoluten Größe „Anzahl der getöteten Personen im Jahr" auch von der Größe des betrachteten Netzes und dem darauf stattfindenden Verkehr abhängig. Je kleiner das Netz ist, desto weniger Unfälle ereignen sich tendenziell. Das erklärt auch die Deklaration der Wuppertaler Schwebebahn oder einzelner Standseilbahnen in Deutschland als sicherstes Verkehrsmittel. Doch welche Bezugsgröße sollte für die Zahl der Verletzten oder Getöteten bei den Verkehrsträgern gewählt werden, damit ein Vergleich untereinander möglich ist?

6.4.1 Absolute Zahl
Um die Anzahl der Verunglückten im Verkehrsbereich einer Volkswirtschaft abzubilden, ist die Wahl der absoluten Größe bezogen auf das Jahr durchaus sinnvoll. Damit können beispielsweise Vergleiche zu anderen Wirtschaftszweigen gezogen werden.

6.4.2 Einwohnerzahl
In Deutschland ergibt sich durch die Wiedervereinigung ein Sprung in den Statistiken mit absoluten Zahlen von 1990 (früheres Bundesgebiet) zu 1991 (Deutschland). Eine Möglichkeit, solche Schwankungen auszugleichen und auch Vergleiche zwischen unterschiedlichen Staaten zumindest eingeschränkt zuzulassen, bietet die Bezugsgröße Einwohnerzahl des Landes. Bei kleineren Ländern ist hierbei jedoch der möglicherweise große Anteil von Transitverkehr zu beachten.
Für einen deutschlandweiten Vergleich der Verkehrsträger untereinander ist die Wahl dieser Größen jedoch nicht geeignet, da der Nenner im Quotienten Getötete/Einwohner für alle Verkehrsträger (unabhängig von deren Verbreitung und Leistung) gleich wäre.

6.4.3 Bezugsgröße Betriebsleistung vs. Verkehrsleistung
Zur Abbildung der unterschiedlichen Größen der Verkehrsträger ist ein Bezug zur Betriebs- oder Verkehrsleistung sinnvoll, um aussagekräftige und vergleichbare Werte zu erhalten.
Die Betriebsleistung wird eher unternehmensintern herangezogen und bezieht sich auf die angebotenen Platz- oder Wagenkilometer. Sie wäre als Bezugsgröße sehr gut geeignet, weil damit die tatsächlichen Bewegungen, also auch die Leerfahrten, abgebildet werden. Durch den betriebsinternen Gebrauch wird sie jedoch nicht immer veröffentlicht und für die offiziellen Statistiken nicht erhoben.
Da das Gefährdungspotenzial für das Umfeld im Verkehr maßgebend von den bewegten Einheiten ausgeht, bietet sich die Betriebsleistung (erfasst als Fahrzeugkilometer im Straßenverkehr, Zugkilometer im Eisenbahnverkehr usw.) auch als Bezugsgröße für die Bewertung der Gefährdung des Umfelds an. Vorteilhaft wäre in diesem Fall die mittelbare Berücksichtigung von Verkehrsbereichen, die ausschließlich oder überwiegend dem Güterverkehr zuzuordnen sind, sowie von Leerfahrten.
In den offiziellen Statistiken finden sich dagegen überwiegend Angaben zur Verkehrsleistung, welche durch die Multiplikation des Gewichts der transportierten Güter oder

der Personenzahl mit der zurückgelegten Entfernung ermittelt werden (Tonnenkilometer oder Personenkilometer).

Hier zeigt sich nochmals die bereits angesprochene Schwierigkeit der Datenerhebung. Bei einer getrennten Erhebung nach Güter- und Personenverkehr könnten die Werte auf die entsprechende Verkehrsleistung bezogen werden, wobei eine Zuordnung (in Abhängigkeit vom Verursacher oder Betroffenen) noch genauer zu untersuchen wäre. Bislang werden in den Statistiken also auch Unfälle im Güterverkehr auf die Verkehrsleistung im Personenverkehr umgelegt.

Im Luftverkehr ergibt sich ein weiteres Hindernis für Vergleiche. Die Unfallstatistiken erheben auch die Unfälle deutscher Maschinen im Ausland, die Verkehrsleistung beschränkt sich dagegen auf die über Deutschland geflogenen Personenkilometer bei einem Start an ausgewählten Flugplätzen. Hinzu kommt die Tatsache, dass im Luftverkehr gerade bei Starts und Landungen eine signifikant höhere Gefährdung vorliegt, welche mit der Verkehrsleistung nicht abgebildet werden kann. Somit steigt die Gefährdung proportional mit dem Anteil der Kurzstreckenflüge.

Abgesehen von den aufgeführten Einschränkungen ist die Verkehrsleistung aus pragmatischer Sicht derzeit als Bezugsgröße am besten geeignet, um einen Systemvergleich durchzuführen. Bezogen auf den Verkehrsträger bildet diese Kennzahl die Häufigkeit eines Schadenseintritts in Abhängigkeit vom Zweck des Verkehrs ab. Zur Ableitung von Sicherheitszielen aus dem Vergleich der Verkehrsträger ist die Kennzahl Getötete/Verkehrsleistung somit grundsätzlich verwendbar.

6.4.4 Bezugsgröße Zeit im System

Es ist einleuchtend, dass jemand, der kein Flugzeug besteigt, auch nicht als Flugpassagier verunglücken kann. Entsprechend gilt, dass jemand, der vier Stunden Auto fährt, bei ansonsten identischen Bedingungen grundsätzlich einer höheren Gefahr ausgesetzt ist, als jemand, der nur zwei Stunden lang fährt. Wichtig ist also die Zeit, welche man im System bzw. in dessen Nähe verbringt (Aussetzungsdauer).

Mit diesem Zeitbezug wird die Wahrscheinlichkeit ausgedrückt, bei Benutzung bzw. Aufenthalt in der Nähe eines bestimmten Verkehrsmittels zu Schaden zu kommen. Die Wahrscheinlichkeit, während einer bestimmten Aussetzungsdauer zu Schaden zu kommen, ist verkehrsträgerbezogen unterschiedlich. Eine dreistündige Autofahrt ist gefährlicher als eine dreistündige Bahnfahrt. Ein solcher Ansatz wird vor allem für die anteilige Bewertung von einzelnen Wahrscheinlichkeiten im Rahmen der Gesamtwahrscheinlichkeit, zu Tode zu kommen, verwendet.

Bei der eigenen Einschätzung der Sicherheit eines Verkehrsträgers spielen neben den objektiven Daten auch unterschiedliche subjektive Empfindungen eine Rolle, welche durch den Grad der Fremdbeeinflussung (Pkw-Fahrer - Fluggast), eigene Erfahrungen (Unfall in der Verwandtschaft) und zumindest kurzfristig die Mediendarstellung (Sondersendung zum Zugunglück - Randbemerkung im Lokalteil der Zeitung zu einem Autounfall) beeinflusst werden. Eine vertiefte Darstellung würde an dieser Stelle über den vorgegebenen Rahmen hinausgehen und wäre eine eigene Ausarbeitung wert.

6.5 Entwicklung der Verkehrssicherheit der Verkehrsträger im Vergleich

Nachdem in den letzten Kapiteln die grundsätzliche Problematik eines Vergleichs zwischen den Verkehrsträgern umrissen wurde, soll an dieser Stelle der Fokus auf die konkreten Zahlen gerichtet werden. Anhand von verschiedenen Diagrammen wird die

Entwicklung der Verkehrssicherheit im Vergleich zwischen Straßen-, Schienen- und Luftverkehr in den vergangenen 40 Jahren (1960 - 2000) veranschaulicht.

Hinsichtlich der Daten ergeben sich folgende Anmerkungen:

Die Werte beziehen sich bis 1990 auf das frühere Bundesgebiet, danach auf das wiedervereinte Deutschland. Sie sind den Statistischen Jahrbüchern des Statistischen Bundesamtes sowie den Veröffentlichungen „Verkehr in Zahlen" des Bundesministeriums für Verkehr, Bau- und Wohnungswesen entnommen. Die kritischen Anmerkungen zur Datenerhebung im Kapitel 6.2 gelten also auch für diese Werte.

Da bis zum Jahr 1980 keine Unterscheidung nach Bahnreisenden erfolgte, sind die Werte durchgängig auf alle Bahnunfälle bezogen und beinhalten somit auch die Unfälle Bahnfremder, einschließlich der Doppelnennungen an Bahnübergängen. Bei ausschließlicher Betrachtung der Reisenden im Bahnverkehr sowie der Linien- und Charterreisenden im Flugverkehr würden diese Werte wesentlich geringer ausfallen.

Zudem ist die unterschiedliche Skalierung für Straßenverkehr einerseits sowie Eisenbahn- und Luftverkehr andererseits zu beachten!

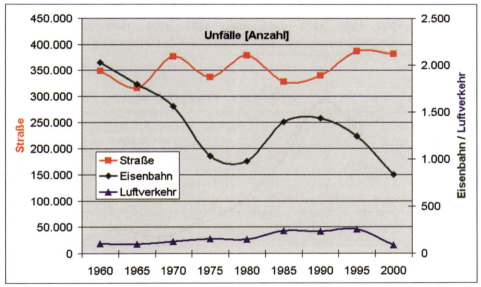

Abbildung 2: Anzahl der Unfälle mit Personenschaden nach Verkehrsträgern (SBA-04)

Abbildung 2 verdeutlicht die Schwankungen bei der Anzahl der Unfälle mit Personenschaden. Ein einheitlicher Trend ist nicht festzustellen. Im Straßenverkehr ist die absolute Anzahl etwa 400mal höher als im Eisenbahnverkehr, gegenüber dem Flugverkehr sogar 4000mal.

In den Abbildungen 3 bis 5 wird für die Anzahl der Getöteten die Bezugsgröße variiert, um die Auswirkungen auf den Kurvenverlauf zu verdeutlichen.

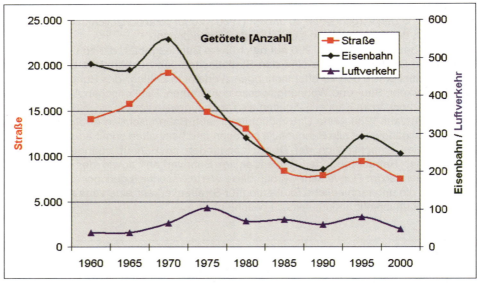

Abbildung 3: Anzahl der Getöteten nach Verkehrsträgern   (SBA-04)

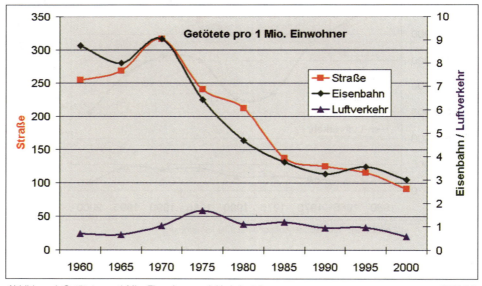

Abbildung 4: Getötete pro 1 Mio. Einwohner nach Verkehrsträgern   (SBA.04)

In Abbildung 5 mit der Verkehrsleistung Personenverkehr als Bezugsgröße lässt sich spätestens ab 1980 ein eindeutiger Trend für alle Verkehrsträger feststellen. Die Anzahl Verunglückter pro einer Milliarde Personenkilometer sinkt kontinuierlich. Die absolute Abnahme pro Jahr verläuft jedoch nicht linear, sondern wird mit den Jahren geringer. Die genauere Analyse der Zahlen zeigt, dass eine fünfprozentige Abnahme pro Jahr für alle Verkehrsträger in etwa mit dem tatsächlichen Kurvenverlauf übereinstimmt. Die Kurvenverläufe werden in den Abbildungen 6 bis 8 gegenübergestellt.

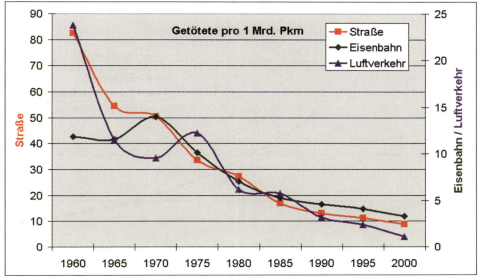

Abbildung 5: Getötete pro 1 Mrd. Personenkilometer nach Verkehrsträgern (SBA-04, VIZ-04)

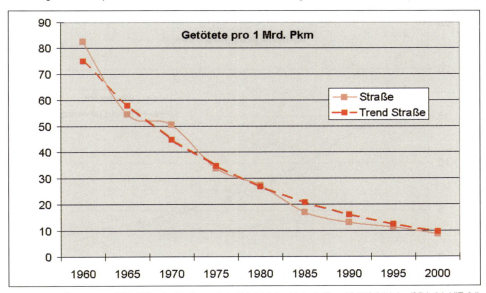

Abbildung 6: Getötete pro 1 Mrd. Pkm im Straßenverkehr, Tatsächlicher Verlauf - Trend (- 5 % / Jahr) (SBA-04, VIZ-04)

6.6 Ableitung von Sicherheitszielen für die Verkehrssystemgestaltung

Ziel der Verkehrssystemgestaltung muss es auch weiterhin sein, positiv auf die Entwicklung der Verkehrssicherheit einzuwirken. Somit ist es unerlässlich, die Anzahl der Verkehrstoten, bezogen auf die Verkehrsleistung, zu verringern. Bislang hat man sich bei der Festlegung objektiv messbarer Zahlen als Zielgröße im politischen und unternehmensinternen Handeln schwer getan. Mit dem aus dem bisherigen Verlauf

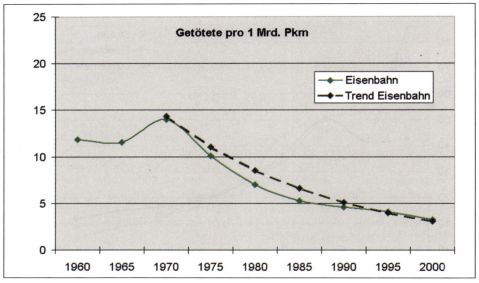

Abbildung 7: Getötete pro 1 Mrd. Pkm im Eisenbahnverkehr, Tatsächlicher Verlauf - Trend (- 5 % / Jahr) (SBA-04,VIZ-04)

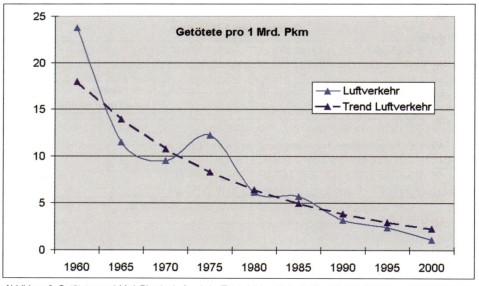

Abbildung 8: Getötete pro 1 Mrd. Pkm im Luftverkehr, Tatsächlicher Verlauf - Trend (- 5 % / Jahr) (SBA-04,VIZ-04)

abgeleiteten Trend konnte ein realistischer Wert ermittelt werden: *Die Senkung der Verkehrstoten pro eine Milliarde Personenkilometer um fünf Prozent pro Jahr für jeden Verkehrsträger!*
Dieser Wert ist bislang schon erreicht worden und sollte auch zukünftig von den Verantwortlichen im Verkehrsbereich angestrebt werden. Mit diesem Ansatz wird auch berücksichtigt, dass es immer schwieriger wird, die Anzahl der Getöteten zu senken, je

kleiner deren absoluter Wert wird. Dies darf jedoch nicht als Ausrede genutzt werden, nur ein bestimmtes Niveau halten zu wollen.

Klar ist aber auch, dass es nie eine absolute Sicherheit im Verkehrswesen geben wird, und dass einzelne Ereignisse die Statistik eines Jahres stark beeinflussen können (vgl. Eschede 1998 in Abbildung 1). Solche Unglücke sollten als Ausreißer gewertet werden, so dass der Blick auf den allgemeinen Trend nicht verloren geht. Trotz des Bezuges auf ein Jahr, wäre, wie in den Abbildungen dargestellt, ein Trendnachweis im Fünfjahreszeitraum oder gar im Zehnjahreszeitraum denkbar.

Mit einem längerfristigen Ziel wird auch die Unabhängigkeit von der Betrachtung der Daten erhöht. Eine Senkung um fünf Prozent kann sowohl auf die Gesamtzahl der Getöteten, als auch lediglich auf die Reisenden bezogen werden.

Da das Ziel für alle Verkehrsträger gleich ist, wird sich bei einer reinen Zielerfüllung das Verhältnis zwischen den Verkehrsträgern nicht stark verändern. Der Straßenverkehr wird weiterhin in Abhängigkeit von der Verkehrsleistung die meisten Unfälle, Verletzten und Verkehrstoten aufweisen. Ein wesentlich höheres Sicherheitsniveau bieten dagegen der Eisenbahn- und Luftverkehr, wobei hier zu einem eindeutigen Vergleich jedoch einheitliche Erfassungsgrößen anzustreben sind.

Die These der Senkung der Verkehrstoten um jährlich fünf Prozent ist zweifellos noch nicht als abschließende Gesetzmäßigkeit zu definieren, bietet aber auf objektiver Grundlage die Möglichkeit für weitere Untersuchungen. Durch die Umsetzung der Empfehlungen kann darüber hinaus die Aussagekraft der Statistiken sowie der Vergleiche zwischen den Verkehrsträgern verbessert werden.

Literatur

ADA-04: ADADAC u. a., „sicher drüber" – Jeder Unfall am Bahnübergang ist einer zu viel, Pressemitteilung des ADAC Sachsen-Anhalt vom 30.03.2004

APS-05: Allianz pro Schiene e. V., Mit Sicherheit Bahn – Warum man mit der Eisenbahn am sichersten fährt, Berlin 2005

BAS-05: Bundesanstalt für Straßenwesen, www.bast.de (15.07.05)

BFU-05: Bundesstelle für Flugunfalluntersuchung, www.bfu-web.de (15.07.05)

BDO-05: Bundesverband Deutscher Omnibusunternehmer e. V., Unfallstatistik – Verkehrsmittel im Vergleich, www.bdo-online.de (15.07.05)

EBA-05: Eisenbahn-Bundesamt, Unfalluntersuchung durch das Eisenbahn-Bundesamt, www.eisenbahnbundesamt.de/zentrale/uu/uu.htm (15.07.05)

MIM-01: MieterMagazin, Aufzüge – „Deutschlands sicherstes Verkehrsmittel", November 2001

SBA-03: Statistisches Bundesamt, Fachserie 7, Reihe 8, 2003, Wiesbaden 2004

SBA-04: Statistisches Bundesamt, Statistisches Jahrbuch 2004, Wiesbaden 2004 (Für Daten vor 1990: frühere Ausgaben des Statistischen Jahrbuchs)

SBA-05: Statistisches Bundesamt, Veröffentlichungsprogramm und Fachserien, www.destatis.de/shop (15.07.05)

VIZ-04: Bundesministerium für Verkehr, Bau- und Wohnungswesen sowie Deutsches Institut für Wirtschaftsforschung Berlin, Verkehr in Zahlen 2004/2005, Berlin 2004 (Für Daten vor 1970: Verkehr in Zahlen 2002/2003, Berlin 2002)

7 Die Managementlogik von effizienten Transportprozessen

Dr.-Ing. Jürgen Beyer
PTV Planung Transport Verkehr AG, Karlsruhe, juergen.beyer@ptv.de

Zusammenfassung

Das Problem des weiteren Anstiegs im Verkehrsaufkommen kann nur gelöst werden, wenn der Einsatz moderner Technologien einem übergeordneten Konzept unterworfen wird; einem Konzept, aus dem auch Anforderungen an Technologien und Infrastruktur aus verkehrstechnischer Sicht entwickelt und formuliert werden. Dabei wird sich die Logik der heute noch unterschiedlich abgewickelten Verkehrsprozesse bei den verschiedenen Verkehrsträgern einander annähern. Die Organisation des Verkehrsablaufs der Zukunft erfolgt soweit wie möglich durch die beteiligten Verkehrsteilnehmer vor Ort, basiert aber auf einer übergeordneten Planung. Eine geeignete Interaktion zwischen lokalem und übergeordnetem Management wird an Bedeutung gewinnen und von zentraler Bedeutung für zukünftige Konzepte sein.

Abläufe im Verkehr und Transport sind von ihrer Natur her stochastische Prozesse, d.h. nur bis zu einem bestimmten Grad im Detail beschreib- und damit vorhersehbar. Verkehrsströme können über stochastische Modelle formuliert und geeignet beschrieben werden. Die Anerkennung dieser Erkenntnis hat unmittelbare Auswirkungen auf die Planungs-, Konstruktions- und Betriebsverfahren. Über die Einführung von Erkenntnissen und Methoden der modernen Regelungstechnik in die Verkehrswissenschaft gelingt es aber, einzelne Fahrten, wie auch das Management von Verkehrsströmen, robuster, zuverlässiger und damit effizienter zu gestalten.

Aus diesem Prozessverständnis und einer regelungstechnischen Sichtweise heraus erfolgt die Ableitung eines Verkehrsmanagementkonzepts für Luft-, Eisenbahn- und Straßenverkehr. Die drei Grundfunktionen sind der durchgängige Planungsprozess, die Regelung und Stabilisierung des Betriebsablaufs sowie eine dynamische Verkehrslenkung. Moderne Managementsysteme setzen alle auf gleichen Funktionalitäten auf. Die dabei benötigten Technologien sind bereits verfügbar oder zumindest sehr weit entwickelt. Sie bilden die Grundlage für die Kernkomponenten eines solchen Systems. Die notwendige Diskussion dieser Technologien aus verkehrstechnischer Sicht erfolgt für Navigationssysteme, Verkehrsaktuatorik, Telekommunikation, Datenbanken sowie die Mensch/Maschine-Schnittstelle.

Der Stand der Entwicklung bzw. Anwendung derartiger Systeme bei den verschiedenen Verkehrsträgern ist unterschiedlich, wobei grundsätzliche Überlegungen sowie initiierte Projekte hierzu durchaus viele Gemeinsamkeiten aufweisen. Obwohl Verkehrsmanagementsysteme einen großen Nutzen bzgl. der optimalen Ausnutzung vorhandener Infrastruktur und Fahrzeugflotten, eine damit einher gehende Kostenreduktion, die Verbesserung der Wettbewerbschancen sowie insgesamt eine Steigerung der Qualität des Verkehrsablaufs ermöglichen, sind die Potenziale bei keinem der Verkehrsträger zurzeit voll ausgeschöpft. Auch Potenziale zur Steigerung der Verkehrsquantität, gepaart mit einer Reduzierung der Umweltbelastungen, wie Lärm, Emissionen usw., liegen brach und legen den bestehenden Handlungsbedarf offen.

7.1 Einleitung

These 1: Das Problem des weiteren Anstiegs im Verkehrsaufkommen kann nur gelöst werden, wenn der Einsatz moderner Technologien einem übergeordneten Konzept unterworfen wird; einem Konzept, aus dem auch Anforderungen an Technologien und Infrastruktur aus verkehrstechnischer Sicht entwickelt und formuliert werden.

Im Zusammenhang mit dem steigenden Verkehrsaufkommen wird es nicht genügen, neueste Technologie mit mehr Rechenleistung zusammenzubringen, um des Verkehrsproblems Herr zu werden. Allenfalls Detailprobleme lassen sich derart lösen. Beispielsweise ist für ein Verkehrsunternehmen heute die Frage, welche Daten durch ein Telekommunikationssystem übertragen werden sollen, weit wichtiger als die nach der neusten Technologie. Gleiches gilt im Verkehrsumfeld auch bezüglich des Mehrwerts beim Einsatz des europäischen Satellitensystems GALILEO. Ohne eine übergeordnete Konzeption, mit deren Hilfe die Vorteile neuer Technologien nutzbar bzw. noch fehlende Funktionalitäten überhaupt erst definierbar werden, greifen alle Programme und Projekte diesbezüglich zu kurz.

Aus der Ideenwelt von Platon: Holz und eine Säge erzeugen erst dann einen Tisch, wenn zuvor auch die Idee zu einem Tisch existiert, als eine Vorstellung, wofür der Tisch später einmal gut sein soll.

In diesem Zusammenhang empfiehlt sich auch, den Begriff Telematik, der sich aus den Teilbereichen Telekommunikation und Informatik zusammensetzt, entsprechend zu erweitern. Dabei erscheint es zunächst allerdings auch notwendig zu sein, Verkehr und Transport als ein Gesamtsystem zu verstehen. Aus dieser Sichtweise heraus erfolgt eine Konzeption, die technisch realisierbar sowie volks- und/oder betriebswirtschaftlich tragfähig sein muss.

These 2: Die Logik der heute noch unterschiedlich abgewickelten Verkehrsprozesse bei den verschiedenen Verkehrsträgern wird sich einander annähern.

Die heute geplanten Verkehre, wie im Luftverkehr und bei der Eisenbahn, werden zukünftig flexibler, kurzfristiger und zunehmend „individualisiert" abgewickelt, während der momentan eher individuell durchgeführte Straßenverkehr durch Planungen und entsprechende Eingriffsmöglichkeiten in den zukünftigen Verkehrsablauf zunehmend organisiert sein wird.
Die Organisation des Verkehrsablaufs der Zukunft wird soweit wie möglich vor Ort durch die beteiligten Verkehrsteilnehmer selbst sowie durch eine übergeordnete Planung mit genügend – etwa durch Verkehrsleitzentralen bereitgestellten – Handlungsspielraum für die Maßnahmen vor Ort erfolgen. Die geeignete Interaktion zwischen lokalem und übergeordnetem Management wird an Bedeutung gewinnen und von zentraler Bedeutung für tragfähige Konzepte sein. Die Ausprägung der Interaktion kann und muss in Abhängigkeit vom eingeschlagenen Migrationspfad für die verschiedenen Verkehrsträger zunächst unterschiedlich definiert werden, sollte sich aber dem Weiterentwicklungspotenzial in keinem Fall verschließen.
Hierbei gilt es, Doppelentwicklungen zu vermeiden und gemeinsame Funktionalitäten zu entdecken bzw. zu definieren. Wenn dies gelingt, lassen sich Entwicklungskapazitäten bündeln und Entwicklungskosten auf höhere Stückzahlen umlegen, was letztlich

preiswertere Produkte mit sich bringt. Forschungs- und entwicklungspolitisches Ziel muss es daher sein, das Verständnis für die Prozesse der unterschiedlichen Verkehrsträger unter den Verkehrsanbietern zu fördern und die Arbeiten, die in diese Richtung abzielen, zu intensivieren.

7.2 Verkehr und Transportproduktion - Prozessverständnis

These 3: Abläufe im Verkehr und Transport sind von ihrer Natur her stochastische Prozesse, d.h. nur bis zu einem bestimmten Grad im Detail beschreib- und damit vorhersehbar. Verkehrsströme können über stochastische Modelle formuliert und geeignet beschrieben werden.

Der Verkehrsablauf ist ein stochastischer Prozess. Alltäglich auftretende Störungen lassen sich weder vermeiden noch exakt modellieren. Jede Fahrt und jeder Transport folgt zwar zunächst einem mehr oder minder genauen determinierten Plan, wird aber durch individuell vom Fahrer erzeugte Abweichungen von diesem Plan sowie durch unvermeidbare äußere Einflüsse, bspw. hervorgerufen durch andere Verkehrsteilnehmer, Wetterauswirkungen oder durch kurzfristige Restriktionen der Verkehrsinfrastruktur, unvorhersehbar variiert.
Bei diesen Einflüssen kann zwischen größeren Störungen, ausgelöst bspw. durch Unfälle oder Baumaßnahmen und dem normalen verkehrsbetrieblichen Rauschen unterschieden werden. Störungen und Betriebsrauschen müssen dabei unterschiedlich behandelt werden.
Zum normalen betrieblichen Rauschen lassen sich individuelles Fahrverhalten oder auch die Modellierungsungenauigkeiten bei der Planung zählen, wodurch der Plan einer Fahrt bzw. eines Transports natürlicherweise von dem später in der Realität erzielten Zustand abweicht. Es handelt sich bei der Entstehung zunächst um kleinere Variationen, die sich allerdings ohne sofortige Gegenmaßnahmen schnell zu größeren Störungen aufkumulieren können. Als Beispiel sei in diesem Zusammenhang die Verspätungsübertragung im Schienenverkehr genannt.
Um den Verkehrsfluss geeignet und genügend genau zu beschreiben, müssen wahrscheinlichkeitstheoretische Methoden bereits bei der Planung eingesetzt werden; Methoden, die über den Erwartungswert, der idealerweise dem vorgefassten Plan entspricht und die zu erwartende Variationsbreite die Aufenthaltswahrscheinlichkeit eines Fahrzeugs genügend genau über der Zeit beschreiben. Ziel muss es sein, durch geeignete Maßnahmen in Planung und Betrieb diese Wahrscheinlichkeiten möglichst groß zu machen.
Dies bedeutet allerdings auch, dass alle Planungs- und Konstruktionsmodelle, die geeignete Vorgaben für den Verkehrsbetrieb machen sollen, in ihren Vorhersagen immer mit einer gewissen Unschärfe behaftet sind. Die getroffene Aussage gilt um so mehr, je weiter in die Zukunft der Zeithorizont bei der Planung gesteckt ist. Je näher also die Planung bzw. die Konstruktion im Bezug auf die Betriebsdurchführung erfolgt, desto geringer ist die dabei zusätzlich zu berücksichtigende Unschärfe; die Aussagen werden also wahrscheinlicher.
Moderne Verfahren bieten dann neben der längerfristigen Infrastruktur-, Ressourcen-, Wartungs- und Instandhaltungsplanung auch die Möglichkeit einer ausreichend hochfrequent rollierenden Überarbeitung der betrieblichen Planungen, wie sie bspw. bei der Reaktion auf größere Störungen notwendig wird.
Die Stochastik bezieht sich auf technische wie auch auf ökonomische Aspekte.

Beispielsweise finden Ergebnisse von Marktpotenzialuntersuchungen bei der langfristigen Angebotsplanung und in der Infrastrukturaus- bzw. -neubauplanung sinnvollerweise nur in einem statistischen Rahmen Verwendung. Aber auch zukünftig vermehrt zu erwartende zeit- und ortsflexible Verkehrswegeanfragen bzw. Bestellungen von Transportunternehmen aufgrund sich ändernder Endkundenanforderungen müssen in den modernen Planungs- und Konstruktionsverfahren möglich sein und sind daher in geeigneter Weise, d.h. entsprechend ihrer geforderten Schärfe abzubilden. Diese Anforderungen können sich auf bis kurz vor der Durchführung der Fahrt noch offene exakte Abfahrts-, Ankunfts- oder Transportzeiten beziehen, die dementsprechend variabel eingeplant werden müssen. Hierzu ist die Abbildung technischer wie ökonomischer Aspekte in den Modellen moderner Verkehrsplanungs-, Konstruktions- und Umsetzungsverfahren im Betrieb notwendig.

7.3 Regelungstechnische Sichtweise

These 4: Die Einführung von Erkenntnissen und Methoden der Regelungstechnik in die Verkehrswissenschaft erlaubt es, einzelne Fahrten wie auch das Management von Verkehrsströmen robuster, zuverlässiger und damit effizienter zu gestalten.

Die Regelungstechnik befasst sich mit der gezielten Beeinflussung von Prozessen. Hierbei muss der Grundsatz gelten: Regelung statt Steuerung. Ein geregeltes System ist einem gesteuerten System prinzipiell überlegen. Zur Kennzeichnung der Regelungstechnik sei in diesem Zusammenhang auf eine Beschreibung von Prof. Föllinger, Universität Karlsruhe verwiesen[1]:

> "*Die Regelung ermöglicht es, ein nur teilweise bekanntes System gezielt zu beeinflussen. Sie gleicht gewissermaßen unsere Unkenntnis des Systems aus. Ist ein System vollständig bekannt, so kann man es steuern, andernfalls - und das trifft bei der Mehrzahl der Fälle zu - muß man es regeln. Unabhängig von der physikalischen Natur ihrer Bauelemente ist eine Regelung stets durch die gleiche abstrakte Struktur charakterisiert - eine Rückführungsstruktur, auf der die Wirkungsweise der Regelung beruht.*"

Die durchgängige Darstellung des gesamten Verkehrsprozesses erfolgt unter einer stochastischen Interpretation. Sie findet unter Berücksichtigung der dominanten Verkopplungen zwischen den einzelnen Teilprozessen, also von den Marktanforderungen über die Planung und Konstruktion bis hin zur Verkehrs- bzw. Transportdurchführung und u.U. Abrechnung statt.
Die Beschreibung der Prozesszustände basiert auf Wahrscheinlichkeitsfunktionen (also Verteilung, Mittelwert, Streuung, Korrelation). Prozessrückkopplungen und Regelkreise werden eingeführt, um die Einhaltung von Vorgaben und die Robustheit des stochastischen angeregten Prozessablaufs sicherzustellen. Hierbei finden typischerweise unterlagerte Regelkreise (Kaskadierung) bei komplexen Prozessen unter Vorgabe dynamischer Sollwerte Verwendung. In einem Verkehrs- bzw. Transportprozess sind dies der ökonomische, planerische und der betriebliche Regelkreis.

---
[1] Otto Föllinger, Regelungstechnik, Fünfte Auflage, Dr. Alfred Hüthig Verlag, Heidelberg 1985. S. 37

Eine wirkungsvolle Steuerung im Verkehrswesen setzt immer eine exakte Modellierung des Betriebsgeschehens voraus. Nur in diesem Fall stimmen Planung und Realität überein. Treten allerdings Abweichungen zwischen Plan und Wirklichkeit auf, so ist der Betriebsverlauf nicht mehr vorhersehbar. Die Abweichungen werden größer. Kundenversprechen, wie die laut Fahrplan zugesagte Ankunftszeit, lassen sich nicht mehr einhalten.

Im Fall der Regelung wird die Planung als Sollwert verstanden. Ein Regler überwacht ständig die Abweichung zwischen Plan und Wirklichkeit und sorgt für deren Übereinstimmung, indem der Betrieb dem Plan nachgeführt wird. In diesem Fall muss auch die Modellierung nicht mehr exakt stimmen; derartige Abweichungen sowie kleinere Störungen in der Realität werden sofort korrigiert. Der Betriebsverlauf folgt den Planungen damit stabiler. Durch die Regelung ist zudem zu erwarten, dass dies auch im weiteren Verkehrsablauf so sein wird, was das Betriebsgeschehen vorhersehbar macht. Die „Estimated Time of Arrival (ETA)" wird durch die Regelung besser, weil robuster eingehalten.

Durch eine Regelkaskade wird die Problematik des komplexen Verkehrsprozesses entzerrt. Die äußeren Regelkreise geben Sollwerte an die nachfolgenden Regelkreise mit genügend großem verbleibenden Entscheidungsspielraum weiter und müssen die betroffenen Prozesse nicht mehr exakt und bis ins Detail kennen. Durch nachfolgende Regler werden die Sollwerte eingehalten, was die Planung insgesamt erheblich vereinfacht. Während die ökonomischen und planerischen Aufgaben in Leitzentralen bearbeitet werden, erfolgt die Regelung der Fahrzeuge sinnvollerweise vor Ort.

Als Beispiel einer Kaskadierung kann im menschlichen Körper das Zusammenspiel von bewusster Motorik, in Maßen kontrollierbaren Reflexen bis hin zu nicht mehr beeinflussbaren Prozessen wie der Pupillenfunktion genannt werden. Es genügt meist bereits der Wunsch, nur hinsehen zu wollen; der Rest wird durch unterlagerte Regelkreise ohne weiteres Zutun abgearbeitet.

7.4 Verkehrsmanagementkonzept

Die drei Grundfunktionen eines modernen Verkehrsmanagementsystems sind der durchgängige Planungsprozess (Planning), die Regelung und Stabilisierung des Betriebsablaufs (Control) sowie die dynamische Verkehrslenkung (Guidance) zur direkten Beeinflussung.

Moderne Verkehrslenkungs- und Regelungssysteme im Verkehrsmanagement enthalten dabei typischerweise folgende Kernkomponenten, wobei nachfolgend eine Aufteilung unter einer regelungstechnischen Sichtweise erfolgt:

Verkehrsspezifische Komponenten	Unterstützende Komponenten
Planungsinstrumente	Telekommunikation
Fahrzeugnavigation	Datenbanken
Aktuatorik	Mensch/Maschine Schnittstelle

Hierbei steht, wie bereits geschildert, ein durchgängiger Gesamtprozess im Verkehr unter einer stochastischen Betrachtungsweise im Mittelpunkt. Die Robustheit des Prozessablaufs wird durch unterlagerte Regelkreise, die sowohl Planungsprozesse als auch deren betriebliche Umsetzung stabilisieren, sichergestellt.

Ein kaskadiertes Regelungskonzept im Verkehrsprozess gestattet es, die von den Verkehrsteilnehmern ausgehende individuelle und in diesem Sinn mikroskopische Verkehrsoptimierung vor Ort mit einem übergeordneten Verkehrsmanagement zu verknüpfen, das von Leitzentralen aus verwaltet wird. Die weitestgehend mögliche Selbstregelung der Verkehrsteilnehmer untereinander reduziert dabei den Aufwand in den Leitzentralen und ermöglicht gleichzeitig die bessere Einhaltung der vorgegebenen koordinierenden Maßnahmen, die durch die Leitzentralen veranlasst werden.

> *Im Zusammenhang mit der mikroskopischen Verkehrsregelung vor Ort kann der Vorteil eines Kreisverkehrs im Vergleich mit der Ampelsteuerung einer Kreuzung genannt werden, sofern aufgrund der Verkehrsdichte auf eine übergeordnete Planung verzichtet werden kann.*

Die übergeordnete makroskopische Regelung gestattet die Bereitstellung besserer, an das Betriebsgeschehen angepasster Pläne und Vorgaben, was sich durch die später dann möglich werdende genauere Einhaltung vor Ort in einer Reduktion der entstehenden Variationsbreite bei der Durchführung niederschlägt. Dadurch wird eine gute Übereinstimmung der betrieblichen Realität mit dem zur Planung herangezogenen Verkehrsmodell sichergestellt, was letztlich einer Verbesserung des Verkehrsflusses zu Gute kommt und zudem die optimale Ausnutzung der vorhandenen Ressourcen aufgrund stabilerer Planungen ermöglicht.

Hierzu ein Beispiel: Bei der Zufahrt auf einen Verkehrsknoten, bspw. ein Eisenbahnknoten[2] mit dichtem Verkehr, lässt sich die individuelle Planung einer Fahrt nicht mehr sicher einhalten. In diesem Fall ist es zweckmäßig, einer Leitzentrale, die diesen Verkehrsknoten verwaltet, Fahrtziel und die voraussichtliche Ankunftszeit „Estimated Time of Arrival (ETA)" in einem nahezu beliebigen Zulaufpunkt mitzuteilen. In der Leitzentrale können dann die eingehenden unterschiedlichen individuellen Planungen unter Berücksichtigung der aktuellen und zu erwartenden Betriebslage koordiniert und harmonisiert werden. Um einen optimalen Verkehrsfluss im betroffenen Verkehrsknoten zu gewährleisten, wird den Verkehrsteilnehmern anschließend jeweils eine individuelle Soll-Ankunftszeit „Requested Time of Arrival (RTA)" für einen bestimmten Ort im Bereich des Verkehrsknotens übermittelt, mit deren Hilfe sich bspw. eine Art makroskopisches Reißverschlussverfahren realisieren lässt. Hierbei wird der individuelle Plan durch einen vorgegebenen dynamischen Fahrplan überschrieben. Man erkennt in dieser Vorgehensweise wieder die Regelkreisidee.

Im übergeordneten Verkehrsmanagement wird, ausgehend von der aktuellen sowie der prädizierten Verkehrslage, das Verhalten der einzelnen Verkehrsteilnehmer in einem Verkehrsknoten koordiniert und harmonisiert. Im besten Fall erfolgen Vorgaben für eine Überarbeitung der individuellen Planungen, die den Verkehrsteilnehmern übermittelt und von diesen eingehalten werden, aber auch eingehalten werden können.

Die Vorgabe der Sollwerte erfolgt durch den Einsatz von Planungsverfahren. Mithilfe dieser Instrumente werden lang-, mittel- und kurzfristige Aussagen getroffen. Hierzu zählen die Vorhersage des Verkehrsaufkommens, die Verteilung des Aufkommens auf die Verkehrsträger, die Infrastrukturplanung der Verkehrsträger, bei Verkehrsunternehmen die Fahrzeug- und Ressourcenplanung, die Betriebsplanung sowie flexible und effiziente Verfahren zur Verkehrslenkung und Betriebsdurchführung in den Leitzentralen. Durch einen stetigen Vergleich der Modellprognosen mit den real gemessenen Daten erfolgt eine

---

[2] oder ein Luftverkehrskreuz bzw. ein Flughafen. Vorstellbar ist auch die Übertragung auf ein Autobahnkreuz.

stetige Adaption der Modelle. Diese Vorgehensweise entspricht vom Grundsatz her wieder dem Regelkreisgedanken, hier für die Modellverbesserung der Planungsverfahren. Während die mikroskopische Regelung Abstand, Geschwindigkeit der Fahrzeuge, Verkehrsfluss und damit die Sicherheit direkt vor Ort verbessert, erlaubt die makroskopische Regelung die Optimierung des Verkehrsstroms in den Verkehrsknoten und leistet dabei in Zusammenarbeit mit der Regelung in den Fahrzeugen einen wichtigen Beitrag zur Effizienzsteigerung bei geringerer Umweltbelastung. Ermöglicht wird ein homogenerer Verkehrsfluss, was einen geringeren Energieverbauch der Fahrzeuge, niedrigere Emissionen und insgesamt Kosteneinsparungen im Verkehrs- und Transportprozess mit sich bringt.

7.5 Diskussion verfügbarer Technologien

Moderne Verkehrslenkungs- und Regelungssysteme im Verkehrsmanagement setzen auf bereits verfügbaren oder bereits sehr weit entwickelten Technologien auf. Diese Technologien bilden die Grundlagen der bereits erwähnten Kernkomponenten eines Verkehrsmanagementsystems, was ihre Bedeutung in diesem Zusammenhang nochmals unterstreicht.

7.5.1 Fahrzeugnavigation

Ein grundlegendes Problem im Verkehr und Transport stellt die Beschreibung der Bewegung von Fahrzeugen dar. Unterschieden wird zwischen Positionsbestimmung und Navigation.
Bei der Positionsbestimmung wird wiederum zwischen Positionierung und Ortung getrennt. Beide Verfahren dienen zur Bestimmung des aktuellen Aufenthaltsortes. Die Ortung eines Fahrzeugs erfolgt bspw. über die Überwachung durch eine Leitzentrale. Bei der Positionierung erfolgt die Ortsbestimmung dagegen an Bord des Fahrzeugs. Diese Position kann dann der Leitzentrale übermittelt werden.
Navigation beschäftigt sich neben der Bestimmung des individuellen Aufenthaltsortes auch mit der Routenplanung, also mit den Fragen: Wo bin ich, wo werde ich mit welcher Abweichung wann sein, was muss ich tun, um wann wo zu sein?
Im individuellen Verkehrsmanagement stellen sich weitere Fragen: Wo sind andere, wo werden sie sein, welchen Einfluss hat das auf meine aktuellen Pläne? Diese Fragen können durch ein klassisches Navigationssystem nicht mehr beantwortet werden. Zur Lösung muss daher eine zentrale Flottennavigation eingeführt werden, die durch die Systeme der einzelnen Fahrzeuge unterstützt wird. Die beim Navigationsansatz - im Gegensatz zur Positionsbestimmung - verfügbare Prädiktionsfähigkeit ermöglicht auch den zeitlichen Vorlauf, um im Verkehrsmanagement rechtzeitig Gegenmaßnahmen bestimmen und einleiten zu können.
Abhängig davon, welches Managementkonzept verfolgt werden soll, erhalten unterschiedliche Navigationssensoren den Vorzug. Hierbei wird zwischen den an die Verkehrsinfrastruktur (also ortsfesten) und an die Fahrzeuge gebundenen Ansätzen unterschieden. Zu den ortsfesten Methoden zählen z.B. Induktionsschleifen, Balisen, Baken sowie die Block- bzw. Zellenortung. Die klassischen fahrzeuggebundenen Sensoren stellen Kreisel und Beschleunigungsmesser dar. Sie sind im Luftverkehr unverzichtbar. Satelliten- und Radionavigationssysteme benötigen mit den Sendern eine Infrastrukturkomponente sowie zudem einen Bordempfänger.
Für ein kaskadiertes Regelungskonzept, das *gleichzeitig* Anforderungen der Verkehrsregelung zwischen den Verkehrsteilnehmern wie auch den Bedürfnissen eines zukünftigen Verkehrsmanagementsystems gerecht werden soll, muss eine Navigations-

plattform an Bord der Fahrzeuge (vgl. On Board Unit OBU) vorhanden sein, die aus unterschiedlichen Sensoren gespeist wird. Eine solche Navigationsplattform muss sicher und zuverlässig sein; die bereitgestellte Genauigkeit muss angemessen sein. Alle primären Navigationsinformationen und die zugehörigen Fehlerabschätzungen müssen nahezu kontinuierlich bereitgestellt werden.

Aufgrund dieser Anforderungen kann nur ein fehlertolerantes hybrides Navigationssystem an Bord der Fahrzeuge, das dissimilare Navigationssensoren verwendet, in Betracht gezogen werden. Mögliche Sensorkandidaten für eine Navigationsplattform sind dabei:

GALILEO	(D)GPS	LORAN-C	Positions-Fix
Balisen, Baken	Weggeber	Geschwindigkeitsradar	Abstands-Radar
Beschleunigungs-messer	Kreisel	Inklinometer	Track Snapping

Der in der Plattform verwendete Navigationsalgorithmus muss mit all diesen unterschiedlichen Sensortypen umgehen können[3]. Hierfür existieren Konzepte und Verfahren. Die Hardware-Konfiguration kann so unter Kosten- und Einsatzgesichtspunkten entsprechend leicht angepasst werden, ohne die Software zu verändern. Das minimiert den Adaptionsaufwand, senkt die Entwicklungskosten und erlaubt die Bewertung unterschiedlicher Konfigurationen für das Navigationssystem bereits während der Systemkonzeption.

7.5.2 Verkehrsaktuatorik

Aktuatoren dienen in Regelkreisen dazu, in der Betriebsrealität Maßnahmen umzusetzen, die sich aus dem Vergleich von vorgegebenen Planungssollwerten und den Istzuständen, die im vorliegenden Fall über Navigationssysteme oder Positionssensoren gewonnen werden, ergeben. Verkehrsaktuatoren werden also benötigt, um den Verkehrsprozess zu beeinflussen.

Hierbei kann zwischen technischen Aktuatoren an Bord der Fahrzeuge und den an die Infrastruktur gebundenen Verfahren unterschieden werden. Im zweiten Fall erfolgt die Umsetzung im Fahrzeug typischerweise aufgrund der Interpretation des Fahrers bzw. des Piloten; der Mensch agiert selbst als Regler und ist somit ein Teil der regelungstechnischen Prozesskette.

Wirkt die Vorgabe einer Maßnahme unmittelbar auf ein Fahrzeug und damit auch auf den Verkehrsprozess ein, so kann von einer direkten Aktuatorik gesprochen werden. Werden dagegen Informationen an den Fahrer/Piloten übertragen, der seinerseits durch eine entsprechende Reaktion die Dynamik des Fahrzeugs und damit den Verkehrsprozess beeinflusst, so sollte von einer indirekten Aktuatorik gesprochen werden. Im regelungstechnischen Sinn ist die direkte Aktuatorik von Vorteil, da das Übertragungsverhalten klar, eindeutig und vorhersehbar ist. Auf eine Modellierung des Fahrers/-Piloten kann in diesem Fall verzichtet werden.

a) Luftverkehr
Sehr weit entwickelt sind die an Bord befindlichen direkten Aktuatoren in der Luftfahrt. Durch den Autopiloten eines Flugzeugs wird sichergestellt, dass der reale Flugpfad dem vor dem Start im Flight Management System geplanten Verlauf sicher nachgeführt wird, wobei der Pilot den Autopiloten aus Sicherheitsgründen jederzeit überstimmen kann.

---
[3] wobei nicht alle Sensoren auch immer gleichzeitig eingesetzt werden müssen.

Eingriffe in die individuellen Planungen erfolgen durch die Flugsicherung. Sie überwacht die Flugbewegungen über Radarsysteme. Die Flughöhe wird dabei von den Flugzeugen abgefragt und per Datenfunk übertragen. Über Sprechfunk gibt die Flugsicherung ihre Anweisungen an die Piloten. Zur Steigerung der Sicherheit führen Flugzeuge an Bord zusätzlich Kollisionswarnsysteme (engl. Traffic Alert and Collision Avoidance Systems TCAS) mit sich. Sie nutzen Mode-S Transponder, um Entfernung und Höhe anderer Flugzeuge zu bestimmen und schlagen im Fall einer Konflikterkennung Ausweichmanöver vor.

b) Schienenverkehr
Im Schienenverkehr werden Signale verwendet, die an der Strecke stehen. Sie sichern jeden Blockabschnitt und werden von Betriebsleitzentralen in Abhängigkeit des Fahrplans und der Betriebssituation gesetzt. Sicherungseinrichtungen entlang der Strecke sorgen für eine Zwangsbremsung des Zuges, wenn Signale durch den Lokführer nicht beachtet werden.
Zwischen den Leitzentralen und den Lokführern besteht Sprechfunkkontakt, um Anweisungen zu übermitteln. Früher konnte den Zügen auch mit Handtafeln während der Vorbeifahrt eine schnellere oder langsamere Fahrweise gegenüber dem aktuellen Fahrplan signalisiert werden, was vom Prinzip her einem Regelkreis entspricht.
Durch die Einführung von GSM-R wurde im Bereich der DB AG und von weiteren europäischen Bahnen ein Kommunikationsinstrument etabliert, mit dem Sprache und Daten übertragen werden können. Im Zusammenhang mit GSM-R und ETCS/ ERTMS stehen zudem Überlegungen im Raum, die Signalisierung von der Strecke weg und in die Führerstände zu bringen.

c) Straßenverkehr
Die im Straßenverkehr verwendeten Verkehrsschilder, wie Geschwindigkeitsbeschränkungen und Überholverbote, beeinflussen das Verkehrsgeschehen zwar, sind aber keine Aktuatoren im eigentlichen Sinn. Sie werden verwendet, um Restriktionen der Infrastruktur mitzuteilen oder auf grundsätzliche Gefahrenpunkte aufmerksam zu machen.
Dagegen können steuerbare Verkehrszeichen und Lichtsignalanlagen verwendet werden, um gezielt auf den Verkehrsbetrieb Einfluss zu nehmen. Das mikroskopische Verkehrsmanagement erfolgt dabei durch die Fahrer, bspw. bei der Umsetzung des Reißverschlussverfahrens.
Ansätze einer Verkehrsflussverbesserung durch situationsbedingte Vorgaben einer Leitzentrale mittels veränderbarer Anzeigen an den Straßen stellen z.B. Umleitungsempfehlungen bei Staus auf Autobahnen mittels Wechselwegweisung, die Vorgabe einer „Grünen Welle" über Verkehrsbeeinflussungsanlagen (d.h. die dynamische Anpassung der zulässigen Höchstgeschwindigkeit) oder die Freigabe zusätzlicher Fahrspuren dar. Angedacht werden darüber hinaus auch Erweiterungen von Fahrerassistenzsystemen (zurzeit ABS und ESP) sowie die direkte Kommunikation von Fahrzeugen mit der Infrastruktur und umgekehrt, bspw. zur Warnung vor Nebelbänken, Staus etc.
Gerade im Straßenverkehr ist die Sensitivität der verwendeten Aktuatoren noch nicht ausreichend geklärt. Vorgaben werden durch die Autofahrer mehr oder minder eingehalten, die Auswirkung einer Maßnahme auf den Verkehrsfluss ist nur schwer bestimmbar und lässt sich in Modellen auch nur bedingt beschreiben.

7.6 Telekommunikation

Die Telekommunikation übernimmt im Regelungskonzept die Rolle der Datenleitung. Die Übertragung kann von den Leitzentralen an die Regler oder die Aktuatoren und umgekehrt von den Navigationssensoren an die Planungsstellen erfolgen. Auch eine direkte Kommunikation zwischen den Verkehrsteilnehmern ist denkbar. Abhängig vom Inhalt und dem Zweck der Datenkommunikation werden unterschiedliche Anforderungen an die Verfügbarkeit und die Sicherheit der Kommunikationsanlagen gestellt.

Erst in der Konzeption einer in sich geschlossenen Verkehrsprozesskette kommt der eigentliche Mehrwert der Telekommunikation im Verkehrsmanagement zum Tragen. Die unterschiedlichen Prozessketten selbst definieren dabei Dateninhalt, Datensicherheit, Datenqualität und die geforderte Robustheit der Datenübertragung. Insofern erscheint eine genaue Betrachtung des Einsatzzwecks kommunizierter Informationen in diesem Zusammenhang notwendig zu sein.

a) Informationen zur Kenntnisnahme
Die uni-direktionale Informationsübertragung von Daten zur Kenntnisnahme an Kunden bzw. Verkehrsteilnehmer, ohne eine direkt daraus folgende Aktion, ist aus einer technischen Prozessbetrachtung heraus als unkritisch einzustufen. Die ableitbaren Anforderungen an die Telekommunikation konzentrieren sich also vornehmlich auf die Quantität der zu übertragenden Daten. Solche Anwendungen stellen keine Aktuatoren dar. Als Beispiel hierzu können Systeme zur Reisendeninformation (RIS) in diesem Zusammenhang genannt werden.

b) Steuerung im Verkehrsmanagement
Bei der Steuerung im Verkehrsmanagement erfolgt eine Vorgabe von Informationen und Daten an Personen, die anschließend für deren Umsetzung sorgen, d.h. die eigentlichen Aktionen werden durch Menschen ausgelöst. Es handelt sich damit um indirekte Aktuatoren. Hierbei sind drei unterschiedliche Ausprägungsstufen vorstellbar:
- Informationen mit einer Aufforderung zur Umsetzung werden durch eine uni-direktionale Datenübertragung übermittelt; korrekter Empfang und Umsetzung bleiben unkontrolliert.
- Der Prozess einer Informationsübertragung mit Empfangsbestätigung verlangt direkt nach der Umsetzungsaufforderung eine Rückmeldung; die benötigte Datenübertragung ist also bi-direktional. Die Ausführung der Aktion bleibt wieder unkontrolliert.
- Beim Prozess einer Informationsübertragung mit Kontrolle erfolgt der Signalverlauf von der vorgebenden Stelle zu einer Person, die eine Aktion einleitet. Die Ausführung der Aktion wird technisch sensiert und automatisch an die vorgebende Stelle zurückgemeldet. Die Abfrage einer Empfangsbestätigung ist möglich, aber nicht mehr zwingend.

c) Regelung im Verkehrsmanagement
Bei der Regelung im Verkehrsmanagement werden Informationen und Daten nicht mehr an Personen sondern direkt an technische Einrichtungen geschickt. Die Ausführung der Aktionen erfolgt durch Maschinen, also durch technische Aktuatoren. Auch hierbei sind drei Ausprägungsstufen vorstellbar:
- Bei der halbautomatischen Regelung werden Daten und Anweisungen zur Ausführung an eine Maschine geschickt. Die Rückmeldung bzgl. der Ausführung erfolgt teilweise durch die technischen Einrichtungen selbst, teilweise durch dort eingesetztes Aufsichtspersonal.

- Bei der automatischen Regelung erfolgen alle Informationsflüsse direkt zwischen der anweisenden und der ausführenden Stelle. Es findet nur noch eine Überwachung der Datenübertragung und der Ausführung vor Ort durch das Aufsichtspersonal statt (Monitoring).
- Die vollautomatische Regelung findet zwischen vorgebender und ausführender Einrichtung ohne menschliche Überwachung der Ausführung vor Ort statt. Damit muss sowohl die bi-direktionale Datenübertragung als auch die technische Ausführung sehr sicher sein.

Es ist offensichtlich, dass mit dem Übergang von der Informationsübertragung zur Kenntnisnahme bis hin zur Regelung im Verkehrsmanagement der Anspruch an die inhaltliche Qualität der Daten sowie an die Sicherheit und die Robustheit der Datenübertragung ansteigt. Da die Sicherheit typischerweise über Verschlüsselungstechnologien, die einen Zusatzbedarf an Übertragungskapazität benötigen, bereitgestellt wird, ist das Durchsatzvolumen der übertragbaren eigentlichen Daten eingeschränkt. Hinsichtlich einer hohen Sicherheit und Robustheit ist zudem die Übertragung auf verschiedenen Funkfrequenzen, besser noch auf der Basis unterschiedlicher Telekommunikationsverfahren anzustreben.

Hierbei empfiehlt sich die funktionstechnische Definition einer Telekommunikationsplattform an Bord der Fahrzeuge, die z.B. als Teil der OBU ausgeführt werden kann.

7.7 Datenbanken

Datenbanken sorgen für die sowohl zeitlich als auch qualitativ angemessene Bereitstellung von Prozessdaten; sie unterstützen Planungsinstrumente sowie die Mensch/Maschine Schnittstelle.

Durch die notwendige rollierende Aktualisierung der Datenbestände müssen alle Datenbankvorgänge eng abgestimmt mit den Verkehrsprozessen laufen. Dadurch sind Datenbanken keine rein passiven Datenquellen mehr, sondern stellen einen integralen Bestandteil in der gesamten Verkehrsprozesskette dar. Sie unterstützten zudem die notwendige Abstimmung zwischen Aufgabenträgern, Infrastruktur-, Verkehrsunternehmen und den Kunden. Abhängig von ihrem Einsatzzweck kommt der Verifikation der Datenbanken eine besondere Bedeutung zu.

a) Markt- und Kundenmanagement
Zum Markt- und Kundenmanagement gehört bspw. die Analyse und Verwaltung von Verkehrsstromdaten sowie die Diskussion von Fahrplänen mit den Auftraggebern. Hieraus leiten sich u.a. auch die Anforderungen an langfristige Infrastrukturbaumaßnahmen ab. Kurz- und mittelfristige Kunden- und Auftragsdaten werden im Kunden- und Auftragsmanagement zusammengefasst. Aus ihnen werden z.B. im Schienenverkehr die bestellten Laufwege abgeleitet.

b) Planung und Konstruktion
Die vorgegebenen Laufwege liefern unter der Abschätzung der Fahrzeugdaten mit den Infrastrukturdaten unter Beachtung der Konstruktionsregeln den Fahrplan. Die Infrastrukturdatenbank enthält die Infrastrukturbestandsdaten, aktuelle Restriktionsinformationen (z.B. Langsamfahrstellen), die Infrastrukturplanung, die Baubetriebsplanung sowie die Instandhaltungsplanung. Nach der Erstellung eines groben

Fahrplans werden in einer Abstimmung mit der Umlauf- und Ressourcenplanung die verwendeten Fahrzeugdaten und letztlich die Fahrpläne aktualisiert.

c) Produktionsvorbereitung und Produktion
In der Produktionsvorbereitung entsteht aus dem Fahrplan unter Berücksichtigung der tagesaktuellen Infrastruktur- und Fahrzeugdaten sowie unter Beachtung der definierten Betriebsregeln der Produktionsfahrplan. In der Produktion selbst werden aktuelle Fahrzeugpositionen und Geschwindigkeiten sowie Störungsmeldungen erfasst und in einer Datenbank abgelegt.

d) Produktionsanalyse
Eine Auswertung der Leistungsdaten in der Produktionsanalyse liefert neben den Abrechnungsdaten auch die Informationen für den Modellabgleich über eine ex post Auswertung. Die Abrechnungsdaten schließen so einen Regelkreis zum Markt- und Kundenmanagement; der Modellabgleich bildet eine Rückführung für den Planungs- und Konstruktionsprozess.

7.8 Mensch/Maschine Schnittstelle

Die Mensch/Maschine Schnittstelle ist ein Teil des Regelkreises und stellt eine Kernkomponente dar. Sie unterstützt den Operator im Planungs- und Konstruktionsprozess bei der Dateneingabe, der Datenbearbeitung sowie der Datenausgabe. Auch in der Produktion spielen Mensch/Maschine Schnittstellen in den Kontroll- und Leitzentralen sowie in den Fahrzeugen (hier als Element indirekter Aktuatoren) eine wichtige Rolle. Gleiches gilt für Portale, über die Trassenanfragen, Verhandlungen und Aufträge abgewickelt werden, sowie für Kundeninformationssysteme. Grundsätzlich trägt die Mensch/Maschine Schnittstelle in hohem Maße zur Akzeptanz eines Verkehrsmanagementsystems bei.

Zur besseren Visualisierung der Verkehrsprozesse dienen i.d.R. Kartendarstellungen, die aus den Datenbanken generiert werden. Mit ihnen wird in unterschiedlichen Ausprägungstiefen die Planungs- und Konstruktionsarbeit unterstützt.

Auch in den Kontroll- und Leitzentralen werden Karten verwendet, wobei neben den vorgegebenen Fahrplänen die Positionen der Fahrzeuge, Störungen, Alternativrouten usw. abgebildet sind. Den Fahrzeugführern muss neben der Fahranweisung der momentane Fahrzeugzustand sowie die aktuellen und auch die zu erwartenden Abweichungen vom Fahrplan inklusive der daraus abgeleiteten Handlungsempfehlungen in einfacher grafischer Form vermittelt werden.

7.9 Stand der Entwicklung bzw. der Anwendung

Der Stand der Entwicklung bzw. der Anwendung moderner Verkehrsmanagementkonzepte bei den verschiedenen Verkehrsträgern ist sehr unterschiedlich, wobei grundsätzliche Überlegungen hierzu allerdings durchaus sehr viele Gemeinsamkeiten aufweisen.

7.9.1 Luftverkehr
Die Kapazitätsgrenzen vieler stark frequentierter Flughäfen sind in Spitzenzeiten erreicht oder schon überschritten. Verspätungen der Flüge, unwirtschaftliche Flugwegführung, verstärkte Umweltbelastung und ein erhöhtes Unfallrisiko sind die

> *Free Flight ist ein innovatives Konzept, das entwickelt wird, um die Sicherheit und Effizienz der nationalen Lufträume zu steigern. Das Konzept dient dazu, das heutige 'command and control' System zwischen Piloten und Luftraumüberwachung in ein dezentrales System zu überführen. Dieses neue System erlaubt den Piloten, wann immer möglich, ihre eigene Route zu wählen und einen Flugplan zu entwickeln, um der effizientesten und ökonomischsten Route zu folgen. Zusammengefasst lässt sich sagen, dass jede Beseitigung von Restriktionen einen Schritt in Richtung Free Flight darstellt. Free Flight liefert im Luftverkehr, beginnend mit der Flugplanung bis hin zur vorgesehenen Parkposition des Flugzeugs, eine Verbesserung der Sicherheit sowie eine größere Flexibilität.*

Folgen dieser Überlastung. Besonders stark betroffen sind Drehkreuz-Flughäfen, wie der Flughafen Frankfurt am Main, der als Netzknoten für den Langstreckenverkehr dient.

Um das Problem der Überlastung zu lösen, arbeiten Luftfahrtgesellschaften, Flugsicherung, Industrie und Forschungseinrichtungen an einem innovativen Air Traffic Management (ATM) Konzept. Ein Lösungsansatz sieht vor, den anfliegenden Verkehr zeitgenau zu planen und zu regeln. Für eine solche vierdimensionale (4D) Anflugregelung wird die Zeit als vierte Regelgröße zusätzlich zur dreidimensionalen Position im Luftraum genutzt. Ein Ansatz, der diese zeitgenaue Führung des Luftfahrzeugs unterstützt, ist die Required Time of Arrival (RTA) Funktion[4]. Die RTA ist heute bereits in einigen Flight Management Computern (FMC) an Bord der Flugzeuge integriert.

Für die Anflüge zum Flughafen sind i.d.R. Standardanflugrouten (Standard Terminal Arrival Route, STAR), für die Abflüge auf Standardabflugrouten (Standard Instrument Departure, SID) in der Navigationsdatenbank des Flight Management Systems (FMS) abgelegt. In der Realität wird der Controller im Tower jedoch das Flugzeug während des Anfluges von der STAR mit Kursanweisungen (Radarvectoring) herunterlotsen, um es auf den Endteil des Landeanfluges in den anfliegenden Verkehr einfädeln zu können oder es bei Überlastung in eine Warteschleife einfliegen zu lassen. Um die Sicherheit des anfliegenden Verkehrs zu gewährleisten, sind Separationsminima zwischen den einzelnen Flugzeugen einzuhalten.

Das Einfädeln der anfliegenden Flugzeuge vor der Landung in den Endteil des Landeanfluges wird vom Controller im Tower heute „manuell" vorgenommen. Dieser versucht, den optimalen Abstand der Flugzeuge unter Berücksichtigung der Mindestabstände einzuhalten. Dabei kann er auf dem Radarschirm die Position der Flugzeuge verfolgen, die beim derzeitigen Stand der Radartechnik alle 8 Sekunden aktualisiert wird.

Eine Alternative zur manuellen Führung durch den Lotsen ist der Aufbau der Anflugsequenz durch die Nutzung der RTA-Funktion. Studien haben gezeigt, dass hierdurch zumindest eine Reduzierung der Warteschleifen möglich ist.

7.9.2 Eisenbahnverkehr

Die heute vorhandenen Verfahren des Trassenmanagements im Eisenbahnverkehr sind aus der Fahrplanbearbeitung entwickelt worden. Im Planungsprozess des Trassenmanagements werden die beiden Produkte Regeltrassen und Angebotstrassen bearbeitet und in Fahrplänen mit den vorhandenen Verfahren abgebildet. Die Produkte

---

[4] Hier aus der Sicht der Luftverkehrsgesellschaften definiert; deshalb auch „required" und nicht „requested". Das Beispiel RTA zeigt anschaulich, daß die unterschiedlichen Interessenlagen und Sichtweisen von Verkehrsunternehmen und Leitzentralen durchaus zur Ableitung gemeinsamer Ziele führen können.

werden aufgrund ihres Anforderungsprofils langfristig im Voraus von den Kunden bestellt und bieten daher eine hohe Planungssicherheit.

Darauf aufbauend entsteht ein statischer, im Voraus konstruierter Angebotsfahrplan, der sowohl als Grundlage der verbindlichen Kundenbestellungen als auch als Grundlage der Planungen für die Betriebsführung dient. Neben den Regeltrassen, die fest bestellt sind, enthält dieser Fahrplan auch Angebotstrassen, die aus Kundensicht als Optionen zu bewerten sind, da sie nur bei Bedarf in Anspruch genommen werden.

Im tatsächlichen Betriebsablauf entstehen durch Unregelmäßigkeiten, zufällige Ereignisse und nicht eingeplante zusätzliche Betriebsfahrten, bspw. Rangierfahrten, zwangsläufig mehr oder minder große Abweichungen von dem langfristig geplanten Zustand. Hieraus ergibt sich u.a. die Notwendigkeit, den langfristig geplanten Fahrplan kurzfristig zu ergänzen, zu überarbeiten und im aktuellen Betrieb vor Ort anzupassen. In diesen betrieblichen Planungsablauf ist auch die kurzfristige Angebotsplanung des Produkts Sondertrassen weitgehend eingebunden.

In den Betriebsablauf wird erst dann steuernd eingegriffen, wenn Störungen des Ablaufs, d.h. Verspätungen bereits eingetreten sind, der Betriebsfluss also schon deutlich gestört ist. Dabei kommt es häufig auch zur Übertragung einer Störung auf andere Züge aufgrund von Engpässen im Netz, insbesondere in den Eisenbahnknoten. Dies führt dazu, dass sich eine Verspätung vergrößert und im Netz ausbreitet.

Bei der Untersuchung des Verspätungsverhaltens in Eisenbahnknoten fällt auf, dass die Nutzung von Fahrzeitreserven im Fahrplan heute eher dazu führt, Ankunftsverteilungen auf Zulaufstrecken zu verschleifen, d.h. die Streuungen am Ende der Strecke nehmen zu statt ab. Zudem ist interessanterweise eine Tendenz zu Verfrühungen zu erkennen. Beides lässt auf eine zurzeit noch nicht befriedigende Koordination zwischen Fahrplan und Betrieb schließen.

In ihrem Vorhaben „Energiesparende Fahrweise" ESF hat die DB AG damit begonnen, eine aktuelle Positionsbestimmung der Züge mittels GPS und Informationen aus dem Fahr- und Streckenplan dazu zu verwenden, den Energiebedarf der Züge durch Ausrollen zu senken.

7.9.3 Straßenverkehr

Weltweit gibt es im Straßenverkehr eine Reihe von Aktivitäten gerade in Ballungsräumen, wo das steigende Verkehrsaufkommen in besonderer Weise ernste Probleme mit sich bringt. Die Situation ist hinsichtlich der gestellten Forderungen nach mehr Sicherheit, Stauvermeidung, niedrigeren Emissionen und geringerem Energieverbrauch aber nach wie vor unbefriedigend.

Einen möglichen Ausweg, zumindest aber eine Linderung des Problems, stellt die Einrichtung von Managementzentren für den Verkehr in Ballungsräumen dar. Die Verkehrsströme werden beobachtet und an die Verkehrsmanagementzentren übermittelt. Auf diesen Daten basierend, können Prädiktionsmodelle eingesetzt werden, um den Verkehrsstrom, zumindest für kürzere Zeiträume, vorherzusagen.

Ein wichtiges Ziel, das über die Vorhersage und die damit gewonnene Zeit zu reagieren, hinausgeht, stellt die Einrichtung von modernen Verkehrsregelungsverfahren und entsprechenden Anlagen dar, die zur schnelleren Auflösung von Verkehrsstaus beitragen, oder sogar dabei helfen, Staus völlig zu vermeiden. In diesem Zusammenhang spielt eine wirkungsvolle Verkehrsaktuatorik natürlich eine entscheidende Rolle. Ohne sie greifen alle Planungen und Vorgaben der Managementzentren ins Leere.

7.10 Bewertung und Ausblick

Was sind die Konsequenzen für die Kapazität und Qualität der Infrastruktur, die sich aus dem Aufbau eines derartig konzipierten Verkehrsmanagementsystems ergeben?
Neben einer verbesserten langfristigen Infrastrukturplanung, die es erlaubt, vorhandene Mittel gezielt und mit hohem Wirkungsgrad einzusetzen, wird in erster Linie eine optimale Ausnutzung der existierenden Infrastruktur sichergestellt. Auch die Kosten der Infrastruktur werden durch die beschriebene Verlagerung von Teilaufgaben auf die Fahrzeuge geringer. Dies ermöglicht eine günstigere Wartung und Instandhaltung der Verkehrswege und Einrichtungen.
Auf Seiten der Verkehrsunternehmen wird ein verbesserter Fahrzeug- und Ressourceneinsatz denkbar, der auch positive Auswirkungen auf die Wartung und Instandhaltung der Fahrzeuge erwarten lässt. Hierüber lassen sich ebenfalls Kosten senken und die Wettbewerbschancen der Unternehmen steigern, wovon auch der Verbraucher als Endkunde letztlich profitiert.
Insgesamt ist mit einer Steigerung der Qualität des Verkehrsablaufs und damit korreliert auch mit einer möglichen Erhöhung der Verkehrsquantität auf den vorhandenen Verkehrswegen zu rechnen. Dies stellt einen Beitrag für einen geringeren Treibstoffverbrauch der Fahrzeuge sowie für eine Reduzierung der Umweltbelastung (Lärm, Emissionen) dar.
Wie sieht ein Vergleich der Potenziale mit der Wirklichkeit aus?
Generell läßt sich sagen, dass die Potenziale, die sich aus einem mehr oder weniger umfassenden Verkehrsmanagementsystem ergeben würden, bei keinem der Verkehrsträger zur Zeit voll ausgeschöpft werden. Eine Kooperation der unterschiedlichen Verkehrsträger findet nicht nennenswert statt. Allenfalls über Schnittstellen zum Austausch von Daten wird gesprochen.
Der *Luftverkehr* scheint auf gutem Wege zu sein, ein geeignetes Verkehrsmanagementkonzept in absehbarer Zeit umzusetzen. Dies liegt einerseits daran, dass wichtige technische Instrumente wie Navigationssystem, Autopilot und FMS[5] ohnehin bereits an Bord vorhanden sind. Zum anderen zwingt die Situation an den Luftverkehrskreuzen zum Handeln. Durch den scharfen Wettbewerb lastet auf den Luftverkehrsgesellschaften ein hoher Druck, der vermehrt an die (noch) nationalen Institutionen zur Luftraumüberwachung weitergegeben wird. Momentan wird in erster Linie um Ausprägungen und Rollenverteilung zwischen mikroskopischem und makroskopischem Verkehrsmanagement gerungen.
Im *Schienenverkehrsbereich* werden die Mittel für Infrastrukturneubau bzw. -ausbau knapper. Betroffen sind auch notwendige Instandhaltungs- und Wartungsarbeiten. Vor diesem Hintergrund wird auch über die Aufgabe bestimmter Strecken nachgedacht. Gerade dabei ist die Bewertung der zu erwartenden Betriebsqualität von entscheidender Bedeutung. Hinsichtlich der Einführung eines gemeinsamen europäischen Leit- und Sicherungssystems (ETCS) sind die Fortschritte bisher gering. Aktivitäten der Eisenbahnunternehmen konzentrieren sich auf die Weiterentwicklung ihrer Planungsinstrumente, die Inbetriebnahme elektronischer Stellwerke[6], Reisenden- und Kundeninformationssysteme sowie eine verbesserte Datenhaltung, Letztere verbunden mit einem effektiveren Datenmanagement. In Großbritannien, den Niederlanden, Deutsch-

---

[5] Flight Management System
[6] als Ersatz der mechanischen Stellwerke, allerdings mit gleicher Funktionalität.
[7] Das Projekt PULS90 der SBB strebt in Engpässen eine Zugfolgezeit von 90 sec und damit eine Anzahl von 40 Zügen pro Stunde pro Streckenabschnitt an. Dies bedeutet, daß die betriebliche Streuung, d. h. die Variation der durchgeführten Fahrten im Vergleich zum Fahrplan eine Streuung von 0,3 min nicht überschreiten darf.

land und besonders in der Schweiz werden darüber hinaus auch Überlegungen hinsichtlich der Verbesserung des Betriebsablaufs angestellt. Untersuchungen in Deutschland und der Schweiz[7] zeigen, dass sich bspw. durch die on-board Regelung von Zügen bei gleicher Betriebsqualität Kapazitätssteigerungen von 20 bis 30 % erzielen lassen.

Im *Straßenverkehr* sind die Datenbasis und die Prozesskenntnisse bspw. über die Sensitivität der vorhandenen Aktuatoren noch nicht ausreichend, um ein wirkungsvolles Verkehrsmanagement im Betrieb umzusetzen. Dadurch greifen Maßnahmen zur Betriebsbeeinflussung zu kurz. Probleme im Zusammenhang mit der Fahrzeugausrüstung stellen zudem besonders die notwendige Miniaturisierung der Geräte und die gegenwärtig zu hohen Stückkosten dar.

Eine Betrachtung der momentanen Situation sowie die zu erwartende Verkehrssituation macht aber den bestehenden Handlungsbedarf bei allen Verkehrsträgern deutlich.

8 Netze für den Verkehr der Zukunft

Lothar Krank

Geschäftsführer, MM-LAB GmbH, Stuttgart, lothar.krank@mmlab-online.com

Zusammenfassung

Verkehrsmanagement lebt von erfassten Verkehrsdaten, deren Auswertung und der Übertragung dieser Information ins Fahrzeug. Zur Bewältigung dieser Aufgabe leisten moderne Telekommunikationsnetze einen entscheidenden Beitrag. Bleibt die Frage, wie diese Kommunikationsinfrastruktur für eine über Verkehrsmanagement optimierte Verkehrsinfrastruktur auszusehen hat und ob die existierenden Netze dafür gerüstet sind. Der vorliegende Beitrag schlägt eine Antwort auf diese Frage vor. Dabei wird das Thema Verkehrsmanagement nicht isoliert betrachtet, sondern in den Kontext der Mauterhebung und der Nachfrage nach weiteren Diensten, die im Fahrzeug angeboten werden können, gestellt. Die eigentlichen Anwender dieser Dienste sind nicht immer unbedingt die Endkunden (Eigner, Fahrer) selbst. Es sind vielmehr Unternehmen, die, auf der Information aus dem Fahrzeug aufbauend, andere Produkte generieren, z.B. Versicherungstarife mit ermäßigten Prämien, Mobilitätsgarantien etc.

Die aufgrund dieser Anforderungen vorgeschlagenen Lösungen münden in der Bereitstellung eines Dienstenetzes für Fahrzeuge, das auf einem Mix aus verschiedenen Telekommunikationsnetzen aufbaut. Dabei bilden die Mobilfunknetze – heute auf GSM/GPRS-[1] und morgen auf UMTS-Basis – das Rückgrat für eine flächendeckende Anbindung in Deutschland. Weiter müssen andere Netze mit eingebunden werden, die den breitbandigen Zugang zum Fahrzeug ermöglichen. Die Infrastruktur des vorgeschlagenen Dienstenetzes (On Board Units und zentrale Server zur Bündelung von Diensten) setzt die verschiedenen Anforderungen auf diese Netze in Abhängigkeit von deren lokaler Verfügbarkeit um. Sie schafft eine verlässliche Basis für die Dienstelösungen.

Die heutigen Kommunikationsnetze sind für diese Anwendungen gerüstet. Es ist zu überprüfen, ob an manchen Stellen die Zugangsinfrastruktur dem Nachfrageverhalten angepasst werden muss. Dies gilt zum Beispiel in Mobilfunkzellen mit großer Ausdehnung an Autobahnen. Die genaue Beantwortung dieser Frage erfordert jedoch zunächst Aktivitäten zur Modellierung des Telekommunikationsverkehrs für die genannten Dienste.

Die technische Lösung ist zwar die nahe liegendste, aber nicht die wichtigste Herausforderung. Es gibt bereits Prototypen, die die Vereinigung verschiedenster Dienste auf einer Infrastruktur im Fahrzeug darstellen. Die Werkzeuge und Bestandteile einer Lösung sind vorhanden. Die entscheidenden zu lösenden Aufgaben liegen in den Bereichen „Zugang zu Fahrzeugdaten" und im Willen aller Beteiligten, eine gemeinsame Infrastruktur zu errichten. Ersteres betrifft sensible Daten, die zum einen generelle Datenschutzfragen aufwerfen, zum anderen auch die Bereitschaft erfordern, diese Daten im Fahrzeug zugreifbar zu machen. Die Frage nach der gemeinsamen Infrastruktur fächert sich in ein ganzes Bündel von Entscheidungen auf, die getroffen werden müssen, und die immer bei Infrastrukturen auftauchen: Wer ist verantwortlich, können sich alle Beteiligten einigen, wer erbringt Vorleistungen und - entscheidend - wer zahlt?

---

[1] Abkürzungen s. S. 140

Die aktuellen Probleme erlauben keinen weiteren Aufschub beim Herangehen an diese Herausforderung. Als Lohn winkt ein wettbewerbsfähiges System, nicht nur für Deutschland.

8.1 Einleitung

Die Herausforderungen, vor die uns der moderne Verkehr heute stellt, sind allenthalben sichtbar. Es gibt keinen von uns, der nicht mitreden könnte. Ob die Sichtweisen des Einzelnen den Problemen wirklich gerecht werden, bleibt zu bezweifeln. Gleiches gilt auch für die beteiligten Gruppen, seien es der Staat, Spediteure, Fahrzeughersteller, Infrastrukturanbieter im Bereich von Verkehr oder Telekommunikation etc. Alle vertreten ihre Interessen, was vollkommen legitim ist, wobei es aber häufig zu recht begrenzten Blickwinkeln auf das Gesamtproblem kommt. Das lässt sich am Beispiel von Abbildung 1 verdeutlichen.

Je nach Blickrichtung erscheint uns das „Problem" rechteckig, dreieckig oder kreisförmig. Das eigentliche „Problem" ist aber komplexer als der jeweilige Anschein aus den verschiedenen Blickwinkeln.

Das Beispiel erscheint ganz logisch, ein wenig trivial. Aber es beschreibt das Problem des Verkehrsmanagements, denn dieses stellt eine Sichtweise der Gesamtaufgabenstellung aus dem Blickwinkel dar, Verkehr besser zu handhaben und vorhandene Ressourcen besser zu nutzen. Die Sichtweise von Spediteuren oder Fahrzeugherstellern mag anders aussehen. Trotzdem beziehen sie sich auf die gleiche Problemstellung:

Wie können wir Verkehr auch morgen noch so gestalten, dass wir alle davon profitieren und nicht bezahlen, sei es mit „Standzeiten" in Staus, mit sinkenden Absatzzahlen oder auf irgendeine andere Art und Weise.

In diesem Beitrag werden deshalb die Blickwinkel verschiedener Bereiche aufgenommen und in das Thema „Netze für den Verkehr der Zukunft" integriert. Trotz allen Bemühens kann auch diese Betrachtung der Gefahr erliegen, nur einen bestimmten Teil des Systems zu beleuchten. Berechtigte Kritik an derartiger Einseitigkeit sollte jedoch dahin gehen, die jeweilige Sichtweise als gewinnbringende Ergänzung zum Gesamtbild großzügig bereitzustellen.

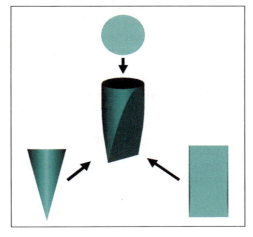

Abbildung 1: Blickwinkel

Es ist an manchen Stellen dieses Beitrages durchaus beabsichtigt und damit nicht als „Unfall" des Autors anzusehen, wenn Thesen pointiert und Widerspruch erregend formuliert sind. Dies gilt weniger für die Fakten als für die daraus zu ziehenden Schlussfolgerungen sowie die Beurteilung der gegenwärtigen Lage.

8.2 Begriffsklärung: Netz - Verkehr - Zukunft

„Netze für den Verkehr der Zukunft" verlangt eine genauere Klärung der beiden Begriffe „Netze" und „Verkehr". Sie sind in dem hier betrachteten Umfeld der Telekommunikation und des Verkehrsmanagements doppelt besetzt.

8.2.1 Netze

Unsere Verkehrsnetze erstrecken sich eng vermascht und in verschiedene Ebenen strukturiert über die Bundesrepublik: Autobahnen (12.000 km), Bundesstraßen (41.000 km), Landes- (87.000 km), Kreis- (91.000 km) und Gemeindestraßen (420.000 km). Insgesamt 751.000 Kilometer. Dazu kommen 7.500 km Wasserstraßen und 43.000 km Schiene.[2]

Auf diesen Verkehrsnetzen bewegen sich die Objekte, die im Folgenden Ziel des Telekommunikationsnetzes sind: Fahrzeuge mit Kommunikationsbedarf. Dieser Bedarf wird von den Insassen oder den Fahrzeugen selbst generiert und ist von den Telekommunikationsnetzen aufzunehmen. Das heißt, die Kommunikationskapazitäten haben dort über Funk bereitzustehen, wo sich Fahrzeuge bewegen. Die existierenden Mobilnetze sind also die ersten Adressaten, wenn wir an die Aufnahme von Kommunikationsverkehr denken. Der Begriff „Netze" wird im Folgenden meist im Zusammenhang mit Telekommunikationsnetzen verwendet werden.

8.2.2 Verkehr

Verkehre in Verkehrsnetzen haben vieles mit Verkehren in Telekommunikationsnetzen gemeinsam. Sie entstehen durch das Bedürfnis, Informationen bzw. Waren oder Personen von A nach B zu bringen. Sie haben eine Quelle, an der sie entstehen, und eine Senke, an der sie enden. Ihre Entstehung entspringt einem individuellen Entschluss, individuelle Einzelverkehre werden gebündelt und streben wieder auseinander. Manchmal kommt es dabei zum Stau. In Telekommunikationsnetzen passiert dies immer seltener, in Verkehrsnetzen leider immer öfter. Telekommunikationsnetze haben es dabei einfacher. So lassen sie im Falle der Überlast auch mal einzelne Informationen verschwinden, um sie, über vorgegebene Prozeduren abgesichert, etwas später nochmals zu wiederholen. Das Ganze passiert rasend schnell, Ersatzwege werden geschaltet, Ersatzkapazitäten stehen bereit. Und ob eine Verbindung von Stuttgart nach Berlin über Nürnberg–Leipzig oder über Frankfurt–Dortmund–Bremen–Hamburg geschaltet wird, ist praktisch nicht relevant. Ganz anders im Straßenverkehr: Ressourcen sind stark beschränkt und können nicht einfach zugeschaltet werden, Autos im Stau verschwinden nicht einfach und die Geschwindigkeiten sind nahezu statisch im Vergleich zu Verkehren in Telekommunikationsnetzen. Und noch ein wichtiger Unterschied: Während steuernde Prozesse in einem Telekommunikationsnetz wirklich alle relevanten beteiligten Einheiten koordiniert erreichen, kann man dies vom Straßenverkehr nicht behaupten. Auch dies ist ein Thema für Verkehrsmanagement.

---

[2] Statistisches Bundesamt - Verkehr

8.2.3 Zukunft

Der Begriff „Zukunft" im Titel eines Beitrags verlangt immer nach der Klärung des betrachteten Zeithorizonts. Um eine Abgrenzung gegenüber Beiträgen zu erreichen, die visionär die nächsten 20 Jahre betrachten, und aufgrund der aktuell knappen Verkehrsressourcen und der Probleme, die der Straßenverkehr heute hervorruft, wird sich dieser Beitrag auf die nächsten 10 Jahre beschränken, soweit dies die Betrachtung der Entwicklung von Datenverkehrsquellen und Datenverkehrsvolumina betrifft. Anzustrebende Lösungen, die in diesem Beitrag vorgestellt werden, erwarten ein früheres Handeln. Hier ist es in naher Zukunft (3 Jahre) an der Zeit, die Weichen richtig zu stellen.

8.3 Das Zusammenspiel verschiedener Komponenten

Die Grundidee, die zu diesem Beitrag führte, geht von einem Zusammenspiel von Verkehrsmanagement und Maut aus. Vor diesem Hintergrund soll zudem das Telekommunikationsumfeld dargestellt werden, das in der Lage ist, beide Komponenten zu unterstützen.

Dazu sollen die verschiedenen Teilnehmer des Spiels vorgestellt werden. Diese sollen zunächst das Verkehrsmanagement selbst sowie die Maut umfassen. Als Ergänzung kommt der politische Bereich hinzu, im konkreten Fall die Europäische Union (EU), die mit ihren Plänen und Vorgaben das Zusammenspiel beeinflusst.

Generell jedoch erscheint die reine Konzentration auf Verkehrsmanagement und Maut als zu kurz gegriffen. Betrachtet man Anwendungen, die in anderen Bereichen im Verkehrssektor definiert werden, und die früher unter dem jetzt leider etwas verpönten Begriff „Verkehrstelematik" zusammengefasst wurden, ergeben sich eine Reihe von anderen Komponenten, die das Gesamtsystem beeinflussen. Auch diese werden in Kapitel 3 ihre Aufnahme finden.

8.3.1 Verkehrsmanagement

Befragt man das Internet zum Thema „Verkehrsmanagement", findet man eine Vielzahl von Einträgen. Sie decken eine große Bandbreite von verschiedenen Themen ab, von konkreten Projekten zur Steuerung des Verkehrs in Großstädten bis hin zu den theoretischen Grundlagen der Datensammlung und -aufbereitung, von Verkehrsleitzentralen bis zu Anbietern für Unternehmenslogistik.

Berücksichtigt man die Thematik „Netze für den Verkehr der Zukunft", sind die Anwendungen für eine erste Analyse nicht entscheidend. Zunächst bedeutsamer sind die Basisfunktionen, die den Anwendungen zugrunde liegen:
- Erfassung der Daten im System „Verkehr",
- Übertragung der Daten,
- Aufbereitung der Daten nach vorgegebenen Algorithmen,
- Ableitung von verkehrsrelevanten Information,
- Rücksendung dieser Information in das System „Verkehr",
- Steuerung des Verkehrs als Resultat der vorangegangenen Aktionen.

Wichtig für den direkten Nutzen dieses rekursiven Prozesses sind die Güte der erhobenen Daten sowie deren rasche Umsetzung in „steuernde Information". Zum Thema Datengüte gehört vor allem, dass Daten dort erhoben werden, wo sie wichtig sind. Diese Forderung mit rein stationären Erfassungsmethoden zu erfüllen, ist nicht optimal. Mitschwimmende Sensoren können dies besser. Dies wird z.B. durch „Floating Car

Data" Systeme geboten. Sie „erkennen" Staus dort, wo sie wirklich auftreten, und sie ermöglichen Steuerung von Verkehr zu einem Zeitpunkt, an dem diese Steuerung auch wirklich sinnvoll ist. Letzteres sei durch ein Beispiel untermauert.

Priorisierung von Fahrzeugen (z.B. Busse) an Ampelanlagen über feste Infrastruktur muss immer ein Kompromiss bleiben, da die Verkehrslage bei der Installation der Geräte nicht oder nur als „Mittelwert" berücksichtigt werden kann. Im Fahrzeug selbst installierte Systeme, die aus der Verkehrslage vor der Ampel die rechtzeitige Priorisierung anfordern, sind für den Gesamtverkehrsfluss günstiger.

Die Unterstützungsmöglichkeiten dieses Prozesses durch Telekommunikationsnetze und fahrzeuggestützte Infrastrukturen sind offensichtlich. Wichtig ist die Konsequenz, die sich daraus ergibt. Das Fahrzeug selbst sollte in den Generierungs-, Auswertungs- und Umsetzungsprozess der Daten einbezogen werden. Dies wird im Folgenden noch öfter erkennbar werden.

Nach der rein prozeduralen Betrachtung müssen nun die Ziele des Verkehrsmanagements in den Blick rücken. Zwei seien als bedeutende Einzelpunkte herausgegriffen:

a) Erhöhung der Verkehrssicherheit
An der Sinnhaftigkeit dieses Zieles kann es keinen Zweifel geben. Die Senkung der Anzahl der Verkehrsopfer ist erklärtes Ziel der verkehrspolitischen Vorgaben der EU. Die Bedeutung von Netzen sei an einem Beispiel verdeutlicht.

Jeder kennt sie, diese Verkehrsdurchsagen: Stau auf der A8 Stuttgart Richtung München zwischen den Anschluussstellen Kirchheim/Teck und Merklingen. Achtung, das Stauende liegt in einer Kurve! Es wäre durchaus interessant, eine solche Verkehrsmeldung entweder dezidiert unter Mitteilung der genauen Position ins Fahrzeug zu bekommen, oder am besten bei Annäherung an den Stau durch das letzte Fahrzeug selbst initiiert. Beide Möglichkeiten erfordern ein gutes Zusammenspiel von Positionierung und Kommunikation entweder über ein Telekommunikationsnetz oder über ein Ad-hoc-Netz zwischen Fahrzeugen.

Technisch ist dies an sich kein Problem. Die eigentliche Schwierigkeit liegt darin, dass solche Dienste erst Sinn machen, wenn sie eine genügend hohe Durchdringung erreichen. Telekommunikationsnetze, die nur einige hunderttausend Teilnehmer hätten, wären zum einen teuer, zum anderen wären sie unattraktiv, weil derjenige, der erreicht werden muss, wahrscheinlich nicht ans Netz angebunden wäre.

These 1: Es genügt nicht, sich über technische Lösungen von Problemen Gedanken zu machen. Die Einführungsszenarien sind der Schlüssel. Erst eine genügend hohe und schnelle Durchdringung macht bestimmte Dienste sinnvoll. Hier liegt die eigentliche Herausforderung im Bereich Verkehrsmanagement: Schnelle und günstige Bereitstellung einer Infrastruktur, die eine Flächendeckung ins Fahrzeug hinein sinnvoll verwirklichen läßt.

b) Bessere Nutzung der vorhandenen Ressourcen
Dieses Ziel erscheint sehr verlockend, verheißt es doch, durch intelligente Steuerung des Verkehrs, bei gleichzeitigem Wachstum länger mit der bestehenden Infrastruktur leben zu können. Denn diese Infrastruktur ist teuer und nicht beliebig ausbaubar. Es ist jedoch abzuwägen, ob die erreichbare Verbesserung der Nutzung wirklich so signifikant ist, um nicht noch während des Aufbaus des Verkehrsmanagementsystems von der Wachstumsrate des Verkehrs aufgefressen zu werden. Dies möglichst genau zu berechnen, wäre notwendiger Teil eines Gesamtszenarios.

Dabei wäre auch zu klären, welche Folgerungen sich daraus ergeben könnten, dass bessere Ressourcennutzung bei vorgegebenen Verkehren keine ausreichenden Effekte erzielt. Sieht man von Anpassungen der Märkte ab, können einige verkehrspolitische Folgerungen darin bestehen, dass Verkehrsaufkommen verringert oder dessen Wachstum zumindest gebremst sowie Verkehr aus Spitzenzeiten in andere Zeiten verlagert wird, um eine gleichmäßigere Auslastung der entsprechenden Ressourcen zu erreichen. Für Ersteres gibt es viele Ansätze (Intermodalität - das richtige Verkehrsmittel zur richtigen Zeit, Verbesserung der logistischen Prozesse), für Letzteres gibt es eigentlich nur die Einsicht aus der Not heraus. Für beide gibt es noch eine weitere Möglichkeit, in Deutschland zugegeben die unpopulärste, in anderen Ländern eine längst akzeptierte pragmatische und als erfolgreich erfahrene Konsequenz: Maut.

Über finanzielle Anreize kann zum einen die Komprimierung und Verlagerung von Transportkapazitäten erreicht werden, über flexible Tarifierung kann der zeitliche Verlauf des Verkehrs beeinflusst werden. Dies hätte natürlich auch Auswirkungen auf die Verkehrssicherheit, da sich der Verkehr entzerrt. Die Konsequenzen auf Transportketten (just-in-time) dürfen dabei allerdings nicht übersehen werden. Anonymisierte Auswertung der zentralen Mautdaten (welches Straßensegment wurde wann von einem Fahrzeug welcher Art befahren?) ermöglicht die Beobachtung der Verkehrsdichte und die Ableitung von Tarifierungs- und Dimensionierungsregeln. Insofern können anonymisierte Mautdaten für das Verkehrsmanagement genutzt werden. Eine allzu dynamische Reaktion auf aktuelle Verkehrsverhältnisse ist, basierend auf der heutigen Vorgehensweise, bei der Erhebung der Mautdaten, eher unwahrscheinlich, da diese zunächst über mehrere befahrene Segmente hinweg gesammelt werden, um dann gemeinsam versendet zu werden. Somit sind die Daten teilweise erheblich verzögert.

8.3.2 Maut

Der internationale Vergleich der Mautsysteme führt zunächst zu zwei Feststellungen:

These 2: Eine auf einem globalen Satelliten-Navigationssystem und der Nutzung vorhandener Mobilfunksysteme zur Übertragung von Information basierende Maut (GNSS/CN[3]-System) ist das System der Zukunft.

These 3: Die Maut in Deutschland ist in ihrer Realisierung zwar in die richtige Richtung aber leider aufgrund der aufgetretenen Probleme nicht so weit gesprungen, wie sie das hätte tun können und auch hätte tun sollen.

Warum gelten diese Thesen?
GNSS/CN-basierte Mautsysteme nutzen in ihren Grundfunktionen ‚Positionierung' und ‚Kommunikation' offene, vorhandene Systeme, die auch in anderen Bereichen ihre Anwendung finden. Je mehr sich ein Mautsystem auf schon vorhandene Systeme stützt, desto weniger wird ein nur auf die Mautapplikation reduziertes System schon durch dessen technische Realisierung erzwungen. GNSS/CN-Systeme bieten darüber hinaus die Möglichkeit, Maut ohne größere zusätzliche Infrastrukturmaßnahmen auf weitere Straßen auszudehnen. Im Endausbau sind generelle Systeme zur Erfassung von Gebühren - nicht nur Maut - denkbar. Und sie allein bieten eine sichere Grundlage, die Erhebung der Maut über die verschiedenen Grenzen in Europa hinweg anzubieten.

---

[3] GNSS/CN: Der Begriff „Global Navigation Satellite System/Cellular network" wurde als „neutraler" Begriff eingeführt. Unter GNSS versteht man Systeme wie GPS, GLONASS und später Galileo, unter CN werden Funknetze verstanden wie GSM- oder UMTS basierte Systeme

Dedizierte, nur für die Mauterfassung eingesetzte Anteile bleiben dabei weiter der zentrale Teil der Maut-Anwendung (z.B. Rechnungsstellung, Datenerfassung, Kundenverwaltung) sowie die Teile zur Überwachung (Enforcement), um die ordnungsgemäße Entrichtung der Maut zu gewährleisten.

In der noch jungen Mautgeschichte in Deutschland wurde vom jetzigen Mautbetreiber zu Beginn ganz deutlich die Offenheit des Systems auch für andere Anwendungen/Dienste (z.B. Flottenmanagement) kommuniziert. Gerade dies rief die europäischen Wettbewerbshüter auf den Plan, die aufgrund dieser Zielrichtung die Öffnung des Systems für Dienste anderer Anbieter erreichen wollten. In diesem Zusammenhang sei nur kurz das Stichwort „Telematics Gateway"[4] erwähnt. Die Offenheit des Systems für andere Anwendungen, auch wenn dies in der ersten Realisierung noch sehr rudimentär der Fall gewesen wäre, wäre der entscheidende Sprung nach vorne gewesen, den die zweite These konstatiert.

Mauterhebung ist zumindest fahrzeugseitig lediglich eine von vielen möglichen Anwendungen, die auf bestehenden GNSS/CN-Grundfunktionen aufsetzt. Eine Reihe solcher weiterer Anwendungen ist auf dem Gebiet des Verkehrsmanagements denkbar. Auf dem Markt der LKW lassen sich weitere Anwendungen identifizieren, die bisher in separaten Systemen realisiert werden. In extremen Fällen findet man bis zu vier voneinander unabhängige GPS-Empfangssysteme und ebensoviele Ankopplungen an Kommunikationssysteme in einem einzigen Fahrzeug. Ist das in LKW hinsichtlich Einbauvolumen und Kosten noch halbwegs darstellbar, kann das in PKW nicht funktionieren. Die Maut wird jedoch auch für PKW eingeführt werden, soviel ist sicher.

Die Einführung der Maut bildet also den ersten Kristallisationspunkt für ein gemeinsames fahrzeugseitiges System. Aber dies erfordert eine zusätzliche Investition in die Offenheit des Systems, die ein Mautbetreiber unter rein betriebswirtschaftlichen Gesichtspunkten nicht erbringen will und nicht erbringen wird. Gleiches gilt für die Problematik des Maut-Roamings in Europa.

Dies bedeutet in letzter Konsequenz, dass die Einführung eines solch offenen Systems eine Infrastrukturmaßnahme darstellt und damit die Einigung in einem Kräftefeld Staat-Mautbetreiber-Diensteanbieter-Fahrzeughersteller-Infrastrukturhersteller erfordert.

These 4: Die Einführung der Maut ermöglicht die Errichtung einer sinnvollen Infrastruktur auch für Verkehrsmanagement und andere Dienste und kann eine Antwort auf die Frage nach einem geeigneten Einführungsszenario (s. These 1) darstellen.

8.3.3 Die Rolle der EU - Maut in Europa / Galileo / Standardisierung

Die Liste der Einflüsse der EU auf das gesamte Themengebiet ist vielfältig und erstreckt sich auf die unterschiedlichsten Anwendungen:
- Bereitstellung des Satellitennavigationssystems Galileo und dessen „Vorstufe" EGNOS;
- Halbierung der Anzahl der Verkehrsopfer in Europa bis ins Jahr 2010;
- Harmonisierung der Mauterhebung in den Ländern und Großstädten Europas;
- Finanzierung der Infrastrukturmaßnahmen im vereinigten Europa;
- Verkehrsmanagement;
- Intermodalität;
- Überwachung des Transports gefährlicher Güter;

---

[4] Europäische Kommission, Entscheidung der Kommission zur Erklärung der Vereinbarkeit eines Zusammenschlusses mit dem Gemeinsamen Markt und dem EWR-Abkommen SacheNr. COMP/M.2903 - DaimlerChrysler/Deutsche Telekom/JV.30. April 2003

- Überwachung von stillgelegten landwirtschaftlichen Flächen;
- Umweltvorgaben (z.B. Feinstaubverordnung);
- Aufsetzen von Projekten zur Unterstützung der Aktivitäten auf den verschiedenen genannten Gebieten.

8.3.3.1 Galileo/EGNOS
Galileo und EGNOS bilden unter Nutzung zusätzlicher Dienste, wie die Bereitstellung einer zusätzlichen Information über die Integrität des Signals, die Grundlage einer hoch genauen Positionierung. Dies ermöglicht die Vereinfachung von GNSS/CN-basierten Mautsystemen, da mit hoher Wahrscheinlichkeit auf bestimmte Plausibilitätsüberprüfungen zur Verbesserung der Fehlerwahrscheinlichkeit (z.B. irrtümliche Abrechnung von Fahrten auf nicht mautpflichtigen Straßen) in Mautsystemen verzichtet werden kann. Die europäischen Mautsysteme werden damit eine der wichtigsten zivilen Anwendungen von EGNOS/Galileo.

8.3.3.2 Harmonisierung europäischer Mautsysteme
Für die EU bildet es ein zentrales Interesse, bereits die Einführung nationaler Mautsysteme so zu harmonisieren, dass der Güterverkehr durch diese Systeme nicht behindert wird. Dies gilt zum einen für den Verkehrsfluss, der automatische Systeme fordert, zum anderen gilt es für die Komplexität des Gesamtsystems. Letztere erhöht sich entscheidend, wenn in jedem Mitgliedsland unterschiedliche Systeme mit unterschiedlichen Geräten gefordert werden. Da nicht zu erwarten ist, dass die Ausprägung der Mautsysteme hinsichtlich ihrer Prozesse und Inhalte in allen Ländern der EU gleich ist, wird die Tendenz auch hier in eine Richtung gehen, die die Maut als eine von mehreren Anwendungen auf einem Telematiksystem sieht. Dabei können verschiedene Mautsysteme entweder fest auf einer Fahrzeugplattform installiert sein oder für das jeweilige Land bei Annäherung an die Grenze heruntergeladen werden.
Auch die Finanzierung dieses Maut-Roamings kann nicht rein betriebswirtschaftlich beantwortet werden. Kein Mautbetreiber eines Landes wird technische Vorleistungen finanzieren, die wegen des Mautsystems eines anderen Landes erbracht werden müssen. Auch hier handelt es sich um eine Infrastrukturfrage und die Aufgabe, einheitliche Grundlagen für solche Systeme und deren Finanzierung zu schaffen.

8.3.4 Der Zugang zu Fahrzeugen - wer ist noch beteiligt?
Während bisher der Zugriff zum Fahrzeug unter den Gesichtspunkten Maut und Verkehrsmanagement betrachtet wurde, muss bei der Forderung nach einem offenen System der Flottenbegriff allgemeiner betrachtet werden, als dies im logistischen Umfeld bisher getan wird.
- Betrachtet man einen LKW gehört dieser zur Flotte des *Eigners*. Dieser ist daran interessiert, Informationen über sein Fahrzeug, dessen Ladung, die Position etc. zu erhalten. Dies entspricht dem klassischen Flottenbegriff.
- Häufig sind diese LKw aber in ein anderes logistisches System eingebunden, zum Beispiel genau dann, wenn der Unternehmer, der das Fahrzeug betreibt, als Unterauftragnehmer für ein anderes Unternehmen fungiert. Das heißt, das Fahrzeug wird in das System (die „Flotte") dieses *auftraggebenden Unternehmens* eingebunden.
- Ein solcher LKW bezahlt auf deutschen Autobahnen Maut. Er gehört also zur „Flotte" der mautpflichtigen Fahrzeuge, an dem der *Mautbetreiber* und der *Staat* Interesse haben.
- Ist das Fahrzeug geleast, wird auch die *Leasingfirma* ein Interesse an Informationen über den Zustand des Fahrzeugs haben.

- *Versicherungen* sehen eine Chance, durch Daten aus Fahrzeugen ihre Tarife flexibler zu gestalten. Versichert wird nur noch das eingegangene Risiko. Erste Feldversuche zu diesem Thema laufen bereits.
- Zum bisher aufgezählten „Strauß" von Flotten gehört auch die Flotte aller Fahrzeuge eines *Fahrzeugherstellers*, der vielleicht bestimmte Mobilitätsgarantien beim Verkauf eines Fahrzeugs übernommen hat und deshalb über den Zustand des Fahrzeugs informiert sein möchte, um rechtzeitig eingreifen zu können.
- Auch die *Werkstatt*, die neben vielen anderen eben dieses Fahrzeug betreut, erweitert den Begriff der „Flotte".

Alle haben ein Interesse an Parametern des Fahrzeugs. Diese Parameter mögen sich überschneiden oder divergieren, alle Anwendungen aber fordern einen Zugang zum Fahrzeug. Datenschutzbeauftragte werden eventuell die Hände über dem Kopf zusammenschlagen, aber dazu später. Der Bedarf ist vorhanden, die Frage ist nur, ob er gedeckt werden soll, und wenn ja, wie.

8.3.5 Ist eine gemeinsame Infrastruktur denkbar - ist sie Pflicht?

Fasst man die Ausagen aus den vorangegangenen Kapiteln zusammen, kann man die Frage, ob eine gemeinsame Infrastruktur Pflicht ist, mit einem deutlichen „Ja" beantworten. Spätestens in PKW wird nicht einmal der Platz für mehrere Geräte zur Verfügung stehen, selbst wenn noch für eine gewisse Zeit eine Reihe mit Saugnäpfen befestigter Geräte auf Armaturenbrett oder an der Windschutzscheibe akzeptiert wird.
Außerdem ist zu erwarten, dass mit der Einführung einer „Pflichtanwendung", wie der Maut, Neufahrzeuge von Beginn an mit entsprechendem Equipment ausgerüstet werden müssen und damit ein jährliches „Massengeschäft" entsteht, vom Nachrüstungsdruck in existierenden Fahrzeugen ganz zu schweigen. Damit wäre die Grundlage für eine allgemein verfügbare Infrastruktur zu schaffen.
Die Frage nach der Denkbarkeit einer solchen Infrastruktur ist von zwei Seiten zu betrachten. Aus technischer Sicht ist eine solche Lösung zu realisieren. Es existieren dazu bereits Prototypen.
Der eigentliche Durchbruch auf diesem Gebiet ist jedoch über die Beteiligten an diesem Markt zu erreichen. Bisher werden Lösungen auf diesem Gebiet sehr stark unter dem Thema „Kundenbindung" betrachtet. Der Kunde wird „gebunden" durch die dedizierte Lösung eines Anbieters. Dies wäre mit einer allgemein verfügbaren, standardisierten Lösung so nicht mehr möglich. Hier drängen sich die Parallelitäten zur Telekommunikation auf. Dort hat eine allgemeine Telekommunikationsplattform (früher analog, dann digital kanalorientiert, jetzt digital paketorientiert) dem Markt sicher nicht geschadet. Sie hat vielmehr die Planungssicherheit für viele, auf dieser Plattform basierende Lösungen hergestellt.
Damit schließt sich der Kreis zum Verkehrsmanagement. Die verbesserten Möglichkeiten eines Verkehrsmanagements sind erst zu haben, wenn die Fahrzeuge ansprechbar werden - nicht allein durch straßenseitige Infrastruktur wie Anzeigetafeln und allgemein ausgestrahlte Information wie im Verkehrsrundfunk. Bekannte Position und mögliche gezielte Kommunikation ermöglichen individualisiertes Verkehrsmanagement mit vielen vorteilhaften privaten Nutzanwendungen.

8.3.6 Zusammenspiel der Kräfte - Fazit

Die Realisierung eines Zugangs in Fahrzeuge auf breiter Front mit standardisierten

Lösungen ist aus Sicht der bestehenden Telekommunikationsnetze möglich. Die Systeme legen technisch keine Beschränkungen auf. Die Frage, ob und wie die vorhandenen Netze ausgebaut werden müssen, wird in Kapitel 8.4 abgehandelt. Telekommunikationsnetze haben es in Deutschland ermöglicht, 39 Millionen[5] Haushalte und Firmen anzuschließen. Die Mobilnetze in Deutschland bedienen 71,3 Millionen Teilnehmer[6]. Die 48 Millionen Fahrzeuge in Deutschland sind ein weiterer Markt.

Andere Länder, vorwiegend in Südost-Asien, die eine Sättigung von weit über 100% im Mobilfunkbereich erreicht haben, setzen auf ein weiteres Wachstum durch Maschine-Maschine-Kommunikation.

Fahrzeuge sind solche „Maschinen". Die Kommunikation mit Fahrzeugen dient nicht nur dem direkten Angebot von Information an die Nutzer im jeweiligen Fahrzeug, sondern bezieht sich auch auf das Fahrzeug selbst, angestoßen durch Kfz-Hersteller, Versicherungen, Leasing-Firmen etc. Dabei ergibt sich der Nutzen für die Insassen, den Fahrer oder Halter häufig erst indirekt aus anderen Dienstleistungen (z.B. einer ermäßigten Versicherungsprämie).

Dieses Nutzenpotenzial führt zu folgenden weiteren Thesen:

These 5: Die aufgrund der Situation im Verkehr notwendigen Maßnahmen, wie Verkehrsmanagement und Maut, setzen den entscheidenden Anstoß zur „massenhaften" Einbringung von Infrastruktur in Fahrzeuge. Diese Chance ist zu ergreifen.

These 6: Es gibt eine Vielzahl von Beteiligten, die ein Interesse haben, Zugang zum Fahrzeug zu erhalten, auch Verkehrsmanagement ist ein solcher Kandidat.

These 7: Eine Anzahl von verschiedenen technischen Lösungen ist nicht erstrebenswert. Benötigt wird eine Kommunikationsinfrastruktur bis ins Fahrzeug, basierend auf standardisierten Plattformen. Erst dies ermöglicht massenmarktfähige Kostenniveaus.

These 8: Eine Übereinkunft über die Nutzung dieser Kommunikationsinfrastruktur zwischen den verschiedenen Beteiligten ist nötig.

These 9: Ziel muss eine hohe Marktdurchdringung sein.

These 10: Rein betriebswirtschaftliche Überlegungen zur Realisierung der Infrastruktur bringen nicht entscheidend weiter. Sie führen zu kleinen, eventuell proprietären Lösungen, da niemand für einen anderen Vorleistungen erbringen will.

Eine leistungsfähige Kommunikationsinfrastruktur mit den beteiligten Fahrzeugen und anderen Verkehrsmitteln bildet die Grundlage für unterschiedlichste Anwendungen, auch für ein sinnvolles Verkehrsmanagement, und ermöglicht die Umsetzung der genannten Thesen.

8.4 Eine leistungsfähige Kommunikationsinfrastruktur

Eine leistungsfähige Kommunikationsinfrastruktur gilt als selbstverständlich, um private und geschäftliche Abläufe zu optimieren. Dabei ist der technische Aufbau der Infrastruktur aus Nutzersicht einerlei, die Hauptsache sind die Verfügbarkeit und der Nutzen, der aus der Kommunikation gezogen werden kann.

---
[5] Regulierungsbehörde für Telekommunikation und Post, Jahresbericht 2004
[6] ebenda

Dies gilt auch für die hier betrachteten Bereiche der Maut und des Verkehrsmanagements. Aus technischer Sicht sind jedoch die Konsequenzen der Anforderungen entscheidend. Das ist das Thema dieses Kapitels.

8.4.1 Kommunikationsinfrastruktur - Überblick

Abbildung 2 zeigt eine erste Übersicht über den Aufbau einer Kommunikationsinfrastruktur für den Verkehrssektor. Im Kern basiert diese Architektur auf verfügbaren Kommunikationsnetzen. Diese bestehen für unseren Anwendungsfall aus einem drahtlosen Zugang und der Vernetzung dieser Zugänge untereinander.

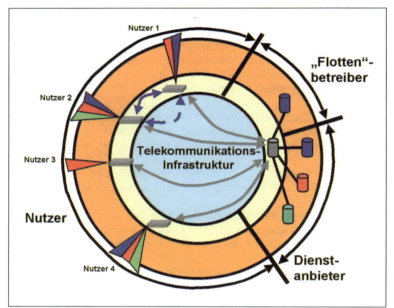

Abbildung 2:
Aufbau der Kommunikationsinfrastruktur

Bekanntlich ändert sich die Telekommunikationsinfrastruktur, zwar nicht schlagartig, aber meist über den Zeitraum einiger Jahre, in denen es nicht in erster Linie darum geht, alte Strukturen abzuschaffen, sondern neue zunächst in bestimmten Teilen zu integrieren. Dies geschieht bis zu einem Zeitpunkt, an dem die neuen Systeme bereit sind, allen Telekommunikationsverkehr zu übernehmen. Die Betrachtung des Infrastrukturnetzes ist also nicht allein ausreichend, es ist vielmehr notwendig, die Veränderungen im Infrastrukturnetz durch Zufügen von weiteren Funktionen für neue Diensten nutzbar zu machen. Für die „Abbildung" der hier behandelten verkehrlichen Diensteanforderungen auf die Möglichkeiten der Kommunikationsinfrastruktur ist eine zusätzliche Infrastrukturschicht - bestehend auf einer fahrzeugseitigen (OBU) und einem zentralen Anteil (Server) - notwendig. Aus Sicht der Kommunikationsnetze repräsentiert eine solche Schicht einen Anwender, aus Sicht des Nutzers ist diese Schicht Bestandteil der Infrastruktur. Dieser zusätzliche „Ring" um die Telekommunikationsinfrastruktur ermöglicht die Ausführung unterschiedlichster Anwendungen im Verkehrssektor sowie deren Abbildung auf die darunterliegenden Netze. Dazu gehört auch die Auswahl des zum jeweiligen Zeitpunkt optimalen Netzes.

Im Bereich der Infrastruktur sind durchaus unterschiedliche Netze in den verschiedenen Bereichen denkbar (Abbildung 3). Die Grundabdeckung mit einer Erreichbarkeit in der

Fläche wird durch die existierenden (GSM/GPRS) und zukünftige Mobilfunknetze (UMTS) erreicht. In lokalen, eventuell auch regionalen Bereichen kann man sich Netze z.B auf Basis von WLAN- (IEEE 802.11) und WiMAX-Technologie (IEEE.16a) vorstellen. Verschiedenste Schnittstellen auf Basis unterschiedlichster Netze sind denkbar. Die genannten Netze dienen der Übertragung von Verkehrsinformationen zwischen Fahrzeugen und Servern. Im Bereich der Fahrzeuge selbst werden Standards, wie Bluetooth, zum Einsatz kommen, um externe Geräte in das Informationsnetz mit einzubeziehen.

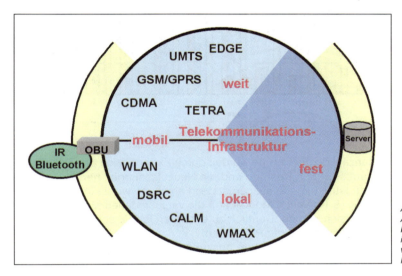

Abbildung 3: Aufbau der Kommunikationsinfrastruktur inkl. verschiedener Netzbestandteile

These 11: Die Netzinfrastruktur und deren Evolution bilden nicht die Kernfrage. Wichtig ist es, die verschiedensten Netze in Fahrzeugen für die Dienste nutzbar zu machen.

8.4.2 Kommunikationsbedarf durch Maut, Verkehrsmanagement und andere Anwendungen

Der Gesamtkommunikationsbedarf wird bestimmt durch die Anzahl der Anwender, die Häufigkeit der Nutzung und deren Verteilung über die Zeit sowie die bei einer Nutzung anfallenden Datenmenge bzw. bei der Belegung eines Kanals die Dauer dieser Belegung. Dies bedeutet, dass die genannten vier Variablen bekannt sein müssen, damit die benötigte Infrastruktur richtig dimensioniert werden kann. Sind diese Variablen nicht bekannt – und das ist bei vielen potenziellen Anwendungen im Verkehrsbereich der Fall – bleibt die Schätzung bzw. die Ableitung aus bereits bekannten, ähnlichen Anwendungen.

8.4.2.1 Die Entwicklung der Anzahl ausgerüsteter Fahrzeuge

Abbildung 4 präsentiert eine Prognose zur Entwicklung der Anzahl von Fahrzeugen, die mit Infrastrukturkomponenten ausgerüstet sein werden. Es gibt zahlreiche weitere Prognosen führender Beratungsunternehmen zu diesem Thema.[7]

---

[7] Shell, Pkw-Szenarien. Flexibilität bestimmt Motorisierung. Szenarien des Pkw-Bestands und der Neuzulassungen in Deutschland bis zum Jahr 2030

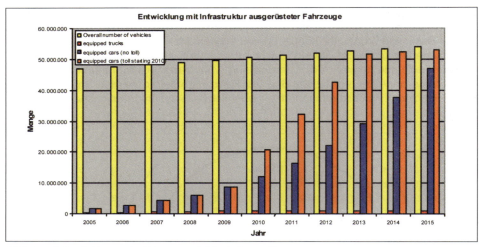

Abbildung 4: Durchdringung der Fahrzeuge mit Infrastrukturgerät

Die Werte zur Gesamtanzahl der Fahrzeuge wurden durch Extrapolation der Zahlen des Statistischen Bundesamts für den Bestand und die Neuzulassungen hergeleitet. Die Abschätzung der mit Infrastrukturgerät ausgerüsteten Fahrzeuge wurde über verschiedene Wachstumsmodelle (S-Kurven; 4 Modelle) für die verschiedenen Marktsegmente bei PKW (10 Klassen) vorgenommen. Deutlich zu erkennen ist die schnellere Durchdringung des Marktes bei Einführung der PKW-Maut.

Wird keine PKW-Maut eingeführt, ist davon auszugehen, dass die Ausrüstung der Fahrzeuge nicht nur langsamer voranschreitet, sondern dass die Ausrüstung mit sehr heterogenen Systemen erfolgt, die nur sehr schwer als allgemeine Infrastrukturplattform für verschiedenste Dienste einsetzbar sind. Um in der Darstellung von Abbildung 2 zu bleiben: Der „Ring" um die Infrastruktur wird so nicht entstehen.

8.4.2.2 Entwicklung des Datenaufkommens in Fahrzeugen

Eine kurze qualitative Betrachtung der in Deutschland mautpflichtigen Lkw gibt einen ersten Aufschluss über das Datenaufkommen. Fährt ein mautpflichtiger LKW auf deutschen Autobahnen, wird für jedes befahrene Autobahnsegment eine „Kaufentscheidung" getroffen und dokumentiert. Bei den vorhandenen 12.000 km Autobahn und etwa 3000 Auf-/Abfahrten heißt dies, dass im Schnitt alle 4 km eine Kaufentscheidung gefällt wird und diese Daten gespeichert und ‚irgendwann' übertragen werden. Bei einer Lkw-Kilometerleistung von etwa 300 km pro Tag bedeutet dies 75 Datensätze mit wenigen Bytes. Da nicht jede Kaufentscheidung sofort zur Zentrale übertragen wird, sondern diese Übertragung von Kriterien abhängt (mindestens einmal pro Tag, nach gewisser Zeitdauer, nach maximaler Anzahl von Segmenten, nach Verlassen der Autobahn,...), werden viel weniger als 75 SMS mit Mautinformation über das Netz transportiert. Gehen wir von einer Zahl von 4 SMS aus, bedeutet dies bei 500.000 Lkw täglich zwei Millionen SMS, bei 250 Einsatztagen fallen 500 Millionen SMS im Jahr an. Da Quittungs-SMS hinzukommen, werden 1 Milliarde SMS pro Jahr generiert. Laut Jahresbericht 2004 der Regulierungsbehörde für Telekommunikation und Post wurden im Jahr 2004 etwa 20,6 Milliarden SMS über deutsche Mobilfunknetze übertragen. Der Anteil der Maut-SMS beträgt etwa 5 %.

Ein weiteres Beispiel: Wenn im Maut-LKW ein eingeschaltetes Mobilfunkgerät „mitfährt", meldet sich dieses bei jedem Übergang zwischen benachbarten Funkzellen. Die Durchmesser von Funkzellen können, je nach erwarteter Dichte des Mobilfunkverkehrs, unterschiedlich groß sein, angefangen von einigen Kilometern bis hin zu wenigen 100 Metern. Geht man von einem Durchmesser von 10 Kilometern je Funkzelle aus, würde ein LKW auf seiner 300 km langen Strecke 30 Funkzellen durchfahren. Bei jedem Übergang würden Signalisierungsdaten ausgetauscht. Das bedeutet, dass der Signalisierungsverkehr eines Mobilfunkgeräts bedeutend größer ist als der Datenverkehr einer OBU. Ist die GSM-Einheit der OBU zur Datenübertragung ständig aktiv, bedeutet dies, dass der reine Signalisierungsverkehr der OBU mehr Verkehr erzeugt als die Anwendung selbst.

In Mautsystemen kommt natürlich weiterer Datenverkehr hinzu. Zum einen können die Betriebsdaten aktualisiert werden (ab 1.1.2006), um z.B neue Autobahnstrecken mit aufzunehmen oder Bundesstraßen, die zur Mautumgehung geeignet sind, mit einzubeziehen. Weiterhin wäre die Aktualisierung der Mautsoftware in der OBU von einiger Relevanz. Auch dieser Datenverkehr wird die bestehenden Netze nicht überfordern.

Es ist durchaus denkbar, dass an Autobahnen mit steigender Dichte der Anwendungen die Infrastruktur von Funkzellen überprüft werden muss. Eventuell sind Kapazitätserweiterungen notwendig. Dies gilt vor allem bei der Nutzung von GPRS, das mit ausreichender Kapazität bereitstehen muss.

These 12: Die „Fähigkeiten" der Netze der Telekommunikationsinfrastruktur sind ausreichend. Kleinere Ausnahmen bestätigen die Regel. Der entscheidende Punkt liegt in der Bereitstellung eines „Dienstenetzes".

8.5 Datenschutz

Jeder Datenschützer wird mit Recht sagen: Datenschutz kommt wieder zum Schluss. Ein Techniker kann dieses gefährliche Pflaster allerdings erst betreten, wenn das technische System eine „perfekte" Soll-Definition hat. Damit ist zum einen häufig die Nutzung zahlreicher Daten gefordert, zum anderen muss der gläserne Bürger vermieden werden. Die Spannung zwischen diesen beiden Extremen beim Datenschutz ist im Bereich Maut und den eventuell damit verbundenen Diensten so bedeutend, dass es in einem eigenen, wenn auch kurzen Kapitel qualitativ abgedeckt werden soll.

„Datenschutz" ist nicht in erster Linie ein technisches, vielmehr ist es ein gesellschaftliches Problem, geprägt von Vertrauen und Mißtrauen, von Nachweispflichten, Gesetzen und letztlich auch Kosten.

Nur helfen selbst Binsenweisheiten nicht weiter. Die Welt ist nicht so einfach, dass man Daten am besten nicht erhebt, um sie zu schützen. Ein Beispiel verdeutlicht dies.

Auf einer Autobahn, an der die Maut über Mautstationen direkt an der Autobahn erhoben wird, wird bei der Auffahrt ein Ticket gezogen, das den Ort und die Uhrzeit speichert. Am Ziel wird das Ticket ausgewertet, der Preis bestimmt, bezahlt und keiner weiß, wer die Strecke befahren hat. Die Bepreisung wird als gerecht empfunden - wenn auch natürlich als zu teuer -, da jeder davon ausgeht, dass ein anderer mit aller größter Wahrscheinlichkeit für dieselbe Strecke den gleichen Preis entrichtet. Das Vertrauen in das System ist relativ hoch.

Es ist technisch möglich, ein solches System exakt durch ein elektronisches System mit Fahrzeug- und Zentralkomponente nachzubilden. Es wäre auch möglich, die Aktion auf den reinen Geldtransfer zu beschränken. Aber könnte es nicht sein, dass sich das

System irrt, dass es auf einer Straße zur Kasse bittet, die der Maut nicht unterliegt? Da sollte man die Daten doch besser eine Weile speichern, oder nicht? Aber dann bitte nicht nur vor Ort im Fahrzeug, sondern auch zentral, denn der Betreiber will sich natürlich auch vergewissern können, dass der Kunde nicht ‚beschummelt'.
Die Geschichte erscheint konstruiert und naiv; sie ist naiv, aber sie trifft den Kern. Im Zeitalter der Payback-Karten und der Speicherung von Verbindungsdaten in der Telekommunikation erscheint manches von dem, was über Maut-/Telematik-Infrastrukturen diskutiert wird, naiv.
Deshalb lohnt es doch, zur technischen Komponente des Datenschutzes zurückzukehren und die verschiedenen Komponenten der Infrastruktur zu betrachten.

a) Die Fahrzeugkomponente
Die verschiedenen Nutzer der Fahrzeugkomponente verwenden unterschiedliche Programme und Daten, die voneinander separiert und gegen missbräuchlichen Zugriff durch andere Nutzer oder Hacker geschützt werden müssen. Dies erfordert „Datentresore" für die verschiedenen Nutzer, in denen die entsprechenden Daten verschlüsselt „aufbewahrt" werden können. Die Verwaltung der unterschiedlichen Schlüssel erhöht den generellen Aufwand und natürlich auch den verwaltungsbedingten Kommunikationsbedarf.

b) Die Kommunikationsinfrastruktur
Unabhängig vom Weg, auf dem Informationen die Fahrzeugkomponente verlassen oder erreichen, ist eine verschlüsselte Übertragung wichtiger Daten notwendig. Die Verfahren, die dabei Anwendung finden, sind bekannt und stellen neben dem angesprochenen Aufwand für Schlüsselgenerierung und -verwaltung keine unlösbare Herausforderung dar.

c) Die zentralen Einheiten
Diese umfassen zum einen den Anbieter einer Applikation (z.B. das Verkehrsmanagement) und denjenigen Dienstleister, der die verschiedenen Applikationen unterschiedlicher Anbieter/Nutzer auf die gemeinsame Infrastruktur vereinigt (Service Aggregator). Erstere haben den Anforderungen Genüge zu leisten, denen Diensteanbieter heute auch unterliegen. Sie haben die Daten ihrer Kunden vor dem Zugriff Fremder zu schützen und diese nur in der vorher bestimmten Weise zu verwenden. Service-Aggregatoren sind sowohl den Anbietern von Diensten als auch den Nutzern dieser Dienste verpflichtet. Sie sind nicht interessiert an den Inhalten der Daten, die übertragen werden. Aber sie haben natürlich Informationen über Verbindungsdaten (wer mit wem?), die sie wie ein Diensteanbieter gegen unberechtigten Zugriff zu schützen haben, und sie sind zuständig für die gesamte Kommunikation und deren Schutz zwischen beweglicher Komponente und der Zentrale bzw. zwischen den beweglichen Komponenten.

Das Ergebnis kann in folgenden Thesen zusammengefasst werden:

These 13: Die Anforderungen an den Datenschutz sind aus anderen Technikbereichen (z.B. der Telekommunikation) bekannt. Gleiches gilt für die technischen Realisierungsmöglichkeiten.

These 14: Es gibt Alternativen, die Menge der anfallenden Daten zu verringern. Damit gehen aber Möglichkeiten des Nachweises verloren. Es wird speziell in Deutschland schwierig sein, die notwendige Balance schnell zu finden.

These 15: Sollten unabhängig von der Maut in einem für andere Anwendungen offenen System fahrzeugspezifische Daten erhoben werden, wird sich die Lösung der Datenschutzproblematik aufgrund der unterschiedlichen beteiligten Parteien schwierig gestalten. Dieses Problem muss von den beteiligten Parteien dringend angegangen werden.

8.6 Schlussbemerkung

Wenn schon aufgrund der Situation im Verkehrssektor über Verkehrsmanagement und Maut ein Zugang ins Fahrzeug geschaffen wird, dann sollte das gleich richtig getan werden. 48 Millionen Fahrzeuge in Deutschland, mehr als 210 Millionen in Europa, sind Stückzahl genug. Die Technologien auf Seiten der Telekommunikation sind vorhanden und standardisiert.

Ohne den Konsens zwischen den Beteiligten geht nichts, jedenfalls nicht die Öffnung der Mautinfrastruktur für andere Dienste. Wir müssen weg von Verhaltensweisen, die versuchen, den Zugang zum Fahrzeug auf eine bestimmte Dienstleistung oder einen bestimmten Dienstleistungsanbieter zu verengen. Kundenbindung ist ein hohes Ziel in allen Bereichen der Wirtschaft, sie kann aber letztendlich nicht dadurch erreicht werden, dass der Kunde von bestimmten Dienstleistungen ausgeschlossen wird, weil sich diese nicht im Produktportfolio dessen befinden, der vermeintlich den Kunden „besitzt". Wer möchte von seinem Anbieter „besessen" werden?

Gelingt es, die Hindernisse auf dem Weg zu einer einheitlichen Infrastruktur in Deutschland zu überwinden, wird, unter Einbeziehung der Bereiche Fahrzeugherstellung, IT/Kommunikation und Navigation, ein hoch wettbewerbsfähiges Gesamtsystem entstehen. Dieses wird - aufbauend auf europäischer Standardisierung - in seiner Ausdehnung nicht auf Deutschland beschränkt bleiben. Es wird Planungssicherheit für neue Anwendungen generieren und damit den Weg zu günstigen, auf das individuelle Fahrzeug und dessen Insassen und Halter abgestimmten Mehrwert-Diensten öffnen, wie dies in Telekommunikationsnetzen schon verwirklicht wurde.

Literatur

Europäische Kommission, Entscheidung der Kommission zur Erklärung der Vereinbarkeit eines Zusammenschlusses mit dem Gemeinsamen Markt und dem EWR-Abkommen SacheNr. COMP/M.2903 - DaimlerChrysler/Deutsche Telekom/JV. 30. April 2003

Europäische Kommission, European transport policy for 2010: time to decide. White Paper

Frost & Sullivan, Strategic Analysis of the European Road User Charging Systems Markets August 2004

PrENV ISO 17575 - Road Transport and Traffic Telematics (RTTT) - Electronic Fee Collection (EFC) - Application Interface Definition for Global Navigation Satellite Systems and Cellular Networks (GNSS/CN)

Regulierungsbehörde für Telekommunikation und Post, Jahresbericht 2004

Shell, Pkw-Szenarien. Flexibilität bestimmt Motorisierung. Szenarien des Pkw-Bestands und der Neuzulassungen in Deutschland bis zum Jahr 2030

Statistisches Bundesamt - Verkehr

Telematics Research Group, European Telematics Forecast: Trends, Analysis, Forecast. September 2003

Abkürzungen

CALM	Communications Air Interface Long and Medium Range (Definition of an in-vehicle communications switch (or modem) to provide a seamless interface with various communications media)
CDMA	Code Division Multiple Access
DSRC	Dedicated Short Range Communication
EDGE	Enhanced Data rates for GSM Evolution
EGNOS	European Geostationary Navigation Overlay Service
EU	Europäische Union
GNSS/CN	Global Navigation Satellite Systems / Cellular Networks
GPRS	General Packet Radio Service
GSM	Global Standard for Mobile Communications
IR	Infra Red
OBU	On Board Unit
TETRA	Trans European Trunked Radio Access
UMTS	Universal Mobile Telephone System
WIMAX	Worldwide Interoperability for Microwave Access
WLAN	Wireless Local Area Network

9 Galileo - offene Chancen im Verkehr. Eine Provokation

Dr. Uwe Plank-Wiedenbeck
Beratender Ingenieur, Offenbach am Main, drplankw@arcor.de

Zusammenfassung

In wenigen Jahren wird das europäische Satellitennavigationssystem Galileo in Betrieb gehen. Bei voraussichtlichen Kosten von etwa 4 Mrd. Euro wird in Zusammenarbeit der öffentlichen Hand mit der Industrie ein System entstehen, mit dessen Anwendungen weltweit über 100.000 Arbeitsplätze entstehen sollen. Offen ist jedoch, welchen Erfolg Galileo insgesamt haben wird und insbesondere, welchen Anteil sich die deutsche Wirtschaft sichern wird.

Die überwiegenden Anwendungen von Galileo werden im Bereich Verkehr und Mobilität liegen. Die zahlreichen Ansätze, die heute schon realisiert sind, werden um neue Produkte im Kfz-Markt, im öffentlichen Verkehr oder bei mobilen Endgeräten ergänzt. Wenn das Galileo-System, die Endgeräte und die Anwendungen hinsichtlich Kosten und Technik optimal aufeinander abgestimmt werden, können wirtschaftlich ertragreiche und verkehrlich sinnvolle Lösungen entstehen, die in Bezug auf Verkehrssicherheit, Umweltaspekte, Finanzierung und Qualität des Verkehrsablaufs zukünftig neue Maßstäbe setzen würden. In Deutschland sind die Voraussetzungen leider nur prinzipiell sehr gut, um in diesem Wachstumsmarkt der Hochtechnologie eine Marktführerschaft zu erreichen.

Bisher kommen die notwendigen Entwicklungsschritte für eine Galileo-Erfolgsgeschichte in Deutschland aber nicht in Gang. Wesentliche Gründe dafür sind,

- dass es keine ausreichende Abstimmung zwischen den Akteuren im Verkehr und der technologieorientierten Galileo-Welt gibt, vor allem, weil die derzeit kommunizierten Vorteile von Galileo, besonders die gegenüber GPS höhere Genauigkeit, im Verkehr nicht benötigt werden, dafür aber andere unbeachtet bleiben,
- dass es keine nationale Strategie für die Ausbildung eines Zentrums für Galileo-Anwendungsentwicklung gibt, die Förderungsmodalitäten ungünstig sind und notwendige integrierte Entwicklungsarbeiten nicht in Gang kommen,
- dass die organisatorischen und technischen Randbedingungen von Galileo nicht auf die Bedürfnisse des Hauptanwendungsgebiets ausgerichtet sind.

Wenn in Deutschland die Potenziale von Galileo im Verkehr genutzt werden sollen, ist eine Bündelung der Aktivitäten und eine Neuausrichtung erforderlich. Als erster Schritt muss dringend eine Strategie entwickelt werden, die mit einem Masterplan oder einem ähnlichen Instrument umzusetzen ist.

9.1 Galileo - das System

Die Europäische Union hat nach einem langen Diskussionsprozess im Mai 2003 den Startschuss für das Satellitennavigationsprogramm Galileo gegeben. Damit ist der Weg für den Aufbau des ersten ausdrücklich für zivile Zwecke konzipierten satellitengestützten Positionierungs- und Navigationssystems freigemacht worden.

Kern des Galileo-Systems sind 30 Satelliten, die die Erde auf drei verschiedenen

Kreisbahnen in 23.600 km Höhe umkreisen. Jeweils zehn Satelliten werden gleichmäßig auf jeder einzelnen Bahn verteilt, die Satelliten benötigen etwa 14 Stunden für eine Erdumrundung. Einer der Satelliten auf jeder Ebene ist ein aktiver Reservesatellit, der gegebenenfalls die Funktion eines in der betreffenden Bahn ausgefallenen Satelliten übernehmen kann. Die Satelliten werden durch ein weltweites Netz von Bodenstationen unterstützt.

Galileo basiert auf den gleichen Prinzipien wie das amerikanische GPS oder das russische GLONASS. Galileo kann als technologische Weiterentwicklung gesehen werden, es liefert beispielsweise Informationen zur Systemintegrität. Dies ist insbesondere für sicherheitskritische Anwendungen von großer Bedeutung.

Galileo soll in fünf Dienste (Services) mit unterschiedlichen Leistungsniveaus und Sicherheitskriterien unterteilt werden:

1. offener Dienst für Anwendungen auf Massenmärkten,
2. sicherheitskritischer Dienst für anspruchsvolle Anwendungen, z.B. im Luft- oder Schienenverkehr,
3. kommerzieller Dienst als kostenpflichtige Erweiterung des offenen Dienstes mit höherer Genauigkeit und Servicegarantien für Mehrwertanwendungen,
4. öffentlich regulierter Dienst für hoheitliche Aufgaben, z.B. bei der Polizei oder dem Zoll,
5. Such- und Rettungsdienst, um wichtige Verbesserungen der bestehenden Systeme zu erreichen.

Galileo wird 10 Signale übertragen. Diese Signale werden auf drei Frequenzbändern gesendet, wobei eine Frequenz bereits von GPS genutzt wird. Dadurch wird die geplante Entwicklung von integrierten Galileo/GPS-Receivern gefördert.

Galileo sollte ursprünglich 2008 in Betrieb gehen, es wird jedoch mittlerweile mit einem um etwa zwei Jahre verzögerten Start gerechnet.

Die Europäische Kommission und die Europäische Weltraumorganisation ESA sind gemeinsam für den Aufbau und den Betrieb von Galileo verantwortlich. Sie haben dazu die gemeinsame Unternehmung Galileo Joint Undertaking (GJU) gegründet. Die GJU bündelt auch die Forschungs- und Entwicklungsaktivitäten für die peripheren Systeme, z.B. bei der Receiverentwicklung.

Der Aufbau und der Betrieb von Galileo finden in verschiedenen Phasen statt. Für die Entwicklung des Gesamtsystems hat die GJU Galileo-Industries beauftragt. Das Unternehmen, das 2000 von führenden europäischen Technologiekonzernen gegründet wurde, hat seinen Sitz in München. Die Entwicklungskosten werden zu 100% von der GJU getragen.

Für den Betrieb des Systems hat man sich für ein PPP-Modell (Public-Private-Partnership) entschieden. Das Konsortium, das den Zuschlag erhält, soll etwa 50% der Kosten für Aufbau und Betrieb des Systems tragen und sich aus den Einnahmen der kostenpflichtigen Dienste finanzieren. Die Gesamtkosten von Galileo werden auf bis zu 4 Mrd. € geschätzt. Davon muss die Privatwirtschaft über das Betreibermodell voraussichtlich etwa 1,5 Mrd. € tragen.

Galileo soll dabei nicht nur für den europäischen Markt entwickelt werden. Es laufen vielversprechende Verhandlungen für eine Kooperation mit wichtigen Ländern, z.B. China oder Indien, von deren positiven Ergebnissen ausgegangen werden kann.

Galileo wurde und wird sehr kontrovers diskutiert. Dabei haben die Aktivitäten im Zusammenhang mit Galileo bereits den positiven Aspekt bewirkt, dass das Konkurrenzsystem GPS nach wie vor in ungestörter Qualität kostenfrei angeboten wird.

Die Erwartungen an Galileo sind sehr hoch. Es soll auf einem weltweiten Markt, dem

hohe Steigerungsraten prognostiziert werden, dem vom amerikanischen Militär betriebenen GPS große Marktanteile abnehmen. Die Europäische Kommission rechnet allein mit volkswirtschaftlichen Erträgen in Höhe von über 70 Mrd. € in den nächsten 20 Jahren. Es wird mit der Schaffung von über 100.000 Arbeitsplätzen gerechnet.
Die Kritiker bemängeln insbesondere die hohen Aufwendungen der öffentlichen Hand für ein System, das derzeit bereits in ähnlicher Ausprägung und Qualität kostenfrei angeboten wird. Weiter wird angezweifelt, dass das Geschäftsmodell tragfähig ist, was sich auch an der lange zurückhaltenden Beteiligung der Industrie gezeigt haben soll.
Auf Seiten der europäischen Politik hat sich aber im Laufe der Diskussionen ein breiter Konsens zur Förderung von Galileo herausgebildet. Auch auf regionaler Ebene hat man große Erwartungen im Hinblick auf das Entstehen neuer Märkte für Industrie und Dienstleistung mit der entsprechenden Anzahl neuer Arbeitsplätze in einem Hochtechnologie-Sektor.
Es ist unumstritten, dass Galileo in wenigen Jahren auf dem Markt sein wird. Offen ist die Frage, welchen Erfolg Galileo insgesamt haben wird und welche wirtschaftlichen Effekte sich in den einzelnen Regionen tatsächlich einstellen werden. In beiden Feldern ist mit einem harten Konkurrenzkampf zu rechnen.

9.2 Galileo - Potenziale bei Anwendungen im Verkehr

Derzeit stehen die Kosten für den Aufbau und den Betrieb von Galileo noch im Vordergrund der Diskussionen. Aus wirtschaftlicher Sicht sind jedoch die Anwendungen viel bedeutsamer; hier kann ein gegenüber den Entwicklungs- und Betriebskosten um ein Vielfaches höherer Umsatz erwartet werden.
Die Hauptanwendungen von Galileo liegen im Bereich Verkehr und Mobilität. Wahrscheinlich werden 90 % der Umsätze, die zukünftig mit Galileo-Anwendungen erzielt werden, in diesem Bereich erwirtschaftet. Daneben sind Anwendungen in der Landwirtschaft oder bei der Vermessung vernachlässigbar.
Moderne Satellitennavigation stellt bereits heute eine wichtige Grundlage für Flottenmanagement, Informationsdienste und Leitsysteme dar. Die Anwendungsmöglichkeiten reichen über alle Verkehrsarten, vom Fußgänger- und Fahrradverkehr über Pkw, Lkw, Busse und Bahnen bis zur Schifffahrt und zum Luftverkehr. Auf allen Feldern existiert ein großer Markt für Telematikanwendungen. Dabei geht es für Galileo zum einen um die Ablösung bisheriger GPS-Anwendungen, zum anderen um die Generierung von neuen Lösungen. Auf den diversen Feldern des Verkehrsmanagements können die neuen technologischen Entwicklungen wichtige Impulse für Verkehrsträger, Industrie oder Diensteanbieter geben oder wirtschaftliche Umsetzungen sogar erst ermöglichen.
Neue Ortungs- und Navigationssysteme können als Schlüsseltechnologie die notwendigen Impulse für die Umsetzung geben. Dabei liegen die entscheidenden Faktoren für den Erfolg von Galileo-basierten Systemen weniger in der Genauigkeit der Positionsbestimmung als vielmehr in der umfassenden Verfügbarkeit der Signale (auch in Tunneln, Tiefgaragen und Gebäuden), angemessenen Preisen für die Empfänger und Endgeräte sowie in der Zuverlässigkeit der Gesamtsysteme:
- Die wichtigste Anwendung von Galileo ist im Kfz-Markt zu sehen. Gegenüber den derzeit verfügbaren Navigationssystemen, die auf GPS basieren, kann Galileo nur über den Preis nennenswerte Marktanteile gewinnen. Interessanter sind daher neue Anwendungen, die wesentlich höhere Anforderungen an die Zuverlässigkeit der

Positionsbestimmung stellen. So wird es zukünftig weltweit Mautsysteme geben, die eine zeitlich und räumlich differenzierte Bemautung auf allen Straßen ermöglichen. Gegenüber einer flächendeckenden City-Maut oder einer Maut nur auf Autobahnen muss das Navigationssystem hierfür wesentlich leistungsfähiger sein, ohne dass der Preis wesentlich höher sein darf. Dies kann nur mit einem Multi-Sensoransatz gelöst werden, bei dem Galileo ein Bestandteil ist. Die gleichen Anforderungen bestehen bei modernen Fahrerassistenzsystemen, die mittels Fahrzeug/Fahrzeug- und Fahrzeug/Infrastruktur-Kommunikation eine Vielzahl von Informationen verarbeiten und zu einer deutlichen Reduzierung der Anzahl der Unfalltoten führen werden. Weitere Anwendungen sind das automatische Sammeln von Verkehrsdaten und verbesserte Routing-Angebote. Es ist davon auszugehen, dass im Kraftfahrzeug zukünftig ein Navigationssystem die Positionsdaten für die verschiedenen Anwendungen liefert. Dieses muss entsprechend hohe Anforderungen erfüllen.
- Die Betriebsleittechnik im öffentlichen Personennahverkehr und bei der Bahn basiert fast ausnahmslos auf veralteter Technologie. Die derzeit verfügbaren und eingesetzten Systeme sind viel zu teuer und für viele sinnvolle Anwendungen nicht von ausreichender Qualität und Flexibilität. So stellt es in allen europäischen Bahnnetzen ein großes Problem dar, kurzfristig Güterzüge einzusetzen oder umzudisponieren, einen störungsarmen Zulauf auf die Knotenbahnhöfe zu organisieren oder im Fall von Verspätungen aktuelle und umfassende Informationen für die Fahrgäste anzubieten. Neue Leittechnik, die auf Galileo basiert und einem europäischen Standard angepasst ist, kann im öffentlichen Verkehr zu höherer Kundenfreundlichkeit, geringeren Kosten und größerer Leistungsfähigkeit führen. Der Markt ist auch deshalb so interessant, weil die derzeit eingesetzten Systeme ohnehin erneuert werden müssen.
- Für Handys und andere mobile Endgeräte werden neben dem Telefonieren und Austauschen von Daten zukünftig eine Vielzahl weiterer Dienste angeboten, mit denen ein weitaus größerer Umsatz generiert werden soll. Informationen über die direkte Umgebung, Notfalldienste, Routing und insbesondere das automatische Bezahlen von Fahrscheinen oder Parkplätzen sind Anwendungen, bei denen die Positionsbestimmung durch das Gerät eine entscheidende Rolle spielen kann. Hierfür ist Galileo als Baustein hervorragend geeignet. Insbesondere bei den Bezahlfunktionen können mit intelligenten Konzepten große Kosteneinsparungen im Vertrieb generiert werden, von denen die Endkunden und die Diensteanbieter über neue Tarifmodelle gleichermaßen profitieren können.
- Es gibt darüber hinaus zahlreiche weitere Anwendungen, beispielsweise Rollführungssysteme im Luftverkehr oder Systeme für die Logistik.

Die mit diesen Anwendungen zu generierenden Umsätze lassen sich derzeit nur schwer ermitteln. Die immensen Größenordnungen werden aber deutlich, wenn man für das Jahr 2025 davon ausgeht, dass weltweit fast alle Kraftfahrzeuge mit Satellitennavigationssystemen ausgestattet sein werden, was sich noch verstärkt, wenn die Erträge aus Mautsystemen und Mobilitätsdiensten addiert werden.
Entscheidend für den Erfolg von Galileo-basierten Systemen wird sein, drei Kernkomponenten optimal aufeinander abzustimmen:
- das Galileo-Satellitensystem,
- die Endgeräte (mit weiteren Sensoren) und
- die Anwendungen.

Die Systeme, die entwickelt werden müssen, sind hinsichtlich der technischen Leistungsfähigkeit und der Kosten zu optimieren. In diesen Entwicklungsprozessen besteht noch großer Handlungsbedarf. Es besteht aber eine große Chance, mit diesen Prozessen für das Verkehrsmanagement neue leistungsfähige und wirtschaftliche Systeme und Dienste zu entwickeln.

Dass es hier ein großes Potenzial gibt, liegt auf der Hand, da derzeit weder die Wirtschaftlichkeit, die Sicherheit, die Umweltverträglichkeit, die Qualität noch die Leistungsfähigkeit der Verkehrssysteme befriedigen können. In den nächsten zehn bis zwanzig Jahren müssen dringliche Probleme beim Verkehr gelöst werden:

- Die Finanzierung von Straßenbau, Verkehrsmanagement oder ÖPNV ist mit den derzeitigen Instrumenten zukünftig nicht mehr möglich.
- Die neuen und zukünftigen Schadstoffgrenzwerte der EU sind nur mit einem wesentlich umfassenderen Verkehrsmanagement zu lösen.
- Über 6.000 Tote und eine Vielzahl von Schwerverletzten jährlich im Straßenverkehr Deutschlands sind trotz aller Erfolge der Verkehrssicherheitspolitik ein zukünftig nicht mehr zu akzeptierendes Problem.
- Die Anzahl der Staus und die Häufigkeit von Verspätungen wird von den Verkehrsteilnehmern und insbesondere von der logistikorientierten Wirtschaft als nicht akzeptabel eingestuft.

Wirkliche Fortschritte können nur unter Nutzung neuer Technologien erzielt werden, wobei diese an die spezifischen Randbedingungen des Verkehrs intelligent angepasst werden müssen. Erfolge werden sich nur dann einstellen, wenn die Bedürfnisse der Anwendungen mit den Möglichkeiten der Technologien abgeglichen werden. Vor diesem Hintergrund bieten sich tatsächlich sehr große Potenziale für Galileo, gerade weil es gegenüber GPS-basierten Systemen besser angepasst werden kann. Beispielsweise kann Galileo so ausgelegt werden, dass es wesentlich bessere Möglichkeiten der Fusion von Galileo-Signalen mit anderen Sensoren gibt. Bei GPS werden solche Ansätze durch unterschiedliche Standards der verschiedenen GPS-Gerätehersteller sehr erschwert, was zu Qualitätseinbußen und hohen Entwicklungskosten führt. Es wird auch sinnvoll sein, preiswerte lokale Komponenten zum Einsatz zu bringen.

Da in Deutschland im weltweiten Vergleich ein sehr hoher Standard beim Verkehrsmanagement besteht, gleichzeitig internationale Marktführer in der Verkehrsindustrie hier ihren Sitz haben und Deutschland sich bei der Galileo-Entwicklung einen großen Einfluss gesichert hat, gibt es optimale Voraussetzungen, mit Galileo die Verkehrssysteme nachhaltig zu verbessern und gleichzeitig in diesem Wachstumsmarkt der Hochtechnologie eine führende Rolle einzunehmen.

9.3 Bewertung der Potenziale für Galileo im Verkehr in Deutschland

Die Voraussetzungen, aus Galileo eine Erfolgsgeschichte für die deutsche Wirtschaft und den Verkehr zu machen, sind sehr gut. Dennoch scheint es so, als ob dieser Erfolg akut gefährdet ist. Die Ursachen hierfür sind vielschichtig und sollen mit folgenden Thesen beleuchtet werden:

These 1: Die Akteure im Verkehr zeigen kein Interesse an Galileo.

Es gibt derzeit bei sämtlichen Verkehrsträgern in Deutschland keinerlei nennenswerte Aktivitäten in Bezug auf Galileo. Galileo wird als ein Ersatzsystem für das amerikanische GPS angesehen, mit dem man sich in den nächsten Jahren, wenn es auf den Markt kommt, aueinandersetzen kann. Dies ist insbesondere deshalb problematisch, weil nicht mit der notwendigen Intensität Input für die Galileo-Spezifizierung geliefert wird. Es gibt auch keine zielgerichteten Initiativen, inwieweit das Verkehrsmanagement bei den verschiedenen Verkehrsarten mit den Möglichkeiten von Galileo weiterentwickelt werden kann.

These 2: Die Akteure bei Galileo verstehen die Anforderungen aus dem Verkehr nicht.

Das Galileo-System ist hochgradig komplex und erfordert größte Kenntnisse bei verschiedensten Hochtechnologien. Bei der Spezifizierung und Entwicklung des Systems sind daher hervorragende Spezialisten aus Naturwissenschaft und Ingenieurwesen im Einsatz. Die hierbei geführten Diskussionen sind auf höchstem Niveau und extrem technologieorientiert. In gleichem Maße wurde und wird aber die Sicht der Anwendungen im Verkehr vernachlässigt. So ist für Massenanwendungen im Verkehr nur ein kostenfreier Galileo-Dienst interessant. Gerade hier werden aber wichtige Spezifikationen nicht angeboten, wie beispielsweise die Integritätsdaten, die wahrscheinlich nur gegen Entgelt angeboten werden.

These 3: Die derzeit als Vorteile von Galileo kommunizierten Eigenschaften werden im Verkehr nicht benötigt.

Galileo wird in vielen Bereichen als neues innovatives System präsentiert. Insbesondere die größere Anzahl der Satelliten (in Ergänzung zu GPS), eine höhere Genauigkeit oder der Empfang in Gebäuden werden kommuniziert. Dies trifft entweder nicht die tatsächlichen Anforderungen oder negiert physikalische Grundsätze. In der Regel werden die kommunizierten Vorteile nur unter ungestörten Bedingungen wirksam, etwa auf der freien Strecke oder 30 Meter über der Erdoberfläche. Galileo-Anwendungen im Verkehr kommen aber dort zum Einsatz, wo Abschattungen oder Multi-Path-Effekte die optimalen Laborbedingungen konterkarieren. Auch ist es für die zukunftsfähigen Anwendungen nicht von Bedeutung, ob die im Mittel erreichbare Genauigkeit um ein paar Meter verbessert wird. Von entscheidender Bedeutung ist es, wie sich die Integrität und die Verfügbarkeit im Normalbetrieb verhalten.

These 4: Notwendige Entwicklungen kommen nicht in Gang.

Es wäre jetzt erforderlich, neue Anwendungen im Verkehr, die auf Galileo basieren, zu entwickeln. Obwohl die Förderlandschaft in Deutschland und bei der Europäischen Kommision zahlreiche und geeignete Werkzeuge bereit hält, finden derzeit kaum Aktivitäten statt. Vielmehr gibt es eine Konzentration der Mittel bei der Technologie-Entwicklung, während neue Anwendungen im Verkehr, welche die technologischen Vorteile von Galileo nutzen, nicht vorangetrieben werden. Dabei wäre es jetzt an der Zeit, in integrierten Prozessen die Anwendung, das Galileo-System und die Endgeräte so aufeinander abzustimmen, dass ein tatsächlicher Mehrwert entsteht. Derzeit stehen die Arbeiten an einem gemeinsamen Galileo/GPS-Receiver im Vordergrund. Damit soll zum einen die Kompatibilität zu dem amerikanischen System dargestellt werden, gleichzeitig wird es als Vorteil für die Genauigkeit und Verfügbarkeit der Signale verkauft, weil dann 30 Satelliten mehr zur Verfügung stehen. Für die interessanten Anwendungen im Verkehr ist dies aber unerheblich. Die geometrische Verteilung der Satelliten sorgt dafür, dass die entscheidenden Kriterien für gute Empfangbarkeit nicht durch das „signal in space" sondern durch die Situation am Boden entscheidend geprägt wird. Wenn derzeit gute Empfangbarkeit für GPS besteht, würden 30 weitere

Satelliten keine für den Verkehr bedeutsame und bessere Ortungsqualität mit sich bringen. Wenn, bedingt durch Bäume, Talhänge oder Häuserschluchten, die GPS-Qualität ungenügend ist, helfen die zusätzlichen Satelliten in den meisten Fällen ebenfalls nicht. Die Doppel-Receiver haben aber für Anwendungen im Verkehrs-Massenmarkt den entscheidenden Nachteil, dass sie teurer sind als die Einzelgeräte, was bei den engen Kalkulationsrahmen - beispielsweise im Kfz-Markt - ein Ausschlusskriterium ist. Die Entwicklung dieser Receiver wäre prinzipiell unschädlich, würde sie nicht beträchtliche öffentliche Fördermittel binden. Gleichzeitig wird die Entwicklung fehlertoleranter Multi-Sensor-Lösungen, die hinsichtlich Leistung und Kosten optimal auf die Bedingungen im Verkehr ausgerichtet sind, vernachlässigt.

These 5: Die Zuständigkeiten für die Förderung von Galileo-Anwendungen im Verkehr sind für das Entstehen einer deutschen Marktführerschaft ungeeignet.

In Deutschland ist in den letzten Jahrzehnten ein sehr gutes Instrumentarium für die Technologieentwicklung entstanden. Es gibt eine Vielzahl von Förderprogrammen der Europäischen Kommission, des Bundesministeriums für Forschung und Bildung, des Bundeswirtschaftsministeriums und der Länder, mit denen entsprechende Projekte in hohem Maße gefördert werden können. Auch das allgemein gültige Prinzip der anteiligen Förderung sowie die Ausrichtung auf kleine und mittlere Unternehmen (KMU) ist richtig, so dass prinzipiell eine gute Ausgangspositon gegenüber den USA oder asiatischen Konkurrenten besteht. Bei der Galileo-Anwendungsentwicklung greifen diese Strukturen aus deutscher Sicht jedoch nicht. Nur die europäische Förderung hat Galileo-Programme aufgesetzt. Sie berücksichtigen aber die Anwendungsentwicklung im Verkehr nicht ausreichend. Außerdem gelten hier die Spielregeln der Zusammenarbeit mehrerer europäischer Firmen, weshalb sie zur Ausbildung einer nationalen Marktführerschaft nicht geeignet sind. In der nationalen Förderung findet Galileo aber kaum statt. Weder die klassischen Förderministerien noch das fachlich verantwortliche Bundesverkehrsministerium haben – aus unterschiedlichen Gründen – die Galileo-Anwendungsentwicklung im Fokus. Die Bemühungen einiger Bundesländer, mit ihren Mitteln der Wirtschaftsförderung Akzente zu setzen, sind zwar richtig, die Länder haben aber zu geringe Budgets zur Verfügung, um nachhaltige Wirkung zu entfalten.

These 6: Das PPP-Betreibermodell ist hinderlich.

Galileo ist von Beginn an mit einer privatwirtschaftlichen Komponente geplant worden. Dies hat den Nachteil, dass die Betreiber gezwungen sind, die Galileo-Dienste, die einen technologischen Vorteil gegenüber GPS haben, kostenpflichtig zu vermarkten. Dies bedeutet wiederum, dass bei den kostenlosen Basisdiensten kein nennenswerter Vorteil mehr gegenüber GPS erkennbar ist. Dies ist für die Potenziale von Galileo im Verkehr eine verhängnisvolle Kombination, weil sinnvolle Neuentwicklungen bei wirtschaftlichen Betrachtungen sofort mit einem Malus belegt werden. Vergleichbare Technologieentwicklungen in Massenmärkten haben gezeigt, welche immense Bedeutung die Kosten für die Verbraucher haben. So ist GSM erst dann zu einem Erfolg geworden, als die Handys kostenlos vertrieben wurden und das Geschäftsmodell mit einer Umlage der Gerätekosten auf die monatlichen Gebühren eingeführt wurde. Dieser Aspekt bei Galileo ist umso ärgerlicher, als die Finanzierung des privatwirtschaftlichen Anteils von 1,5 Mrd. Euro, die sich auf mehrere Jahre und mehr als zwanzig europäische Länder sowie weitere Kooperationspartner verteilt, überhaupt kein Problem darstellen würde. Dies hat sich gezeigt, als es um die Finanzierung des öffentlichen

Entwicklungsbudgets ging. Es gab heftige Diskussionen, weil einige Länder vor dem Hintergrund der Einflussnahme höhere Anteile bezahlen wollten.

These 7: Eine Kooperation mit GPS ist der falsche Weg.

Die Auseinandersetzung mit der US-Amerikanischen Administration war und ist schwierig, weil mit der Einführung von Galileo wirtschaftliche und militärische Interessen berührt sind. Man hat hier jedoch sehr gute Ergebnisse und Kompromisse gefunden, beispielsweise bei der Verteilung der Frequenzen. Derzeit zeichnen sich weitere Kooperationsfelder ab. Politisch mag dies der richtige Weg sein. Unter wirtschaftlichen und technischen Gesichtspunkten ist eine klare Konkurrenzsituation aber zu bevorzugen. Galileo sollte sich besser klar von GPS abgrenzen und im Wettbewerb Vorteile suchen. Aus Sicht der verkehrlichen Anwendungen wird es nur bei einem solchen Wettbewerbsdruck dauerhaft zu den notwendigen Technologieverbesserungen und Kostensenkungen kommen. Als Negativbeispiel kann auch der Versuch einer Kooperation zwischen dem amerikanischen GPS und dem russischen GLONASS herangezogen werden.

These 8: Das Ausland ist weiter.

Die USA haben mit GPS gezeigt, wie man mit einer klaren Strategie, einer über Jahre stabilen Zieldefinition und mit finanzieller und politischer Planungssicherheit ein hoch komplexes Technologieprojekt erfolgreich durchführen kann. Dies gilt zwar genau genommen nur für den militärischen Aspekt von GPS, weil es bei dem zivilen und verkehrlichen „Abfallprodukt" durchaus Probleme gab. Diese Anwendungsentwicklung ist aber der Ansatz für Galileo, Vorteile zu generieren und einen großen Markt zu bedienen. Das setzt die weitere Verbreitung von Navigationssystemen im Verkehr voraus, um neuen Produkten Entfaltungsmöglichkeiten zu geben. In zahlreichen anderen Ländern versucht man, mit unterschiedlichen Ansätzen diese Entwicklungen zu fördern. In China, das als potenziell größter Markt für Galileo gilt, hat man von staatlicher Seite bereits zahlreiche Anwendungen auf Basis von Satellitennavigation gefördert bzw. verordnet. Die USA legen derzeit ein riesiges Investitionsprogramm im Verkehr auf. Österreich hat gerade einen Telematikrahmenplan verabschiedet und engagiert sich stark auf europäischer Ebene. In Deutschland sind derzeit keinerlei flankierende Aktivitäten zu erkennen, auf deren Basis eine Galileo-Anwendungsentwicklung entstehen könnte.

These 9: In Deutschland fehlt eine Strategie für Galileo-Anwendungsentwicklung.

Bei den Potenzialen von Galileo für den Verkehr, für die exportorientierte Industrie und für die Forschung erscheint es angebracht, eine Strategie zu entwickeln, zu optimieren und umzusetzen, damit in dem komplexen Umfeld die gewünschten Wirkungen erzielt werden. Dazu wäre es erforderlich, die Situation umfassend zu analysieren, Ziele zu definieren, Mängel aufzuzeigen, Maßnahmen zu entwickeln sowie zu bewerten und daraus ein Gesamtpaket zu schnüren. Ein solcher umfassender Ansatz ist bisher nicht verfolgt worden. Damit fehlt der Rahmen, um die in Deutschland vorhandenen guten Voraussetzungen zu einem Erfolg zu führen. Es sind auch für die nahe Zukunft keine entsprechenden Aktivitäten erkennbar.
In der Summe sind die Fehlentwicklungen bei den Galileo-Anwendungen im Verkehr ernüchternd. Obwohl die Voraussetzungen sehr gut sind, wird die Chance derzeit nicht genutzt, in Deutschland ein weltweit führendes Zentrum für Galileo-Anwendungs-

entwicklung entstehen zu lassen. Dies ist umso bedauerlicher, als solche Hochtechnologie-Entwicklungen für den internationalen Wettbewerb dringend benötigt werden.

9.4 Handlungserfordernisse

Einige Jahre vor dem Start des Galileo-Systems ist es noch nicht zu spät, die Weichen umzustellen. Dazu bedarf es aber zunächst einer klaren Aussage der Politik, in Deutschland ein Zentrum der Galileo-Anwendungsentwicklung aufzubauen. Dies sollte klar mittelstandsorientiert sein, um auch auf dem Arbeitsmarkt positive Effekte zu generieren.

Darauf aufbauend sollte eine Strategie zur Umsetzung des Ansatzes entwickelt werden. Ob dies im Rahmen eines Telematik-Rahmenplans, eines Masterplans oder ähnlicher Instrumente geschieht, ist nicht von großer Bedeutung. Wichtiger ist vielmehr:

- die Ziele zu definieren,
- ein Leitbild zu entwickeln,
- die Verantwortlichkeiten innerhalb der Bundesministerien, zwischen Bund und Ländern sowie im Zusammenspiel mit der Europäischen Kommission und der ESA festzulegen und
- die Förderaktivitäten zu bündeln und zielgerichtet im Sinne der Strategie zu ergänzen.

Solche Aktivitäten können dann erfolgreich umgesetzt werden, wenn sie nicht einseitig technologiegetrieben sind, sondern sowohl den verkehrlichen Teil, wie auch den Technologie-Teil von Galileo berücksichtigen. Dabei ist es sinnvoll, den Entwicklungsprozess von GPS hinsichtlich seiner Stärken und Schwächen zu analysieren.

In Deutschland gibt es einiges Know-How in den Bereichen Navigation und Verkehr. Aber nur relativ wenige Institutionen und Personen haben Projekterfahrungen in der integrierten Zusammenführung von Verkehrsmanagement und Navigation. Hier gilt es auch, die Erfahrungen zu bündeln und mittels angemessener Schulung und Kommunikation zu multiplizieren.

Es ist in diesem Kontext auch sinnvoll, internationale Kooperationen anzustreben. Hier bietet sich insbesondere China an, weil sich in diesem Verkehrsmarkt die größten Wachstumsraten abzeichnen. Gleichzeitig sind insbesondere hier intelligente Lösungen gefragt, die das komplexe Wirkungsgefüge angemessen berücksichtigen.

Das amerikanische GPS ist vor dem Hintergrund viel größerer technischer Herausforderungen zu einer Erfolgsgeschichte geworden. Dreißig Jahre später kann mit dem Akzent auf Anwendung im Verkehr durch Galileo ein noch höheres Level erreicht werden. Für Verkehr, Arbeitsmarkt und Forschung in Deutschland wäre es gleichermaßen wichtig, jetzt die Chancen, die sich bieten, zu ergreifen und die Fehlentwicklungen zu korrigieren.

10 Wissensmanagement: Rolle der Information und Kommunikation für nachhaltige Mobilitätskonzepte

Dr. Dieter Klumpp
Direktor, Alcatel SEL Stiftung für Kommunikationsforschung, Stuttgart,
d.klumpp@alcatel.de

Zusammenfassung

Gerade auf dem Gebiet des Wissensmanagements entscheidet sich die Frage, ob sich unser von einer globalisierten Weltwirtschaft abhängiger Standort unter Wert verkauft oder nicht. Unstrittig ist, dass eine nachhaltige Mobilität ein gemeinsames Ziel aller verkehrspolitischen Akteure ist, und daher kann „nachhaltige Mobilität" nur heißen, dass das Gesamtsystem des Verkehrs auf Sicherheit, Zeit- und Energieeffizienz hin permanent optimiert werden muss.

Die Intermodalität, also das Zusammenwirken von verschiedenen Verkehrsträgern, steckt im Dilemma vieler Innovationen: Alle würden sofort mitmachen, aber keiner will morgen anfangen. Wir haben es offensichtlich mit einem systemischen Irrtum zu tun. Es gibt für das Intermodale noch nicht einmal einen dafür primär Zuständigen.

Die Akteursarena hat bei der drängenden Frage nach infrastrukturellen Optimierungen kein Wissensproblem, sondern ein Entscheidungsproblem, denn es bleibt nur eine Schlussfolgerung, weil ja plausiblerweise der Steuerungsanspruch aller Verkehrsakteure (vom Fußgänger bis zum Klimaforscher) nicht wegfällt: Die Antwort ist die Planung und der Bau eines flächendeckenden Messnetzes entlang aller Trassen und bezogen auf alle Fahrzeuge, deren Bewegungen man irgendwie optimieren will.

Die Erfahrung des letzten Jahrzehnts hat gezeigt, dass die Basis-Infrastrukturen der Information und Kommunikation im Verkehrssektor ohne die erklärte Allokationsfunktion eines Ministeriums oder einer von diesem beauftragten Institution nicht in Gang gesetzt werden, und dass viele gute Ansätze für neue Telematikdienste mangels Basisinfrastruktur im Stadium einer Machbarkeitsstudie bleiben. Der infrastrukturelle Marktplatz für solche Dienste fehlt einfach. Es fehlt „lediglich" eine Beschlussfassung durch das Gemeinwesen, um die Rollenkonflikte wieder aufzulösen. Das Wissen ist da, die Investitionen können und sollen durchaus von Privaten kommen. Aber ein Prozess zur Beschlussfassung erfordert mehr als nur eine Moderationsrolle, es muss ein arbeitsintensiver Diskurs geführt werden.

Die strukturelle Entscheidungsschwäche der gesamten Akteursarena im Verkehrssektor bringt den Standort um wichtige Innovationschancen im Weltmarkt.

10.1 Wissen im Entscheidungsstau

Es klingt nach schierer Selbstverständlichkeit. In der unaufhaltsam entstehenden „Wissensgesellschaft" spielen Information und Kommunikation auch für „nachhaltige Mobilitätskonzepte" eine zentrale, tragende Rolle. Es klingt nach schierer Provokation, wenn man an den Anfang einer Diskussionsveranstaltung über Verkehr und Mobilitätskonzepte[1] die These stellt, dass man – so, wie in Wirklichkeit in der Mobilitätsdebatte bislang mit dem Wissen umgesprungen wird – eigentlich von „Wissens-

---

[1] Der Beitrag basiert auf einem Vortrag auf der Auftaktveranstaltung „Innovative Mobilitätskonzepte - Kompetenznetzwerk „mobility 21" im Bundesministerium für Verkehr, Bau- und Wohnungswesen, Berlin, 18. August 2005

Missmanagement" sprechen sollte. Glücklicherweise ist aber eine Provokation dann keine Provokation, wenn sie sich nicht an einzelne Institutionen oder gar Personen richtet, sondern an alle Akteure des Verkehrssektors gleichermaßen. Ein Vorwurf an alle ist (wie ein Appell an alle) deswegen eher funktionslos, weil er sich gleichbedeutend an niemanden richtet. Auch wenn damit wahlabhängige Politiker, aktienkursabhängige Manager, drittmittelabhängige Wissenschaftler, mitgliedsbeitragsabhängige Verbandsvertreter, geschäftsklimaabhängige Consulter und quotenabhängige Journalisten ihren Adrenalinalarm gleich wieder abblasen können, soll dennoch gezeigt werden, dass sich gerade auf dem Gebiet des Wissensmanagements die Frage entscheidet, ob sich unser von einer globalisierten Weltwirtschaft abhängiger Standort unter Wert verkauft oder nicht. Denn „Wissensmanagement" ist auf dem Markt der Politik nichts anderes als das im Zusammenhang mit Innovationen schon seit Langem benutzte Schlagwort von den „intelligenten Produkten und Dienstleistungen", mit denen der „etwas teurere Standort Deutschland" sich einerseits Exporterfolge sichern und andererseits vor Importdruck schützen will.

- Ein in der deutschen Verkehrspolitik formuliertes Ziel wie „Nachhaltige Mobilität„ erfordert - trotz oder wegen seiner Unstrittigkeit - einen Maßstab für dieses darin implizierte Werturteil. Unstrittig ist, dass eine nachhaltige Mobilität ein gemeinsames Ziel aller verkehrspolitischen Akteure ist, und daher kann „nachhaltige Mobilität" nur heißen, dass das Gesamtsystem des Verkehrs auf Sicherheit, Zeit- und Energieeffizienz hin permanent optimiert werden muss. Pragmatisch gesehen, sind 100 Prozent Sicherheit, völlige Staufreiheit und eine ausgeglichene Energiebilanz (einschließlich der „zero emission") so langfristige Zielsetzungen, dass sie jenseits jedes denkbaren Horizonts für Politik sind. Politik über Horizonte hinweg braucht deswegen einen inneren Kreiselkompass, wenn sie das unstrittige Ziel nicht verfehlen will.
- Es kann des Weiteren standortpolitisch gar nicht anders sein, dass eine Mobilitätspolitik wegen des speziellen Bedarfs Deutschlands als größtes zusammenhängendes Verkehrsballungsgebiet in Europa und als größtes europäisches Transitland in jeder Hinsicht eine Vorreiterrolle anstrebt. Man muss sich vor Augen halten, dass die Verkehrsproblematik etwa des Ballungsraums Nordrhein-Westfalen einem Franzosen nur im Zusammenhang mit der Metropole Paris begegnet.
- Zum Ziel der nachhaltigen Mobilität kommt – über das „Autoland Deutschland" hinaus – eine Verbesserung der Mensch-Maschine-Interaktion, die man unter „Benutzerfreundlichkeit" – für Autofahrer, für Benutzer aller Verkehrsmittel – zusammenfassen kann. Eine solche Optimierung ist – nach allem, was wir wissen – nur durch umfassenden Einsatz der IuK-Technik zu erwarten, aber eine einfache „Computerisierung" oder „Digitalisierung" ist sicher nicht ausreichend.

10.2 Stillstand wegen Rollenkonflikten aller Akteure

Der wissenssoziologische Anfangsverdacht ist schon mit der ersten Akteursaufzählung des Verkehrssektors klar: Jede gesellschaftliche Rolle hat eben ihre eigene Wissenswelt, bei der sie sich schwer tut, die Schnittstellen zu anderen Wissenskontexten zu optimieren. Die unterschiedlichen Wissenswelten – gekoppelt mit den inhärenten Interessenlagen – führen zu Rollenkonflikten schon bei der simplen Kommunikation über Sachverhalte. So gibt es seit Jahren etwa über die intermodale Kommunikation (also die Kommunikation zwischen verschiedenen Verkehrsträgern) eine immer wieder belebte Kreislaufdiskussion, aber keinen zielgerichteten Diskurs. Das immer noch treffende Beispiel ist der unbeschrankte Bahnübergang, wo es nur im Film ein Happy End gibt, wenn ein Auto beim Überqueren auf den Schienen stehen bleibt. Die denkbare

Abhilfe, alle diese Übergänge kreuzungsfrei zu machen, lässt sich nur in Währungseinheiten ausdrücken, die kein öffentlicher Finanzmensch mehr kennt. Es bedarf keines großen Wissensreservoirs für die Erkenntnis, dass eine Lösung dieses Sicherheitsproblems nur eine Kommunikation zwischen Bahn- und Straßenfahrzeug bzw. den beiden sich kreuzenden Trassen der Schiene und der Straße sein kann. Und es bedarf auch keines Ingenieurstudiums, um zu begreifen, dass diese technische Kommunikation eine Sicherheitskommunikation sein muss, also eine hochgradig verfügbare Kommunikation, die nur in einen sicheren Zustand hin („fail safe") ausfallen darf. Zu dieser Problematik findet sich leider immer eine aktuelle Pressemeldung, in der beschrieben wird, dass Streckenposten vergeblich auf den Anruf des herannahenden Lokführers warteten und den PKW nicht von der Gleisüberquerung abhielten: „Voraussetzung für die Absicherung des Übergangs ist, dass zwischen Lokführer und Streckenposten die Kommunikation reibungslos funktioniert"[2].

Die Rollenfixierung ist so stark, dass kein Mensch sich davon frei machen kann. Auf einem verkehrspolitischen Kongress in Dresden habe ich dies provokant in der Ich-Form ausgedrückt:

- Als Bahnmensch würde ich sagen, dass ich meine Reisenden hinreichend vor einem Zusammenstoß am Bahnübergang schütze, indem ich gemäß Eisenbahn-Bau und Betriebsordnung EBO die Lokomotive mit ihren 80 Tonnen nach vorne setze, warum sollte ich mich an den Kosten eines Kommunikationssystems beteiligen?
- Als Automensch würde ich sagen, dass ich doch nicht als einer von vielen Herstellern alleine für die Entwicklungskosten für die Technik und die Einbaukosten auf der Bahnseite (bzw. der Straßenseite) aufkommen kann, es wäre nur dann möglich, wenn ich mit diesem Kommunikationssystem exklusiv Autos meiner Marke vor die Wettbewerber positionieren kann.
- Als Manager am Standort Deutschland würde ich sagen, dass bekanntlich niemand auf der Welt jemals bessere Autos und bessere Züge bauen kann als wir, warum sollte jemand jemals solche intermodalen Kommunikationssysteme hier im Markt anbieten? Warum sich dafür in investive Untiefen stürzen, deren mangelnden Sofort-Ertrag die Analystenkulisse recht schnell bemängeln und die Börse womöglich negativ bewerten würde - mit der noch unangenehmeren Begleitparadoxie, dass anonyme Kapitalfonds gerade in dieser Kombination ein Motiv für feindliche Übernahmen sehen könnten?
- Als Wissenschaftler würde ich beklagen, dass kein Verkehrsträger und kein Politiker für ein entsprechendes Projekt die Drittmittel zu Verfügung stellen will. Und wer das als Wissenschaftler in eine eigenbeauftragte Studie packt, erreicht bei den Verantwortlichen in Wirtschaft und Politik nur den „Triple-L-Effekt": Lesen, Lachen, Lochen.
- Als Politiker würde ich sagen, dass solche Unfälle nur ganz selten vorkommen und ich bei den ganz tragischen selbstverständlich zur Trauerfeier erscheinen werde.

Diese Zuspitzung soll schmerzlich deutlich machen: Die intermodale Kommunikation zwischen den Verkehrsträgern ist eine Chimäre, die es nur in Powerpoint-Präsentationen gibt. Es gibt in Wirklichkeit keine intermodale Kommunikation, auch wenn eine Handy-Verbindung zwischen einem Zugfahrer und einem Autofahrer selbstredend „prinzipiell" funktioniert, aber eben nicht zuverlässig. Deswegen gibt es keine Lösung für den unbeschrankten Bahnübergang, aber eben auch nicht für eine aktualisierte Fahrplankoordination zwischen Schiene und Straße. Die Intermodalität steckt im Dilemma vieler

---
[2] Vgl. Hilmar Pfister: Zwei Tote bei Unfall mit Bahn, Stuttgarter Nachrichten, 26. 08. 2005

Innovationen: Alle würden mitmachen, aber keiner will anfangen. Wir haben es offensichtlich mit einem systemischen Irrtum zu tun. Fakten und Sachverhalte wurden in der Vergangenheit gar nicht erst diskutiert. Es gibt für das Intermodale noch nicht einmal einen dafür primär Zuständigen, dessen Vorschlag man dann mit dem stärksten Argument gegen alle Innovation, nämlich mit „das hatten wir noch nie" ablehnen könnte. Aus dem jeweiligen wirtschaftlichen und technischen Selbstverständnis heraus optimiert jeder Verkehrsträger und jede Akteursgruppe sich selbst und hat auch dort schon genug mit Innovationsabwehr zu tun.[3] So viel zu „Wissen und Rollen": Das Wissen ist nichts, der Kontext ist alles.

Gewiss ist es sehr zu begrüßen, dass das vom Bundesverkehrsministerium gestartete Kompetenznetzwerk Mobilität nicht nur das Querschnittswissen, also die Beiträge aller Disziplinen und Akteurskreise zusammenführt, sondern dass hier auch ein kontextsensitives Wissen kultiviert werden soll. Wie auf anderen Feldern der Gesellschaft ist das Wissen abhängig von Kontexten, eingeschlagenen Problemlösungswegen (besonders den „sunk costs"), personenbezogener Durchsetzungsmacht, Kommunikationskulturen und Akzeptanzen. Abhängig von diesen Faktoren kommt es zu einer Umsetzung oder auch nicht. Ausgerechnet die „Akzeptanz" wabert in einer großen Wissenslücke: Akzeptanz ist, was der Markt präzise und gnadenlos anzeigt. Der Markt selbst weiß überhaupt nichts, er ist nur ein gnadenloser Indikator. Dort, wo der Marktmechanismus prinzipiell nicht greifen kann, ist Akzeptanz dann gegeben, wenn die demokratische Mehrheit nicht gnadenlos den Kopf schüttelt. Auch die demokratische Mehrheit nickt oder schüttelt den Kopf nicht überwiegend wissensbasiert, mag als Trost für die Fachleute hinzugefügt werden.

„Wissen" unterliegt Konjunkturen, Wissen verfällt oft auch dann, wenn es nicht durch neues, besseres Wissen verdrängt wird. Eine zehn Jahre alte Fachpublikation zur Verkehrspolitik mag in allen Belangen das Bestmögliche sein, sie ist „zehn Jahre alt" und damit am Ende ihres Lebenszyklus.[4] Und auf dem Markt des Wissens siegt erfahrungsgemäß nicht immer das überlegene, höher stehende Wissen. Oft ist Halbwissen erfolgreicher, weil es eben nur einen Bruchteil der zerebralen Anstrengung verlangt; manchmal siegen völlig wissensfreie Ideologien oder komplexitätsreduzierte Überschriftensammlungen als Powerpoint wiederum über das Halbwissen.[5]

10.3 Expertenwissen versus Stammtischmeinung?

Auch ist es geradezu eines der vielen Paradoxe des Wissens, dass es mitunter in ein und derselben Wissenswelt von einem anderen Wissen vollständig handlungsblockierend überlagert werden kann. Nehmen wir am konkreten Beispiel als erste die leidgewohnten Politiker: Seit einem Dutzend Jahren weiß jeder Verkehrspolitiker spätestens nach den ersten hundert Tagen konzedierter Unwissenheit mit hundertprozentiger Gewissheit, dass unser Straßennetz (und wahrscheinlich gilt dies für alle Trassen) nur mit konsequent nutzungsabhängigen Gebühren nachhaltig aufrecht erhalten werden kann. Mit derselben hundertprozentigen Gewissheit weiß der Politiker aber schon am ersten Tag, dass die rund 40 Millionen Verkehrsexperten an den Stammtischen solchen Gedanken schon im Aufkeimstadium bei jeder anstehenden Wahlgelegenheit ihr abso-

---

[3] Klumpp, D.: Visionen und Realitäten in der Mobilitätsdiskussion, in: Landeszentrale für Politische Bildung Baden-Württemberg (Hrsg.): Der Bürger im Staat, Heft 3 Mobilität, S. 161-168
[4] vgl. den Reader von Müller, Günter/ Hohlweg, Georg: Telematik im Straßenverkehr. Initiativen und Gestaltungskonzepte, Heidelberg et al. 1995; man könnte fast alle Beiträge in die Diskussion von 2005 einbringen, ohne daß sich ein Autor die Mühe machen müßte, den Text aktuell zu überarbeiten.
[5] Vgl ausführlicher vom Autor: Wissen in der Informationsgesellschaft - was ist das wert? In: Bsirske, F./ Endl, H./ Schröder, L./ Schwemmle, M. (Hrsg.): Wissen ist was wert. Wissensmanagement, Hamburg 2003

lut letales Kreuzchen entgegensetzen würden. Diese zwei „Konträr-Wissen" blockieren einander nicht nur bei der Politik, sondern eben auch bei allen anderen Akteursgruppen. Auf die weiteren ableitbaren Konflikte - im Parlament zwischen Steuer- oder Gebührenfinanzierung, von Wählerprotest bei einem spürbaren Verfall der Infrastrukturen („Schlaglöcher") hier und dem wachsenden Staatsdefizit dort - kommt die Diskussion gar nicht mehr. Auch hierfür bietet der Wahl-Herbst 2005 ein eindrückliches Beispiel: Der baden-württembergische Ministerpräsident Günter Oettinger, der seit Jahren für eine konsequente Verkehrsreform („Verkehr zahlt Verkehr") eintritt, konnte unter dem Druck seiner Bundespartei CDU sowie unter den heftigen Widerworten des SPD-Bundesverkehrsministers nur tapfer einräumen, dass es sich um „ein längerfristiges Ziel" handle.

Was schon bei einer einzelnen Akteurswissenswelt immense Schwierigkeiten bereitet, wird natürlich in der Diskussion zwischen den verschiedenen Akteursgruppen zum unlösbar erscheinenden Knäuel, das sich auch mit einem Hieb nicht lösen lässt. Aber für starre Denkknäuel (vulgo: Ideologien) hat das Wissen - und dies können wir seit der Aufklärungsepoche beobachten - auch ideologiezersetzende Wirkungen, das dauert leider nur seine Zeit. Wenn man jedoch dieses Wissen auch noch im Sinne eines Wissensmanagement „bottom up" organisiert, wie das mit dem im August 2005 in Wirkbetrieb gehenden Fachinformationssystem (FIS)[6], einem Portal des BMVBW für innovative Verkehrslösungen geschieht, dann kann die Lösung schneller erfolgen. Wissensmanagement darf hierbei keinesfalls als pures „Engineering" aufgefasst werden, dafür ist die Mobilität - wie nahezu jedes gesellschaftliche Thema - zu komplex. Aber es wird zu zeigen sein, dass es nicht allein um die großen Leitbilder geht, wenn Wissen, wenn Information und Kommunikation optimiert werden sollen. Vielmehr erscheint es äußerst hilfreich, wenn Wissen auf einigen Gebieten ganz „ingenieurmäßig" erst einmal praktikabel gemacht wird. Denn bei genauem Hinsehen fehlt uns an ganz entscheidenden Stellen - akteursübergreifend - schlichtweg noch ein Wissen, das eben keine „Vermutung" ist.

Für eine Wissenswelt, die Informationen und Vermutungen gleichermaßen umzusetzen versucht, gleich ein zweites Beispiel, und zwar aus der Kfz-Zulieferbranche in Sachen Elektronik, einer der innovativsten deutschen Branchen überhaupt, was die Zahl der Patentanmeldungen betrifft. Vor fünf Jahren beschloss die Branche – mitten in der seifenblasenartig platzenden Interneteuphorie – auch in Sachen Information und Kommunikation eine konsequente Hinwendung zu den so genannten fahrzeugautonomen, also nicht „vernetzten" Systemen. Schließlich war ja der erste Anlauf einer „Verkehrstelematik" nach einem merkwürdigen Feldversuch auf der A555 gescheitert. So autonom, wie man die Motorfunktion mit Elektronik ganz selbstverständlich immer weiter optimiert, so, wie man für die Fahrer immer neue sinnvolle Servofunktionen wie das automatische Licht, ja, auch Fahrzeug-Sicherheitsfunktionen wie Antiblockiersystem oder Antischlupfregler implementiert, so sollte auch das Leitbild für die Sicherheit des Kfz im Zusammenspiel mit der Außenwelt „autonom" umgesetzt werden. Inertialsysteme reagieren auf Schleudern schneller als jeder Fahrer, Tempomaten verstetigen das Fahren, Airbag-Sensoren ahnen den kommenden Crash geradezu voraus. Deswegen ist ein modernes Auto zugleich schon ein informationsverarbeitender Hochleistungscomputer, nota bene noch mit Rückhol-Schwächen, aber immer mehr mit unglaublichen Stärken.

Hingegen versandeten schon seit Mitte der neunziger Jahre Versuche, die Interaktion mit der Fahrzeugumwelt mithilfe der Mobilkommunikation zu erreichen. Zu unzuverläs-

---
[6] www.m21-portal.de

sig oder zu rudimentär erschienen Koppelungen mit Funknetzen, zu teuer erschienen in die Straßen zu verlegende Induktionsschleifen, und beides bis heute zu Recht. Die Grenzen der fahrzeugautonomen Systeme wurden sichtbar, als das nach mehr als 20 Jahren serienreife Radar-Abstandswarnsystem zwar in der PKW-Oberklasse mitgekauft, aber nach einer kurzen Probierphase wegen vollkommener Dysfunktionalität vom Fahrer gar nicht mehr eingeschaltet wurde. Den stolzen Konstrukteuren solcher fahrzeugautonomer Systeme, die als Wirkung vor allem eine Minderung der Auffahrunfälle vermuteten, konnte man nur noch zurufen: Denkt immer an euer Abstandswarnsystem, wenn es in der Verkehrsdurchsage heißt „Achtung, das Stau-Ende liegt hinter einer Kuppe". Hier gilt das Wissens-Bonmot, dass etwas, das schon auf dem Papier nicht funktioniert, in der Praxis äußerst selten reüssiert. Und es gilt das Wissens-Paradox, dass etwas gekauft wird, obwohl es nicht funktioniert.[7]

Die beiden Beispiele - die durch zueinander konträres Wissen blockierten Politiker und die durch Vermutungswissen verirrten Ingenieure - zeigen bereits auf, dass schon in den Wissenswelten und vor allem zwischen diesen etwas getan werden muss, bevor man die impliziten und expliziten Wissenslandschaften mit Wissenslandschaftsplanern, Wissenslandschaftsarchitekten und Wissenslandschaftspflegern managerial bevölkert. Den finalen Satz „bei Ihren ‚Straßengebühren für alles und alle' macht der Wähler nicht mit" bekam ich von mehreren Bundesverkehrsministern „unter drei" zu hören, keiner hat das so je gesagt. Den Satz „wann kriegt Ihr die Funkwellen endlich um die verdammten Kurven und über die Kuppen" habe ich sogar von einigen Entscheidern der IuK-Branche gehört und allen nur sagen können, dass ich der Physik einen schönen Gruß bestellen werde, wenn ich sie denn träfe. Keiner der beiden Sätze wird je belastbar in einem Forschungs-Informationssystem stehen - und er soll das auch nicht. Triviale Dinge sollte man nicht aufschreiben und auch nicht aufzählen, sondern man sollte sie einfach machen. Allerdings ist es sehr wohl angebracht, darüber zu sprechen, warum triviale Dinge im Wissensstau stehen. Ein paar Exempel dafür gibt es.

- Wenn seit mehr als 50 Jahren das Om-Mani-Padme-Hum jedes deutschen Verkehrsministers in Bund oder Ländern - worauf Volker Hauff schon vor Jahren hingewiesen hat - darin besteht, „alles zu tun, um mehr Güter von der Straße auf die Schiene zu verlagern", laut Statistiken aber das Gegenteil geschieht, dann müsste eigentlich jeder wissen, dass offensichtlich bis heute noch kein nachhaltiges Mobilitätskonzept für den Gütertransport vorliegt. Zu wissen, dass etwas fehlt, löst aber noch lange nicht Aktionen aus, sich das Fehlende zu beschaffen. Keiner der beiden real existierenden Verkehrsträger Straße und Schiene wird sich aus seiner Rolle heraus für etwas Neues, Drittes, aussprechen.[8]
- Das NEXUS-Institut für Kooperationsmanagement und interdisziplinäre Forschung stellte Ende 2004 fest: „Im Verkehrssektor arbeiten typischerweise verschiedene Organisationen zusammen (...) und es besteht ein großes Synergie-Potenzial für die Entwicklung neuen Wissens. Die praktische Erfahrung zeigt jedoch, dass diese Ressourcen häufig nur unzureichend genutzt werden. Ursachen hierfür können organisatorischer, kultureller, methodischer oder zwischenmenschlicher Natur sein".[9] Richtig. Ursachen *können* das sehr wohl sein, *müssen* aber nicht. Es sind mit weitaus höherer Wahrscheinlichkeiten die unterschiedlichen Wissenswelten, die auch dann

---
[7] Selbstverständlich wird die Funktion einer Statusbeschaffung voll erfüllt, womit das Marktmodell wieder stimmig ist.
[8] Klumpp, Dieter: Mobilität und Technik - Chancen für einen Modus vivendi? Mit den kommunikativen Mobilitätshilfen der intelligenten Straße und Trasse läßt sich die Mobilität auch in der Zukunft sichern und nachhaltig gestalten. In: FR 19.07.2000, S. 17
[9] Luidger Dienel/Jörg Berkenhagen: Wissensmanagement im Verkehr - Wissensaustausch, Wissensgenerierung und Wissensbewahrung in der Praxis. DVWG-Tagung am 27./28. Januar 2005 in Berlin

konfligieren, wenn sich die Akteure bestens verstehen. Um so zwingender wird diese Einsicht, wenn man unterstellt, dass sich alle Akteure gleichermaßen auf höchstmöglichem Niveau von Wissen und Können bewegen. Organisatorisch wird dafür mit der neuen BMVBW-Wissensplattform zur Mobilität ein großer Schritt getan.
- Nach dem bekannten SECI-Modell von Nonaka/Takeuchi für das Wissensmanagement müsste in dieser Wissenswelt eigentlich etwas Wunderbares geschehen: „Durch aufeinander folgende Prozesse der „Externalisierung" (implizit zu explizit), „Kombination" (explizit zu explizit), „Internalisierung" (explizit zu implizit) und „Sozialisation" (implizit zu implizit) wird Wissen innerhalb einer Organisation spiralförmig von individuellem Wissen auf höhere Organisationsstufen wie Personengruppen und ganze Firmen gehoben".[10] Mein Eindruck ist, dass gerade im Verkehrssektor keineswegs Wissen spiralförmig auf höhere Organisationsstufen gehoben wird, von einer kontinuierlichen Transformation kann nicht die Rede sein. Bedauerlich ist dabei, dass dies überall auf der Welt (bislang jedenfalls) der Fall ist, aber genau darin liegen die Chancen für unseren Standort.

10.4 Keine Steuerung kann exakter sein als die Messung

Die Technikgeschichte belegt uns, dass zwar das Rad nicht in Europa erfunden wurde, aber dafür solch grundlegende verkehrstechnische Dinge wie die Schiene, die Dampfmaschine, die Motoren, der Flugzeugflügel, der Helium-Flugkörper, und nicht zu vergessen die organisatorischen Innovationen vom Fahrplan bis zur Bahnsteigkarte. Ohne falsche Arroganz können wir sagen, dass Europa bis heute geradezu vor Wissen strotzt. Und dennoch halten sich hartnäckig Wissenslücken, präziser gesagt: *Umsetzungslücken des Wissens* auf der pragmatischen Ebene. Auch hier ein Beispiel. Man muss kein Ingenieur sein, um zu wissen, dass sich ein System exakt nur so granular steuern lässt, wie Messpunkte und Stellglieder vorhanden sind. Im Verkehrssektor sollen und müssen viele Prozesse, die letztlich auf die Zahl der Fahrzeugbewegungen zurückgehen, sehr feinkörnig und zum Teil sogar zeitkritisch gesteuert werden. Die dafür erforderlichen Messpunkte aber sind flächendeckend und im Zeitintervall doch etwas grobkörniger, es sind dies bisher nämlich die berühmten „strichlistenführenden Oberschülerkolonnen" des Monats Mai, verbunden mit unstrittig anspruchsvollen Fraunhofer-Computersimulationen. Auch wenn die Strichliste heute mit dem PDA gemacht wird und die Simulationen über ein GRID laufen, es bleiben eben die paar Messpunkte im Mai. Auf diesen Rohdaten setzt dann, wie man in www.wikipedia nachgoogeln kann, ein „Knowledge Engineering an mit der Aufgabe, die Komplexität des Welt- und Expertenwissens auf eine regelhafte Struktur abzubilden und in computergestützten Anwendungen dem Nutzer in einem intelligenten Informationssystem zu präsentieren".

Offen gesagt: Auf eine Straße, die zweimal pro Jahr per Strichliste nach Fahrzeugbewegungen ausgezählt und von meinem intelligent-vernetzten PDA jetzt zum Überqueren freigegeben wird, würde ich mit geschlossenen Augen gewiss keinen Fuß setzen. Es bleibt nur *eine* Schlussfolgerung, weil ja plausiblerweise der Steuerungsanspruch aller Verkehrsakteure (vom Fußgänger bis zum Klimaforscher) nicht wegfällt: Die Antwort ist die Planung und der Bau eines flächendeckenden Messnetzes entlang aller Trassen und bezogen auf alle Fahrzeuge, deren Bewegungen man irgendwie optimieren will. Würde man diese Situation im FIS „graphisch und verständlich" darstellen,

---
[10] kujiro Nonaka/Hirotaka Takeuchi: The Knowledge Creating Company. Tokyo 1995

dann stünde nicht die Frage im Mittelpunkt, sondern mitten in der Wissenslandschaft eine Antwort, umgeben von vielen Fragezeichen, nämlich den gesamten Akteuren im Verkehrssektor, die bei allem aggregierten Wissen eben nicht wissen, wie man sich angesichts einer so eindeutigen und alternativlosen Antwort verhalten soll.
In diese Unsicherheit des Wissens schiebt sich in unseren hochentwickelten Wirtschafts- und Gesellschaftssystemen gewitterwolkenartig eine klare Konstante. Ein solches Messnetz kostet Geld, wegen der Sicherheits-Anforderungen eher mehr als weniger. Bevor nun irgend jemand nach der dafür benötigten Technik und der wiederum dafür tatsächlich benötigten Summe sucht, steht bereits prädiskursiv fest: Die Finanzminister haben das Geld nicht, die Straßenbauämter erst recht nicht. Jeder weiß auch mit absoluter Sicherheit, dass schon seit 1993 die mittelfristige Finanzplanung bereits das Vorhandene nicht mehr sichert, wie sollte sie etwas großes Neues ertragen können? Der Investor „Staat" (eine beliebte Kurzform des Wortes „Steuerzahler") kommt also völlig außer Betracht. Bleiben private Investoren. Diese sind dadurch gekennzeichnet, dass sie keine „verlorenen Zuschüsse" machen können und dies auch - strafgesetzlich sanktioniert - gar nicht dürfen. Sie brauchen ein Geschäftsmodell, vulgo: ihr Geld zurück, und zwar je aktiengesellschaftlicher, desto schneller. Hier gilt aber: Wenn man schon einem Autofahrer nicht einmal klar machen kann, dass er zum Erhalt der Infrastruktur Straßengebühren zahlen soll, wie sollte man ihm erläutern, dass er für die Einrichtung von Millionen Messpunkten zur Kasse gebeten würde? Damit ist ein vorzeitiges Ende der Debatte erreicht. Wie soll man der Mehrheit klar machen, dass ein solches Messnetz die Basis wäre für eine „Intelligente Trasse" mit vielen darauf zu implementierenden Diensten, wovon Gebührenerhebung nur einer wäre? Fazit: Niemand baut ein Messnetz.[11]

10.5 Umstellung von Steuerfinanzierung auf Privatkonsum?

Weil nun aber unausweichlich die Messung vor der Steuerung und Regelung kommt, werden für neue „Location Based Services" in der Verkehrs-Telematik andere Wege gesucht. Zunächst einmal gilt es für jeden Akteur in der Wertschöpfungskette, eine prinzipielle Finanzierungsquelle auszumachen. Weil Rohstoffe und Tafelsilber nicht zur Verfügung stehen, bleibt im Prinzip nur das Alter Ego des Steuerzahlers, nämlich der private Konsument. Aber auch zu diesem ist der direkte Weg zu einer Messpunktfinanzierung ausgeschlossen, weshalb das „Messen" gleichsam im Huckepack zu anderen, dem Konsumenten unmittelbar nützlich erscheinenden Diensten wie etwa der Navigation oder anderen „Location based services" erfolgen soll. Wir lassen hier einmal außer Acht, dass viele Meinungsträger noch immer fest überzeugt sind, Navigations-Satelliten wie GPS oder Galileo könnten „den Standort von Fahrzeugen bestimmen und weitermelden", und seien nicht etwa simple „Satelliten-Funkfeuer", wie die Wissensträger behaupten. Hier helfen auch Sätze wie „Kein Leuchtturm und kein Sextant wusste jemals, wo auf dem Ozean die Segelschiffe waren" nichts.
Aber anders als die GPS-Satelliten bekommen die Stationen des zellulären Mobilfunks tatsächlich eine Rückmeldung, in welcher Funkzelle sich der Mobilfunkteilnehmer befindet. Würde man diese Meldung mit dem - im Fahrzeug mithilfe der angepeilten Satellitensignale gespeicherten - geografischen Standort koppeln, könnte man tatsächlich den Aufenthaltsort von bewegten Objekten einigermaßen exakt genug bestimmen.

---

[11] die in Deutschland für die LKW-Maut aufgebaute Systemarchitektur kann die notwendige Granularität für ein Meßnetz nicht erfüllen, sie ist auf Einnahme von Mautgebühren und auf das „enforcement" gegen Mautpreller ausgerichtet.

Einen denkbaren Nutzen kennt jeder bereits: Bei einem Unfall (oder schon bei einem sich aufblasenden Airbag) könnten nicht nur die Rettungsdienste, sondern sogar die anderen Verkehrsteilnehmer blitzschnell alarmiert werden, etwa, wenn man eine Fahrzeug-zu-Fahrzeug-Kommunikation einrichtet. Eine schöne Sache, die sogar schon in Hochglanzbroschüren steht.

In dieser Koppelung rezeptiver und interaktiver Kommunikation ergibt sich aber ein nicht zu unterschätzendes Dilemma. Die Positionsbestimmung kann sich sinnvollerweise nur auf das Fahrzeug mit seinem ansonsten autonomen Navigationssystem („elektronischer Sextant") beziehen, die Meldung über Mobilfunk aber bezieht sich auf den menschlichen Nutzer des Dienstes. In anderen Worten: In Mobilfunkzellen bewegen sich keine Fahrzeuge, sondern auf Menschen zugelassene Mobiltelefone in Fahrzeugen, was einen großen Unterschied macht. Denn für eine solche „Datenschleppe", die jeder Mobilfunkteilnehmer dann hinter sich herzieht, gibt es keine Marktakzeptanz im Konsumentenmarkt. Es ist gesichertes Wissen, dass die Menschen nicht wollen, dass ihr Aufenthaltsort ständig transparent ist. Wohl gemerkt: Wir sprechen hier nicht von den Kriminellen, die ihre Position ohnehin zu verschleiern verstehen, sondern vom normalen, braven, ja, innenministerkompatiblen Bürger, der eigentlich nichts zu verbergen hat. Dieses Wissen um diese Zusammenhänge ist so erhärtet, dass es keines Hinweises von Verbraucherschützern oder Datenschützern bedarf, hier spricht eine weitaus mächtigere Instanz, nämlich der Markt. Der Konsument ist lediglich bereit, seinen Standort dann und nur dann zu offenbaren, wenn er dies dringend will oder braucht. Dies ist sein fest gefügtes „Recht auf informationelle Selbstbestimmung", auch wenn er diesen Ausdruck weder gehört hat noch vielleicht verstehen kann. Als gesicherte Vermutung kann gelten, dass der Nutzer auch die attraktivsten „Local Based Services" dann mit Akzeptanzverweigerung bestrafen, wenn ihm klar wird, dass damit eine quasi-permanente Lokalisierung seines Aufenthaltsorts einher geht. Mit Sicherheit hingegen kann man logischerweise annehmen, dass ein entsprechendes System für die Ortsbestimmung ein vernetztes Fahrzeug, nicht einen vernetzten Fahrer als Grundspezifikation aufweisen muss. Dann - und nur dann - wäre die Mehrheit der Fahrer sogar bereit, ihr Fahrtziel im Auto genau so selbstverständlich anzugeben wie seit 100 Jahren der Fahrkarteninhaber im Zug.

Überhaupt die Ortsbestimmung: Es hat schon etwas Seltsames an sich, dass man hierfür bislang ausschließlich auf Peilung setzt, wie weiland beim Sextanten. Gewiss, das GPS der Amerikaner stand (und steht bis heute) im Verdacht, es sei eine Art Fernsteuerung für Militärfahrzeuge, die dann im Ernstfall für den zivilen Verkehr abgeschaltet werden könnte, weshalb man ein europäisches Galileo beschloss, das übrigens im Ernstfall ebenfalls abgeschaltet werden muss. Diese Satelliten werden also angepeilt, mit mindestens drei empfangenen Signalen lässt sich eine dreidimensionale Ortsbestimmung vornehmen. Die Satellitensignale kommen von oben und ihre Frequenzen mögen - rein physikalisch - atmosphärische und meteorologische Störungen nicht sonderlich. Überdachte Trassen und geschlossene Räume mögen sie überhaupt nicht, genau wie der gute alte Sextant. Allerdings kann man diese Signale mit so genannten Repeatern auch unter die Dächer oder in Tunnels bringen, was bei kurzen Dächern noch Sinn macht, bei langen Tunnels hingegen gar keinen. Geld kostet beides.

Gar nicht in Betracht gezogen wurde bei der - weniger wissensbasierten als vielmehr vermutungsorientierten - Systementscheidung, dass man die Ortsinformation auch terrestrisch ganz ohne Peilung direkt übertragen könnte. Ergänzend zum Satelliten wird dies in Abschattungsgebieten auf jeden Fall notwendig sein. Unter Dächern oder in Tunnels könnte man mithilfe eines einfachen Lesegeräts im Fahrzeug zum Beispiel einen ortsfest angebrachten RFID auslesen, auf dem die Geo-Information präzise eingetragen ist. Diese RFID's sind die aus der semi-hysterischen Diskussion bekannten „e-Barcodes" auf Waren im Metro-Einkaufswagen, die man sozusagen auf bis zu 25 Metern „fernscannen" kann. Fälschlich benannt sind RFID's im Deutschen als „Funk-Chips", obwohl sie selbst überhaupt nicht „funken", sondern rein passive reflektorische Bauelemente ohne eigenen Energiebedarf sind. Auf solchen RFID's an der Tunneldecke stünde die exakte Position auf den Meter genau, der Fahrzeugcomputer könnte dann sogar die Fahrspur und die Fahrtrichtung bestimmen. Was im Tunnel geht, könnte hinter Hochhäusern, in der Straßenschlucht, aber letztlich auch an jeder Straßenkreuzung oder sogar an jedem Straßenpfosten selbst bei Tempo 200 funktionieren. Das Anpeilen von drei Satellitensignalen würde durch eine einfache Übertragung ergänzt und, wo nötig, sogar vollkommen ersetzt. Das Fahrzeug sendet einen kleinen Funkimpuls, speichert die „reflektierte" Ortsangabe in seinem Bordcomputer und verarbeitet es im Navigationsgerät. Wenn immer der Fahrer (oder die akzeptierte Verkehrspolitik) dies will, sendet das Fahrzeug dann über Mobilfunk seinen Standort weiter.

10.6 Wissensbruchstücke können kein Ganzes erbringen

Das notwendige und hinreichende Wissen, solche Systeme, die eine nachhaltige Mobilität wirklich unterstützen würden, zu entwerfen und zu bauen, ist am Standort vorhanden. Das Wissen ist aber „zuständigkeitshalber" so auf die verschiedenen Rollenträger im Verkehrs- und Kommunikationssektor verteilt, dass es nicht in die Realität umgesetzt werden kann. Konstruktiv-verletzend gesagt: Die Fahrzeugbranche samt ihren Elektronikern versteht im Zuge der Fahrzeug-Autonomie nichts von Kommunikations-Netzen, die Netzbranche im Zuge der rein bit-orientierten Netzautonomie nichts von den Anwendungen. Hinzu kommt der Wettbewerb, der dazu führt, dass regelmäßig zum Beispiel ein Autohersteller ein „exklusives" Projekt mit einem Kommunikationstechnikhersteller beginnt, das trotz innovativer Augenaufschläge der drittmittelmotivierten Fraunhofer- oder Universitätsexperten mit der Abschlusspräsentation (oder bestenfalls mit einer Pilotinstallation) endet, weil sich Verkehrsflüsse (und Kommunikationsflüsse) partout nicht auf einzelne Marken beschränken lassen.
Die Erfahrung des letzten Jahrzehnts hat gezeigt, dass die Basis-Infrastrukturen der Information und Kommunikation im Verkehrssektor ohne die erklärte Allokationsfunktion eines Ministeriums oder einer von diesem beauftragten Institution nicht in Gang gesetzt werden, und dass viele gute Ansätze für neue Telematikdienste mangels Basisinfrastruktur im Stadium einer Machbarkeitsstudie stehen bleiben. Der infrastrukturelle Marktplatz für solche Dienste fehlt einfach. Wohl gemerkt: Es fehlt „lediglich" eine Beschlussfassung durch das Gemeinwesen, um die Rollenkonflikte wieder aufzulösen. Das Wissen ist da, die Investitionen können und sollen durchaus von Privaten kommen. Aber ein Prozess zur Beschlussfassung erfordert mehr als nur eine Moderationsrolle, es muss ein arbeitintensiver Diskurs geführt werden. Hierfür bietet der Ansatz von Fachinformationssystemen eine solide Grundlage, aber Pflege und Umsetzung der Wissenssammlung erfordern erheblich mehr Kapazitäten. Institutionalisiert werden müssen dabei Zuständigkeiten und Verantwortlichkeiten, egal, ob öffentlich oder privat organisiert.
Der Anfangsverdacht des strukturellen und kollektiven Wissens-Missmanagements wird erhärtet, wenn man sich nur anschaut, wie stiefmütterlich bislang Geodaten von allen Stakeholders behandelt werden. Öffentliche und Private reißen sich zwar um die kostbaren (und vermarktbaren) Primärdaten, drücken sich aber vor einer kostspieligen

Datenpflege oder gar einer nachhaltigen Verantwortungskonstruktion. Konkretes Beispiel: Man soll seinen Navigator bitte nicht während der Fahrt programmieren, aber kein einziger deutscher Autobahnparkplatz ist bis heute digitalisiert, weshalb dort die freundliche Durchsage aus dem Navigator kommt „eine Routenempfehlung kann von hier aus nicht gegeben werden". Niemand ist für die Digitalisierung von Parkplätzen, Parkhäusern oder Firmengeländen zuständig. Kein Benutzer eines Navigationsgeräts könnte auch nur annähernd sagen, an wen er sich mit einer Beschwerde wenden könnte. Eine organisatorische Innovation, die zu einer belastbaren Institution für diese neue Wissensbasis führt, steht aus. Die Wissensproduktion und der Wissensfluss zwischen Praxis und Wissenschaft ist nachhaltig schwer gestört. Privatwirtschaftliche Einheiten können im Grunde angesichts der betriebswirtschaftlichen Zwänge keinen Wissensaufbau außerhalb ihres „Core Business" anstreben. Die auf Drittmittel existenziell angewiesene Wissenschaft ist entweder Teil dieses Zwangs zum Core Business mit anschließendem Folgeauftrag oder sie versucht den Spagat über Akteursgruppen, Disziplinen, Märkte und Zuständigkeiten und beendet damit garantiert den Drittmittelfluss. Die Wahl zwischen diesen Alternativen ist einfach, weshalb es tendenziell nur noch ansatzweise gedankliche Vorstöße in Neuland geben kann, um eine nachhaltige Mobilität zu sichern. Es wurde gezeigt, dass Lösungen der IuK-Technik nur im interdisziplinären und intersektoralen Bereich der Wissenswelten möglich sind. Die Lücke wird durch neue Möglichkeiten der Breitbandkommunikation nur insoweit geschlossen, als es sich um bessere Empfangbarkeit von Rundfunk- und Fernsehsignalen in schnell bewegten Verkehrsobjekten handelt: Eher wird man als Autofahrer in einem Verkehrsstau einen Film in hoher Qualität über ein großes Flachdisplay anschauen können, als über ein interaktives Mess- und Kommunikationssystem den Stau vermeiden zu können.

Für die Politik hält das Feld einer nachhaltigen Mobilitätssicherung inzwischen nur noch Fußangeln und Fallstricke bereit. Allein das Eingeständnis, dass nicht alles zum Besten steht, kostet die Politik öffentliche Meinungspunkte. Nachhaltige Mobilitätskonzepte bieten – das ist der Fluch des Konsenses – keinen Spielraum für parteipolitische Sonderwege mehr, sie können auch nur schwer in der föderalen Balance der Bundesländer gehalten werden. Große öffentliche Projekte überschreiten sehr schnell die Risikoschwelle selbst einer mutigen Reformpolitik, wenn die Projekte „stufenartig" angelegt werden. Das gesellschaftspolitische Problem der LKW-Autobahnmaut hat – vorhersehbar[12] – erst an dem Tag begonnen, als das dafür gebaute System funktionierte, denn angesichts der Nachbesserungsnotwendigkeiten bis in die kleinste Landstraße rückt eine umfassende Infrastrukturinnovation im Sinne einer „Intelligenten Trasse" in noch weitere Ferne.

Angesichts der Herausforderung, eine nachhaltige Mobilität zu sichern, zeigen sich gerade auf dem Verkehrssektor harte Grenzen der Wissenswelten und der Kommunikation zwischen diesen auf. Zugespitzt muss man die Lage wohl mit dem Bild beschreiben, dass es einem Autofahrer, der in einem perfekten Auto auf einer perfekten Straße unterwegs ist, wenig Nachhaltigkeit bringt, wenn er auf der falschen Straße fährt. Auch für die Wissenswelten gilt die alte Seefahrerparole „navigare necesse est", aber mit moderner Bedeutung: „Zielorientiertes Navigieren tut Not". Die strukturelle Entscheidungsschwäche der gesamten Akteursarena im Verkehrssektor bringt den Standort um wichtige Innovationschancen im Weltmarkt.

---

[12] Vgl. Klumpp, D.: Innovationen - Chancen für Menschen in einer mobilen Welt, Keynote zur Eröffnung der MobilMedia Partnerregion Stuttgart, 6. Mai 2004, in: Tagungsband des BMWA und der Medien- und Filmgesellschaft Baden-Württemberg, 2004

11 Verkehrsinfrastruktur in Deutschland und ihre Finanzierung - Verkehrsbeherrschung durch nutzerfinanzierte Verkehrswege

Dr. Ralf Haase
Hauptgeschäftsführer a. D. der DVWG Deutsche Verkehrswissenschaftliche Gesellschaft e.V., Dresden, dr.ralfhaase@t-online.de

Zusammenfassung

Zur Sicherung einer nachhaltigen Mobilität in Deutschland bedarf es eines leistungsfähigen Verkehrssystems, dessen tragende Säule seine Infrastruktur darstellt. Die Gewährleistung ihrer Finanzierung entwickelt sich zunehmend zu einem Politikum, da die Finanzmittel der öffentlichen Hände bereits heute und zukünftig noch verstärkt nicht ausreichend zur Verfügung stehen. Deshalb bedarf es eines klaren Paradigmenwechsels in der Verkehrspolitik, d. h. eines stringenten Überganges von der Steuer- zur Nutzerfinanzierung bei Bau und Instandhaltung der Verkehrswege. Schwerpunkt bildet die Straßeninfrastruktur.

Mit der Einführung einer streckenbezogenen Maut für schwere Lastkraftwagen wurde der Grundstein für dieses gesellschaftlich relevante Anliegen gelegt. Die von der Pällmann-Kommission erarbeiteten und in den Gutachten des Wissenschaftlichen Beirates beim Bundesminister für Verkehr, Bau und Wohnungswesen enthaltenen Vorschläge tragen dieser Aufgabenstellung weitgehend Rechnung und bedürfen einer raschen Umsetzung durch die Politik. Das Instrumentarium einer Public Private Partnership im Verkehrsinfrastrukturbereich stellt einerseits eine Zwischenlösung, zugleich aber auch eine wirkungsvolle Ergänzung zur öffentlichen Finanzierung dar und ist für privates Kapital attraktiver auszugestalten.

Auch die Verkehrspolitik der Europäischen Gemeinschaft zielt eindeutig auf die Nutzerfinanzierung für Verkehrswege, wobei die externen Kosten zu internalisieren sind. Dabei setzt auch die Kommission zuallererst auf die Sicherung der Straßeninfrastruktur, ohne Schiene, Wasser und Luft zu vernachlässigen. Die denkbare Einführung einer City-Maut als Gebührenerhebung für Straßen in Ballungsräumen erfüllt sowohl ordnungs- als auch infrastrukturpolitische Ansprüche.

Der generell zögerliche Umgang mit dem verkehrspolitischen Instrument der nutzerbezogenen Verkehrsinfrastrukturfinanzierung resultiert offensichtlich aus mehreren Ursachen: einerseits aus wahlpolitischen Kalkülen, andererseits aus der Skepsis der Verkehrsnutzer, was die Glaubwürdigkeit getroffener politischer Entscheidungen anbetrifft. Deutschland braucht jedoch schnelle und effektive Lösungen, um dem bestehenden und sich weiter verstärkenden Substanzverlust der Verkehrswege zukunftsgewandt entgegenzuwirken.

11.1 Vorbemerkung

Effiziente Mobilität von Personen und Gütern sichert den Wirtschaftsstandort Deutschland, verbessert die Arbeitsmarktsituation, gewährleistet Wohlstand, fördert den europäischen Integrationsprozess und ermöglicht eine vernünftige Umweltgestaltung. Nachhaltige Mobilität erfordert ein zukunftsfähiges Verkehrssystem. Den angestrebten

Erfolg gewährleisten nur ganzheitliche Maßnahmen, wobei die Verkehrspolitik in ihrer Einheit von Ordnungs- und Infrastrukturpolitik auch zukünftig die Voraussetzungen für das Funktionieren des Verkehrsmarktes schaffen muss. Dabei kollidieren zwei miteinander konkurrierende Auffassungen. Die erste warnt mit aller Deutlichkeit vor einem Rückzug der Politik aus dem Verkehr; sie verlangt dafür interventionistische Regularien und gesetzliche Maßnahmen zur Verkehrssteuerung, -verlagerung und -vermeidung. Die andere Auffassung will, dass sich der Staat auf die ordnungspolitischen Grundfragen konzentriert und die infrastrukturellen Voraussetzungen für einen effizienteren Verkehr schafft, um so dem Verkehrsmarkt größere Spielräume zu erschließen. Die kritischsten verkehrspolitischen Fragen zwischen diesen beiden Polen erwachsen dabei aus der allseits gewünschten Entkopplung von Wirtschafts- und Verkehrswachstum sowie der zukünftigen Ausgestaltung der Verkehrsinfrastruktur und ihrer Finanzierung.

11.2 Mobilitätssicherung verlangt Paradigmenwechsel in der Verkehrspolitik

Das verkehrliche Hauptproblem unserer Zeit und sicherlich auch der absehbaren Zukunft stellt das weitere rasante Wachstum der Personen- und Güterverkehrsströme im nationalen und europäischen Rahmen dar, wobei Deutschland als Transitland Nr. 1 in Europa mit den größten Herausforderungen konfrontiert ist. Gelingt es nicht, diese Verkehrsströme auf intelligente Weise zu bewältigen, kann es zu enormen wirtschaftlichen und sozialen Störungen im gesamtgesellschaftlichen Reproduktionsprozess kommen.

Die Bundesregierung hat 2002 eine Mobilitätsoffensive eingeleitet, die sich vor allem auf die Umsetzung folgender vier Strategien konzentriert:
- Effizienzsteigerung des Verkehrssystems
- Stärkung umweltfreundlicher Verkehrsträger
- Sicherung einer vernetzten Planung des Verkehrs
- Einsatz innovativer Technologien

Da Deutschland über ein leistungsfähiges Verkehrswegenetz verfügt, erfordern weiterwachsende Verkehrsströme, dieses Netz zu erhalten (Instandhaltung), zu erweitern (Aus- und Neubau) und intelligent zu verknüpfen (Verkehrssystem-Management). Dies wiederum verlangt, folgende Aufgaben zu lösen:

1. Beachtliche Steigerung der Investitionen in die Verkehrsinfrastruktur

2. Einführung eines intelligenten Verkehrsmanagements über integrierte Anwendung von Telematiklösungen

3. Beeinflussung des Nutzerverhaltens (Soft policy-Maßnahmen)

4. Völlige Liberalisierung der Netze und Harmonisierung der Wettbewerbsbedingungen bei allen Verkehrsträgern

5. Gewährleistung hoher Umweltstandards bei Verkehrsmitteln und Verkehrswegen

6. Gerechte nutzerbezogene Anlastung der Wegekosten in allen Verkehrszweigen

Bei der Bewertung der Verkehrsleistungen sowohl im Status quo-Szenario des Bundesverkehrswegeplans als auch bei allen anderen Mittelfristprognosen dominiert der überdurchschnittlich hohe Zuwachs des Straßenverkehrs, weil seine zweigspezifi-

schen Eigenschaften und Vorteile der relativen „Unfähigkeit" anderer Verkehrszweige, die Straße zu entlasten, überlegen sind.
Dem Europa-Verkehr sagt das Weißbuch der Europäischen Kommission „Die europäische Verkehrspolitik bis 2010 – Weichenstellungen für die Zukunft" ein Wachstum von 38 % im Güterverkehr und 24 % im Personenverkehr voraus. Diese Aufkommensentwicklung ist im Prinzip unumkehrbar, sie kann jedoch mit verkehrspolitischen Instrumenten ohne gesamtwirtschaftliche Friktionen gedämpft werden.
Trotz verkehrszweigübergreifender logistischer Konzepte im Güterverkehr und qualitativer Verbesserung des öffentlichen Personenverkehrs bleiben die Vorhaltung und Sicherung einer leistungsfähigen Verkehrsinfrastruktur auch bei Erfolgen eines intelligenten Verkehrsmanagements entscheidend für die Bewältigung der zukünftigen Verkehrsaufgaben.
Auf die Frage, wie die dafür benötigten Finanzmittel *dauerhaft* bereitgestellt werden können, kann es unter Abschätzung aller entlastenden Wirkungsfaktoren nur eine Anrwort geben:
Nur durch einen verkehrspolitischen Paradigmenwechsel kann Deutschland jene Infrastruktur des Verkehrs sichern, die es in einem globalen Mobilitätsprozess für die langfristige Bewältigung des Aufkommens im Personen- und Güterverkehr benötigt. Dabei geht es nicht allein um die Straßeninfrastruktur, sondern um alle Verkehrswege. Da der Staat gemäß Artikel 87 ff. GG für die Verkehrsinfrastruktur verantwortlich ist, bleiben ihm im Rahmen seiner zunehmend weniger ausreichenden Finanzmittel aus dem Steueraufkommen nur eine komplette Umlenkung von der Steuer- zur Nutzerfinanzierung und der vermehrte Einsatz privaten Kapitals.
Auf dem DVWG-Fachkongress am 11. April 2002 erklärte der damalige Parlamentarische Staatssekretär Stephan Hilsberg: *„Es ist eines der wichtigsten Anliegen der Bundesregierung in dieser Legislaturperiode, neue Wege in der Verkehrswegeinfrastrukturfinanzierung einzuschlagen"*[1]. Davon sind bis heute nur die Einführung der Lkw-Maut und die Gründung der Verkehrsinfrastrukturgesellschaft mbH (VIFG) umgesetzt worden. Die Anwendung von PPP-Modellen stagniert. Weiteres Zögern im Umgang mit der zweifelsfrei nicht einfachen Materie erzeugt Wachstumsbremsen. Eine Wende zu mehr Wachstum und Beschäftigung muss sich auch in der Änderung der Verkehrspolitik widerspiegeln. Dies kann nur mit einem in sich geschlossenen Programm der Verkehrswegeentwicklung und ihrer Finanzierung erreicht werden. Anders kann die permanente Unterfinanzierung des Bundesverkehrswegeplanes nicht überwunden werden.

11.3 Maßnahmen und Ergebnisse der Verkehrspolitik auf dem Gebiet der Verkehrsinfrastrukturfinanzierung

11.3.1 Bisherige Maßnahmen in der deutschen Verkehrspolitik

Im Sommer 1999 setzte der Bundesminister für Verkehr, Bau- und Wohnungswesen im Einvernehmen mit dem Bundesminister für Finanzen eine unabhängige Kommission „Verkehrswegeinfrastrukturfinanzierung" ein, die in Anlehnung an den Namen ihres Leiters als „Pällmann-Kommission" bekannt wurde. Dem Auftrag, konkrete Empfehlungen für die zukünftige Finanzierung der Bundesfernstraßen, der Bundesschienenwege und der Binnenwasserstraßen des Bundes zu erarbeiten, lag die Erkenntnis zugrunde, dass wegen der permanent schlechten Haushaltslage des Bundes Finanzierungsinstrumente außerhalb des Bundeshaushaltes zu finden waren.

---
[1] Schriftenreihe der DVWG, Reihe B, Heft 253 (2002), S. 11

Im Ergebnis unterbreitete die Kommission vor allem folgende Vorschläge:
- Schrittweise Umstellung der auf Steuern und Staatskredit aufbauenden Haushaltsfinanzierung auf Nutzerfinanzierung
- Im Gegenzug Entlastung der Nutzer der Verkehrswege von Verkehrssteuern
- Ausgliederung der Bundesverkehrswege aus der Bundesverwaltung und Überstellung in nach Verkehrszweigen privatrechtlich organisierte Finanzierungs- und Betreibergesellschaften
- Beibehaltung der Verantwortung des Bundes für die Infrastruktur des Verkehrs, jedoch nicht automatisch für Bau und Betrieb der Verkehrswege
- Ausschöpfung aller Möglichkeiten für die Privatfinanzierung von Infrastruktur und Realisierung geeigneter Mischformen für die Finanzierung

Als Einstieg wurde für die Bundesfernstraßen eine streckenbezogene Maut für LKW über 12 t zGG und eine Erweiterung der Bemautung schwerer LKW, für die Bundesautobahnen eine Vignette für leichte LKW, Busse, PKW und Krad empfohlen. Belastungsneutralität sollte durch eine Absenkung von Verkehrssteuern, vorrangig der Mineralölsteuer erreicht werden. Um den Mitteleinsatz aus Maut und Vignette zweckgebunden zu sichern, wurde die Gründung einer Bundesfernstraßenfinanzierungsgesellschaft und parallel ein Privatfinanzierungsgesetz für den Fernstraßenbau angeraten. Bei den Bundesschienenwegen gehen die Empfehlungen davon aus, die Bahnreform zu vollenden und Netz und Verkehr beim Börsengang der DB voneinander zu trennen. Zugleich sollte das Fernnetz von den Regional- und Lokalnetzen abgekoppelt und Letztere den Ländern bzw. Kommunen zugeordnet werden. Die Transportbereiche der DB sollten auch materiell voll privatisiert werden. Die Kommission schlug für die Sicherung von Wettbewerb auf der Schiene eine spezielle Regulierungsbehörde für den Netzzugang vor.
Für die Bundeswasserstraßen wurde eine Nutzerfinanzierung über die Wiedereinführung von Abgaben auf den Flussstrecken von Rhein, Donau und Elbe empfohlen. Die gewonnenen Mittel sollten zweckgebunden in einer Bundeswasserstraßenfinanzierungsgesellschaft für die Instandhaltung und den Ausbau dieser Schifffahrtswege eingesetzt werden.
Umgesetzt wurde von den Empfehlungen der Pällmann-Kommission bisher nicht viel, nur die Verkehrsinfrastrukturfinanzierungsgesellschaft (VIFG) und die Maut für Lkw über 12 t zGG auf BAB. Da die Mautgebühren zunächst dem Bundesfinanzministerium zufließen, kann eine verfehlte Zweckbindung für die Bundesautobahnen nicht ausgeschlossen werden. Zudem mindern die Lkw-Ausweichverkehre auf nicht bemautete Bundesfern- oder Staatsstraßen die Mauteinnahmen und lösen, kaum überraschend, Nebeneffekte zu Lasten dieser Netze und der Bevölkerung aus. Gerade die bedeutsamsten Empfehlungen mit Langzeiteffekt wurden bisher ausgeblendet.
Eine zweite wichtige Richtung verfolgte der Wissenschaftliche Beirat beim Bundesminister für Verkehr, der im Dezember 1996 sein Gutachten „Neue Wege zur Finanzierung und Nutzungsoptimierung für die Straßeninfrastruktur" vorlegte und 1999 vertiefte. Hinzu kamen im Februar 2000 ergänzende Empfehlungen unter dem Titel „Wege zu einer marktkonformen Finanzierung der Straßeninfrastruktur".
Ausschließlich auf die Bundesfernstraßen bezogen wurde dringlich angemahnt, neue Wege der Finanzierung zu beschreiten, um das Dilemma der sich ständig verschlechternden Staatsfinanzen zu überwinden und der chronischen Unterfinanzierung der Bundesverkehrswegepläne von 1992 bis 2012 entgegenzuwirken. Der Beirat bekannte sich eindeutig zu einem Übergang von der Steuer- auf die Nutzerfinanzierung, weil damit verlässliche und langfristig gesicherte Finanzierungsquellen erschlossen und ein

hohes Maß an Gerechtigkeit für alle Nutzergruppen am Straßenverkehr erreicht werde. Die letztlich ausgesprochenen Empfehlungen zielen vor allem auf eine Trennung der Eigentümerfunktion beim Bund von der Bereitstellung und dem Betrieb durch eine Management- und Finanzierungsgesellschaft. Besonders klar wird die Zweckbindung der erzielten Einnahmen aus Benutzerentgelten herausgestellt. Der Beirat setzt dabei auf eine fahrleistungsabhängige Vignette für alle Fahrzeugtypen, schließt also den Pkw ein. Die Empfehlungen wurden bisher nur zur Kenntnis genommen.

Die Auseinandersetzung mit Nutzergebühren zeigt in Deutschland durchaus einen gewissen Kompetenzaufbau. 1994 wurde auf der BAB 555 bei Bonn eine Testanlage zur Erprobung von technischen Lösungen für die Erfassung von Benutzungsgebühren in Dienst gestellt. Im gleichen Jahr wurde unter dem unsäglichen Titel „Fernstraßenbauprivatfinanzierungsgesetz" die Grundlage für „Public Private Partnership"-Modelle zur Finanzierung von kostspieligen Verkehrsanlagen wie Tunnel- und Brückenbauten geschaffen. Mauteinnahmen aus solchen Anlagen dienen der Refinanzierung des vorgestreckten Kapitals. Sicherlich war es wesentlich der europäischen Verkehrspolitik zuzuschreiben, dass sich Deutschland entschloss, gemeinsam mit fünf weiteren Mitgliedstaaten die „Eurovignette" für schwere Lkw ab 12 t zGG einzuführen, welcher eine Zeitbemessung zugrunde lag. Die EU-Richtlinie 1999/62 EG bildete dafür den Rechtsrahmen. Diese Regelung soll, wie bekannt, einer Revision unterliegen.

Für die Finanzierung der Infrastruktur des Verkehrs durch privates Kapital sind grundsätzlich zwei Betreibermodelle denkbar: eine Mischform von öffentlicher und privater Finanzierung (Public Private Partnership – PPP) und die reine Privatfinanzierung. Während der letztere Weg in Deutschland sowohl aus Verfassungs- als auch aus Rentabilitätsgründen schwierig umzusetzen ist, generiert das Instrument PPP derzeit eine gewisse Hochstimmung. Mit den Vorteilen und Risiken haben sich in Deutschland insbesondere die Professoren Aberle, Eisenkopf und Rothengatter (vgl. Quellenliste) vielfältig auseinandergesetzt.

In Deutschland werden derzeit zwei Modelltypen von Betreibermodellen angewendet, das so genannte A-Modell (private Vorfinanzierung von Abschnitten von BAB im mehrstreifigen Ausbau) und das so genannte F-Modell (komplette private Finanzierung von besonderen Strecken bzw. Verkehrsanlagen wie Tunnel und Brücken im Zusammenhang mit Straßenbauten). Beim A-Modell gewährleistet der Staat nach der Verkehrsfreigabe eine Refinanzierung aus Haushaltsmitteln. Beim F-Modell erhält der Private das Recht zur Erhebung der Mautgebühr. Beide Modellarten haben sich bisher in Deutschland aber nicht durchgängig realisieren lassen, weil zwischen Nutzen und Risiken erhebliche Spannungspotenziale bestehen, die entweder privates Kapital abschrecken oder dem staatlichen Investitionshaushalt durch Refinanzierungszwänge die Mittel für andere Infrastrukturmaßnahmen entziehen. Die im BMVBW im Juli 2004 eingerichtete Task Force soll dazu beitragen, PPP durch optimierte Rahmenbedingungen verstärkt zum Einsatz zu bringen.

Alle bisherigen Maßnahmen basieren auf dem Fernstraßenbauprivatfinanzierungsgesetz (FStrPrivFinG). Über die Anwendung von Betreibermodellen für den Schienen-, Binnenwasserstraßen- und Luftverkehr werden derzeit vielfältige Diskussionen geführt.

11.3.2 Bisherige Maßnahmen in der europäischen Verkehrspolitik

Noch unter dem Kommissariat von Loyola de Palacio wurde eine Intensivierung der europabezogenen Investitionspolitik der Mitgliedsstaaten gefordert und unter der italienischen Ratspräsidentschaft im Jahre 2002 mit Unterstützung Deutschlands und Frankreichs eine so genannte Wachstumsinitiative entwickelt. Sie enthält Fördermaßnahmen für die Verknüpfung der nationalen Hochgeschwindigkeitsnetze, den

Aufbau und Betrieb des Satellitensystems „Galileo" und die Schaffung eines so genannten „telematikintelligenten Managementsystems" für alle Verkehrsträger. Die Initiative sollte durch öffentliche Darlehens- und Bürgschaftsprogramme der Europäischen Investitionsbank um den Preis einer weiteren Verschuldung der Mitgliedsstaaten finanziert werden.

Im Weißbuch zur Verkehrspolitik wird zum Thema Infrastruktur-Finanzierung vermerkt: *„Die Maßnahmen der Gemeinschaft müssen darauf abzielen, die derzeit dem Verkehrssystem auferlegten Steuern schrittweise durch Instrumente zu ersetzen, die die Infrastrukturkosten und die externen Kosten am wirksamsten internalisieren".*[2]

Bereits 1996 waren *„Gemeinsame Leitlinien für den Aufbau eines Transeuropäischen Verkehrsnetzes"* entwickelt worden, die wegen der Erweiterung der Gemeinschaft nach Ost- und Südosteuropa um die paneuropäischen Verkehrskorridore ergänzt wurden. Dazu erarbeitete eine Arbeitsgruppe unter Leitung des früheren Wettbewerbskommissars Karel van Miert vier Projektlisten und befasste sich mit der weiteren Finanzierung des Netzes, erfreulicherweise nicht nur des Ausbaus sondern auch des Netzmanagements. Die gemeinschaftsinterne Finanzierung sollte die TEN-Budgetmittel um 10 bis 20 % anheben, langfristige Darlehen der Europäischen Investitionsbank (EIB) sollten die Projektkosten bis zu 75 % abdecken und weiterführende Möglichkeiten durch öffentlich-private Partnerschaften entwickelt werden. 2003 haben Rat und Parlament die Änderung der Richtlinien gebilligt und einen „Europäischen Koordinator" eingesetzt. Danach können die Zuschüsse der Gemeinschaft bis zu 30 % der Kosten betragen, wenn es sich um grenzüberschreitende Maßnahmen der Infrastruktur handelt. Zugleich wurden die Mitgliedsstaaten aufgefordert, mehr Geld aus den nationalen Haushalten in europäische Projekte zu stecken.

Besonders für die Finanzierung der Straßeninfrastruktur hatte die Europäische Kommission mit der Richtlinie 1999/62 EG Vorgaben zur Erhebung von Gebühren für die Benutzung bestimmter Verkehrswege durch schwere Nutzfahrzeuge gemacht. 2003 strebte sie eine Revision dieser sogenannten EU-Vignetten-Richtlinie an, welche insbesondere den deutschen und österreichischen Mauten für schwere LKW entgegenstand. Danach sollten nicht mehr die Gesamtkosten maßgeblich für die Preisbildung sein, sondern nur noch jene Kosten, welche nicht bereits staatlich finanziert sind. Andererseits sollen aber Unfallfolgekosten hinzukommen und die Richtlinie auch auf Lkw ab 3,5 t zGG ausgedehnt werden. Gleichzeitig werden neben den Autobahnen überregional wichtige Straßen in die Preisbildung eingeschlossen. Die Auseinandersetzung darüber dauert noch immer an, weil verschiedene europäische Staaten – darunter Deutschland – eine Überfrachtung der Richtlinie mit vielen Einzelvorschriften als nicht effektiv erachten.

Ein spezielles Problem stellt bei der Anwendung der EU-Richtlinie die Verwendung von Mauteinnahmen für den Infrastrukturausbau anderer Verkehrsträger dar. Nach den derzeitigen Regelungen darf zwar ein bestimmter Prozentsatz der Einnahmen aus Benutzungsgebühren dem Umweltschutz und dem so genannten ausgewogenen Ausbau der Verkehrswege zugewiesen werden, die Berechnungsart beinhaltet aber nur Kosten für Bau, Nutzung und Ausbau des Straßennetzes. Das ist ein Widerspruch in sich, dem die Kommission mit einem neuen Rechtsrahmen entgegenwirken will. Nicht umsonst wurde im Weißbuch u.a. formuliert: *„Schaffung eines Gemeinschaftsrahmens für die Verwendung von Einnahmen aus der Tarifierung von Verkehrswegen, die mit der Schaffung neuer Infrastrukturen, insbesondere im Schienenverkehr, konkurrieren."*[3]

---

[2] Europäische Kommission, GD Energie und Verkehr: Weißbuch Europäische Verkehrspolitik 2010, Brüssel 2001, S. 83
[3] ebenda, S. 73

Bereits seit Mitte der 90er Jahre beschäftigt sich die Europäische Kommission mit dem Thema „City-Pricing". In verschiedenen Programmen, zuletzt über PROGRESS (Pricing Road Use for Greater Responsibility, Efficiency und Sustainability) und dem Netzwerk CUPIC (Coordinating Urban Pricing Integrated Demonstration) unterstützt sie städtische Verkehrsmautmodelle. Damit sollen Maßnahmen der Verkehrslenkung und Mittelgewinnung für Stadtstraßen und ihre Nebenbauwerke (Brücken, Tunnel usw.) entwickelt werden.

Aus der aktuellen Arbeit des Europäischen Parlamentes ist bekannt, dass die Preisbildung für Nutzungsgebühren zunehmend auch für alle anderen Straßenfahrzeuge, also insbesondere die PKW, ins Auge gefasst wird. Offen ist, inwieweit es dabei zu einer einheitlichen Regelung für Europa kommen wird und ob dabei das Subsidiaritätsprinzip der Mitgliedsstaaten berücksichtigt werden kann oder muss.

Ein generelles Problem für die zukünftige Infrastrukturfinanzierung bildet die so genannte Kostenwahrheit für den Benutzer. Diese Thematik erhält ein exorbitantes Gewicht, wenn der Staat nach neuen Wegen zur Infrastrukturfinanzierung sucht oder suchen muss. Die Kommission setzt bei allen Verkehrszweigen auf eine schrittweise Tarifierung der Infrastrukturnutzung, um die Chancengleichheit zu erhöhen. Ihr geht es mit Recht um die Besteuerung nach einheitlichen verkehrsträgerunabhängigen Grundsätzen, um eine bessere und damit vor allem transparentere Anlastung der verursachten Kosten zu erreichen. Dabei wird es nach Meinung der Kommission zur generellen Erhöhung von Verkehrspreisen kommen, welche vom Nutzer zu zahlen sind.

Damit schließt sich der Kreis. Auch auf europäischer Ebene wird mehr Geld für die Verkehrsinfrastruktur angemahnt. Deutschland ist damit als größter Nettozahler an die EU doppelt betroffen, um nationale mit europäischen Neu- und Ausbauprojekten in Übereinstimmung zu bringen. Die Generaldirektion Energie und Verkehr hat Deutschland bereits mehrfach davor gewarnt, Investitionen für Teile der transeuropäischen Netze zu gefährden oder zurückzustellen.

Die europäische Verkehrspolitik verfolgt relativ stringent den Auf- und Ausbau einer europäischen Infrastruktur des Verkehrs und favorisiert alle nutzerbezogenen Finanzierungsmodelle. Da die Beschlüsse von Parlament und Kommission zwingend in nationales Recht umzusetzen sind, wird Deutschland mittelfristig keine Chance haben, sich gegen dieses neue Finanzierungsparadigma zu stellen.

11.3.3 Internationale Erfahrungen mit Nutzerentgelten für Verkehrsinfrastrukturen

Die Erhebung von Benutzerentgelten für Verkehrswege ist keine Idee unserer Zeit, vielmehr wurden schon vor Jahrtausenden Mauten und Zölle erhoben oder vergleichbare Finanzinstrumente in verschiedenen Teilen der Welt angewandt. Diese dienten vorrangig zwei Zielen: Beim Nutzer Abschöpfung von Geldmitteln durch die Eigentümer und Refinanzierung von Investitionskapital.

Durch das enorme Wachstum der Verkehrsleistungen und die Begrenztheit der verfügbaren Infrastruktur besonders auf der Straße sind in den letzten Jahrzehnten unterschiedliche Lösungen entwickelt worden, um den Nutzer an den Kosten des Baus und der Erhaltung der Infrastruktur zu beteiligen. Straßenbenutzungsgebühren sind dabei auf Grund des breiten Nutzerkreises ein weltweit übliches Instrument.

Schwerpunktmäßig sei auf folgende Modelle und Ansätze verwiesen:

a) Österreich
- Einführung einer zeitabhängigen Maut (Vignette) für Fahrzeuge unter 3,5 t zGG auf Autobahnen und Schnellstraßen ab dem Jahre 1997.
- Fahrzeuge von 3,5 – 12 t zGG unterlagen bis Ende 2003 einer Vignettenpflicht;

Fahrzeuge über 12 t zGG mussten bis 2003 eine Straßenbenutzungsabgabe entrichten.
- Einführung einer streckenbezogenen Maut für Fahrzeuge über 3,5 t zGG seit 2004.
- Auf Sondermautstrecken werden entfernungsabhängige streckenspezifische Mautgebühren erhoben.

b) Schweiz
Einführung einer entfernungsabhängigen Maut für Fahrzeuge über 3,5 t zGG im gesamten Straßennetz seit 2001.

c) Vereinigte Staaten von Amerika
Dieses Land ist in Mautfragen seit vielen Jahrzehnten weltweit ein Vorreiter, wobei seit Anbeginn unterschiedliche Mautsysteme und technische Lösungen zum Ansatz gebracht werden. Dabei ist zu beachten, dass das Straßennetz ausschließlich eine Angelegenheit der Bundesstaaten bzw. großen Städte ist, woraus kein geschlossenes Bild und auch keine einheitliche Vorgehensweise erkennbar sind.

d) Japan
Seit 2001 Mauterhebung für weite Teile des Autobahnnetzes für alle Fahrzeugtypen.

In Staaten wie den *Niederlanden* bzw. *Großbritannien* gab oder gibt es unterschiedliche Ansätze zur Einführung einer entfernungsbezogenen Maut für Lastkraftwagen, welche gegenwärtig forciert untersucht werden.
In den 60er Jahren wurden Autobahnen in *Frankreich, Italien, Spanien* und *Portugal* durch den Staat mithilfe des „Betreibermodells" verstärkt gebaut. Die entfernungsbezogene Bemautung für alle Fahrzeuge sicherte eine entsprechende Refinanzierung.
Einen besonderen Lösungsansatz bildete die Erhebung einer City-Maut. Im Rahmen der Überlastung der Innenstädte und der begrenzten Ressourcen für den Stadtstraßenneu- und -ausbau nahmen die norwegischen Städte *Bergen, Oslo, Trondheim, Kristiansand* und *Stavanger* schrittweise seit Mitte der 80er Jahre eine Pionierrolle ein. Auch in *Singapur* und *Seoul* fand die Bemautung städtischer Straßen eine hohe Akzeptanz. Als neuerliches und gut funktionierendes System kann die City-Maut in *London* angesehen werden, welche inzwischen für viele Interessenten, auch aus Deutschland, zum Studienobjekt geworden ist. Für deutsche Verhältnisse spielen besonders die Ozonbelastung und die Feinstaubdiskussion eine wesentliche Rolle.
Bei Straßenbenutzungsgebühren spielte immer die politische Akzeptanz in den jeweiligen Ländern eine entscheidende Rolle. Vielfältige und durchaus technisch und organisatorisch ausgereifte Modelle konnten zum Teil nicht realisiert werden. Hintergrund dafür war vor allem das Fehlen eines harmonischen und in sich geschlossenen Systems für die Gesamtfinanzierung des Straßennetzes. Mautgebühren müssen im Prinzip solange auf Widerstand stoßen, wie nicht sicher ist, ob die erwirtschafteten Mittel wieder in das Straßennetz zurückfließen und ob es gleichzeitig zu Entlastungseffekten bei Steuern (z. B. Kfz-Steuer, Mineralölsteuer) kommen kann. Dabei findet natürlicherweise auch die Anrechnung so genannter „externer Kosten" des Verkehrs eine besondere Beachtung, wobei der Streit darüber anhält, welche Kosten überhaupt und zu welchen Teilen anrechnungsfähig sein können (z. B. Unfallfolgekosten, Staukosten, Umweltkosten). Auf europäischer Ebene laufen derzeit verschiedene Untersuchungen, um zu einer für alle Mitgliedstaaten einvernehmlichen Lösung zu finden.

11.4 Wege und Methoden zu einer Umstellung der Steuerfinanzierung auf eine Nutzerfinanzierung des Verkehrs

Aus den vorangegangenen Darstellungen wird erkennbar, dass Deutschland aus vielfachen Gründen einen Paradigmenwechsel bei der Finanzierung der Verkehrsinfrastruktur vollziehen muss. Alle Analysen, Stellungnahmen und politischen Erklärungen der letzten Jahre zeigen mehrheitlich die gleiche Grundrichtung. Dennoch werden die erforderlichen Instrumente zur Zeit sehr zögerlich gehandhabt oder aus der öffentlichen Debatte ausgeschlossen.

Deutschland täte gut daran, sich in der Zukunft an folgende Maßnahmen zu halten, so sehr deren operative Ausprägung weiterer Diskussion anheim gestellt sein muss:

Empfehlung 1: Erarbeitung eines verkehrspolitischen Gesamtkonzeptes zur Umstellung der Verkehrsinfrastrukturfinanzierung, in das alle mittel- und langfristigen Maßnahmen als integrativer Ansatz einzubinden sind.

Mit dieser Forderung soll der Gefahr begegnet werden, dass ständige neue Instrumente entworfen und unkonzertiert diskutiert, erprobt oder realisiert werden, welche auf Einzelmaßnahmen ausgerichtet sind. Die Komplexität der Aufgabenstellung verlangt eine gesellschaftliche Gesamtbetrachtung.

Empfehlung 2: Da der Verkehrshaushalt des Bundes, der Länder und Gemeinden mit jährlich ca. 40 Mrd. € der größte nationale Investitionshaushalt ist, müssen verlässliche Abstimmungen und Zusagen auf Ressortebene getroffen werden, die nicht ständig von Steueraufkommen oder föderalen Sondervoten unterlaufen werden.

Als Teil der Neuregelung der Bund-Länder-Kompetenzen sind die verkehrspolitischen Zuständigkeiten klar zu regeln. Es kann auch nicht hingenommen werden, dass Gebühren (Maut) wie Steuern behandelt werden und zweckentfremdet zum Einsatz kommen, obwohl hierfür klare gesetzliche und finanztechnische Regelungen bestehen.

Empfehlung 3: Die ständige Unterdeckung der Finanzierung der Bundesverkehrswegeplanung ist zu beenden.

Das wichtige Instrument der Bundesverkehrswegeplanung muss in der Anwendung verbessert werden. Vor allem sollten nur solche Planungen Eingang finden, die in der Tat den Bundesverkehrswegen zuzuordnen sind. Zugleich muss dem Grundsatz gefolgt werden, dass das Geplante im Planungszeitraum auch realisiert werden kann. Ergänzungsplanungen und Priorisierungen sind nur in begrenztem Umfang in Anlehnung an die europäische Netzplanung und aus Gründen der aktuellen Verkehrsentwicklung vorzunehmen. Die Bundesregierung sollte die Europäische Kommission zu einer „Europäischen Verkehrswegeplanung" auffordern.

Empfehlung 4: Das gesamte Bundesfernstraßennetz ist aus der Steuerfinanzierung herauszunehmen und über entfernungsabhängige Gebühren (Mauten) zu unterhalten und auszubauen (Nutzerfinanzierung). Alle Fahrzeugkategorien müssen in die Erfassung und Berechnung von Mautgebühren einbezogen werden. Damit wird eine gerechte Wegekostenanlastung erreicht.

Die Einführung der entfernungsabhängigen Lkw-Maut für Fahrzeuge über 12 t zGG auf

Bundesautobahnen war richtig, kann jedoch nur als ein erster Schritt betrachtet werden. Nachdem die moderne Erhebungstechnologie auf GPS-Basis ihre Bewährungsprobe bestanden hat und über das System „Galileo" langfristig alternativlos wird, lassen sich relativ exakte Schrittfolgen für alle anderen Fahrzeugtypen festlegen und auf alle Fernstraßen ausdehnen. Auch der Pkw muss trotz politischer Vorbehalte integriert werden, um zu einem tragfähigen Gesamtsystem der nutzerorientierten Verkehrswegeplanung zu kommen.

Um den privaten und gewerblichen Nutzern keine Mehrbelastungen aufzubürden, ist die Besteuerung von Verkehr neu zu regeln. So müsste die Kraftfahrzeugsteuer (Ländersteuer) wegfallen oder zumindest abgesenkt und die Mineralölsteuer verringert werden. Bis zu einer ausgereiften Gesamtregelung kann als Zwischenlösung für die Benutzung von Bundesfernstraßen eine Vignettenpflicht vorgesehen werden.

Empfehlung 5: Zur Verwendung der aus der Gebührenerhebung auf Bundesfernstraßen resultierenden Finanzmittel ist die bestehende Verkehrsinfrastrukturfinanzierungsgesellschaft (VIFG) analog dem Modell Österreich (ASFINAG) auszubilden.

Diese von den Fachleuten immer wieder geforderte Maßnahme bedeutet, die Struktur der Gesellschaft in Richtung Straßenbau und -unterhaltung des gesamten Bundesfernstraßennetzes zu verändern und die Kreditwürdigkeit der VIFG herzustellen. Es geht um eine Komplettlösung (Planung, Bau, Instandhaltung und Finanzierung) aus einer Hand. Ein Zwischenparken von Mauteinahmen beim BMF ist unzulässig.

Empfehlung 6: Gründung von Finanzierungsgesellschaften für die Bundesverkehrswege Schiene und Wasser.

Für die Finanzierung des Schienen- und Binnenwasserstraßenverkehrs sind eigene Gesellschaften zu gründen. Inwieweit Mittel aus den Nutzergebühren der Straße in diese Gesellschaften einfließen können, ist im Rahmen einer integrierten Verkehrspolitik der Bundesregierung zu untersuchen. Auszuschließen ist dies nicht, um die volkswirtschaftlich wichtigen Leistungen dieser Verkehrszweige zu stärken und die Straße zu entlasten.

Empfehlung 7: Die Einführung von „City-Pricing" stellt ein paralleles Merkmal der Gebührenerhebung für Fernstraßen in Ballungsräumen dar.

Hierbei handelt es sich um ein sehr diffiziles Problem, weil davon einerseits Wirtschaftsinteressen und soziale Belange betroffen sind, andererseits Umweltfragen berührt werden. Die Bemautung von Stadtstraßen führt aber auch zur gewünschten Stärkung des ÖPNV und kann umweltfreundliche Straßenfahrzeuge eindeutig bevorteilen.

Empfehlung 8: Die Weiterentwicklung von PPP-Modellen sollte in Richtung A-Modell forciert werden.

Hier liegen inzwischen klare Anwendungs- und Nutzenkriterien vor, und der Staat kann die Einnahmen aus den Benutzungsgebühren mit Sicherheit für die Refinanzierung des vorgestreckten privaten Kapitals einsetzen. Die weitere Verfolgung von F-Modellen sollte unter den Bedingungen der einzuführenden Gebührenfinanzierung des gesamten Bundesfernstraßennetzes nochmals neu untersucht werden.

Empfehlung 9: Für die Bestimmung der Straßenbenutzungsgebühren sollte eine konsequente Anwendung der Wegekostenrechnung vorgenommen werden.

Die aus dem Weißbuch der EU resultierenden Grundsätze sollten beachtet werden, um nach einheitlichen verkehrsträgerunabhängigen Grundsätzen zu verfahren. Die Kostenwahrheit für den Benutzer ist darzustellen. Es muss zu einer kostengerechten Preisstruktur nach Fahrzeugkategorien und Umweltklassen (EG-Richtlinie 62/1999) kommen. Eine Gleichbehandlung in- und ausländischer Fahrzeuge ist zu garantieren. Inwieweit die externen Kosten des Verkehrs internalisiert werden sollten, muss weiter untersucht werden.

Literatur

Aberle, Gerd: Neue Finanzierungskonzepte für den Verkehr, in: Zeitschrift für Verkehrswissenschaft 1995, 66. Jg., S. 33 ff.

Aberle, Gerd: Private Verkehrswegefinanzierung. Aus Fehlern lernen, in: Internationales Verkehrswesen 2005, 57. Jg., S. 4

Alten, Hans Wilhelm: Privatwirtschaftliche Modelle für eine bedarfsgerechte Straßenverkehrs-Infrastruktur, in: Internationales Verkehrswesen 2000, 52. Jg., S. 148 ff.

Beckers, Torsten; Brenck, Andreas; von Hirschhausen, Christian; Klatt, Jan Peter: Die ASFINAG und das österreichische Modell der Fernstraßenfinanzierung, Arbeitspapier vom 11.4.2005

Doll, Claus; Helms, Maja; Liedtke, Gernot; Rommerskirchen, Stefan; Rothengatter, Werner; Vödisch, Michael: Wegekostenrechnung für das Bundesfernstraßennetz, in: Internationales Verkehrswesen 2002, 54. Jg., S. 200 ff.

Eisenkopf, Alexander: Effiziente Straßenbenutzungsgebühren; in: Gießener Studien zur Transportwirtschaft und Kommunikation, Band 17, Deutscher Verkehrs-Verlag Hamburg

Eisenkopf, Alexander: Chancen und Risiken von Public Private Partnership (PPP) bei der Versorgung mit Verkehrsinfrastruktur in Deutschland, Manuskriptpapier, ohne Quelle

Gerstlberger, Wolfgang; Sack, Detlef: Public Private Partnerships an bundesdeutschen Flughäfen; in: Internationales Verkehrswesen 2003, 55. Jg., S. 132 ff.

Hartwig, Karl-Hans; Marner, Torsten: Maut für alle? Straßenbenutzungsgebühren auch für Pkw; in: Wirtschaftsdienst - Zeitschrift für Wirtschaftspolitik 2005; 85. Jg., S. 102 ff

Keppel, Armin: Betreibermodelle für die Bundesfernstraßen in Deutschland; in: Straße + Autobahn, H. 2 (2003), S. 61 ff.

Kerth, Steffen: Infrastruktur: Zwischen Kostendruck und politischen Zielen; in: Güterbahnen, H. 1 (2003), S. 6 ff.

Kossack, Andreas: Straßenbenutzungsgebühren weltweit; in: Internationales Verkehrswesen 2004, 56. Jg., S. 246 ff.

Laaser, Claus-Friedrich; Jakubowski, Peter: Neue Wege der Verkehrswegefinanzierung im Spiegel raumordnerischer Ziele und Grundsätze; in: Raumforschung und Raumordnung , H. 4 (2003), S. 278 ff.

Nowak, Herwig: Karel van Miert und der frische Wind in der europäischen Infrastrukturpolitik, in: Internationales Verkehrswesen 2004, Jg. 56, S. 304 ff.

Rothengatter, Werner; Rommerskirchen, Stefan: Wegekostenrechnung für das Bundesfernstraßennetz als Grundlage für streckenbezogene Straßenbenutzungsgebühren, in: Internationales Verkehrswesen 2002, Jg. 54, S. 166 ff.

Rothengatter, Werner: Road Pricing in Städten; Manuskriptpapier, ohne Quelle

Kommission Verkehrsinfrastrukturfinanzierung: Schlußbericht 5. September 2000

Wissenschaftlicher Beirat beim Bundesminister für Verkehr: Neue Wege zur Finanzierung und Nutzensoptimierung für die Straßeninfrastruktur, Dezember 1996

Wissenschaftlicher Beirat für Verkehr beim Bundesministerium für Verkehr, Bau und Wohnungswesen: Wege zu einer marktkonformen Finanzierung der Straßeninfrastruktur, Ergänzende Empfehlungen zu Gutachten des Wissenschaftlichen Beirats von 1996 und 1999, Februar 2000

Europäische Kommission: Weißbuch - Die europäische Verkehrspolitik bis 2010: Weichenstellungen für die Zukunft; Brüssel 2001

Regierungserklärung von Bundeskanzler Gerhard Schröder vor dem Deutschen Bundestag am 17. März 2005: Aus Verantwortung für unser Land: Deutschlands Kräfte stärken; Pressedienst der Bundesregierung

Nutzerbezogene Infrastrukturfinanzierung - von der theoretischen Fundierung über die politische Entscheidung zur praktischen Umsetzung; Schriftenreihe der DVWG, Reihe B, Bergisch Gladbach 2002, Band 253

Zukünftige Verkehrsplanung im Zeichen der Finanzkrise; Schriftenreihe der DVWG, Reihe B, Berlin 2003, Band 266

Revision der EU-Vignettenrichtlinie - Probleme aus multinationaler Sicht; Schriftenreihe der DVWG, Reihe B, Berlin 2003, Band 271

Reformen und Innovationen im Verkehr; Schriftenreihe der DVWG, Berlin 2004, Band 275

Verkehr in Zahlen 2003/2004, herausgegeben von BMVBW, Deutscher Verkehrs-Verlag Hamburg 2003

12 Zehn Thesen zur künftigen Verkehrspolitik

Dr.-Ing. e. H. Wilhelm Pällmann
Vorstand a. D., Frankfurt/M.

These 1: Die Qualität der Verkehrsinfrastruktur prägt entscheidend die Rahmenbedingungen von Siedlung, Wirtschaft und Umwelt. Dies schlägt sich bisher nicht angemessen im *Stellenwert* nieder, den die *Verkehrspolitik* einnimmt.

Die Bedeutung der Verkehrsinfrastruktur für Gesellschaft, Siedlung, Wirtschaft und Umwelt ist evident. Sie ist in der Politik prinzipiell unbestritten - jedenfalls soweit es die Formulierungen in den Partei- und Wahlprogrammen wiedergeben. Die Rolle, die sie tatsächlich im politischen Tagesgeschäft spielt, steht dazu in krassem Widerspruch. Das hat der Bundestagswahlkampf 2005 erneut belegt. Wohlformulierte Floskeln, ideologisch geprägte Präferenzen sowie undifferenziert reflexartige Reaktionen auf Themen, von denen angenommen wird, sie kämen beim Wähler gut oder schlecht an, ersetzen keine wirkungsvolle, gestaltende Politik.
Der Verkehrsektor zählt zu den Politikbereichen, die in besonderem Maße Mut und Gestaltungskraft mit langem Atem erfordern; jeder Bürger (und damit natürlich auch jeder Wähler) ist Verkehrsteilnehmer und versteht sich deshalb als Verkehrsfachmann. Die Planungs-, Entscheidungs-, Umsetzungs- und Life-Cycle-Prozesse im Verkehrswesen sind von langer Dauer und langer Wirkung. *Visionen* sind dabei ebenso wichtig wie *Realitätssinn* und *Glaubwürdigkeit*. Solange das Credo „Fachwissen stört nur" als Attitüde des so genannten pragmatischen Politikers gilt, stehen die Zeichen nicht gut für die Verkehrspolitik.

These 2: Die traditionelle *Haushaltsfinanzierung* kann die qualifizierte Erhaltung und Entwicklung der Verkehrsinfrastruktur nicht mehr sicherstellen. Die Steuereinnahmen reichen kaum, um die Ausgaben für Soziales, Arbeit und Zinsen zu zahlen. Deshalb ist ein *Paradigmenwechsel* von der Steuerfinanzierung zur Nutzerfinanzierung *erforderlich*.

Der Bundesverkehrswegeplan 1992 erwies sich nach knapp zehn Jahren als zu rd. 25 % unterfinanziert. Der Bundesverkehrswegeplan 2003 gilt auf der Grundlage der mittelfristigen Haushaltsplanung des Bundes bereits in 2005 als zu rd. 30 % unterfinanziert, vorausgesetzt, die Ansätze können trotz der katastrophalen Lage und Perspektive des Haushalts gehalten werden. Die bereits latente Instandhaltungskrise bei den Bundesverkehrswegen hat sich in den vergangenen Jahren weiter verschärft. Fachleute sprechen längst von einer „tickenden Zeitbombe". Das ist bei den Infrastrukturen der Länder und Gemeinden ähnlich, teilweise noch brisanter.
Die Befunde lassen keinen anderen Schluss zu. Der Paradigmenwechsel von der Haushaltsfinanzierung zur Nutzerfinanzierung muss schnellstmöglich vollzogen werden, soweit das aufgrund der Rahmenbedingungen der einzelnen Verkehrsträger möglich ist. Das gilt nicht nur für die Bundesrepublik; es wird weltweit zunehmend erkannt und ist nicht zuletzt auch Kernpunkt der Verkehrspolitik der Europäischen Kommission. Deutschland als geografisches Kernland und aufgrund seiner Position als Haupttransitland in Europa ist gefordert und prädestiniert, in diesem Zusammenhang eine Vorreiterrolle zu spielen.
Während in Nachbarländern von vornherein die summarische Belastungsneutralität auf

der Nutzerseite sowie die höhere Gerechtigkeit bei der Anlastung von Infrastrukturkosten und das Lenkungspotenzial der Gebührenerhebung im Mittelpunkt stehen, wird die Nutzerfinanzierung in der Bundesrepublik auf politischer Ebene bisher fast ausschließlich als Instrument zum Stopfen von Haushaltslöchern diskutiert und vom Bürger auch so wahrgenommen. Der dringend notwendige Paradigmenwechsel muss sich auch in den Köpfen der verantwortlichen Politiker vollziehen; jede Diskussion und Aktion, die im Widerspruch dazu steht, verschlechtert die Voraussetzungen für den Wechsel und vergrößert die latente Glaubwürdigkeitslücke.

Die immer wieder ins Spiel gebrachte Zweckbindung von Verkehrssteuern ist keine geeignete Alternative; sie unterliegt zwangsläufig den wechselnden Einflüssen auf die Haushalte. Das Schicksal der Zweckbindung von 50 % der Mineralölsteuer für den Straßenbau im Verkehrsfinanzgesetz von 1971 ist ein klassisches Beispiel dafür. Steuern können im Verkehrswesen zudem in der Regel bei Weitem nicht das Maß der Verursachungsgerechtigkeit und des Lenkungspotenzials erreichen wie Benutzungsgebühren.

These 3: *Planung, Bau, Betrieb und Finanzierung* der Verkehrsinfrastruktur können kostengünstig, effizient und innovativ *durch Private* realisiert werden. Staat und Kommunen sollten sich deshalb schrittweise aus allen Funktionen zurückziehen, die nicht hoheitlicher Natur sind oder originäre politische Gestaltung implizieren.

Der mit der Privatisierung von Telekom, Post, Luftverkehr und Bahn eingeschlagene Weg sollte konsequent fortgeführt werden. Alle Bundesverkehrswege und alle Aufgaben, die sich für eine Ausgliederung aus der Bundesverwaltung eignen, sollten materiell privatisiert werden. Das Ob und Wie muss weiterhin der Staat bestimmen, der auch über die notwendigen Verfahren (Raumordnung, Planfeststellung, Mauterhebung) verfügt. Alle internationalen Erfahrungen belegen, dass Planung, Bau, Finanzierung und Betrieb von Verkehrsinfrastrukturen im Rahmen einer fairen öffentlich-privaten Partnerschaft in der Regel eine kostengünstigere und termintreuere Realisierung sicherstellen, als bei Wahrnehmung durch öffentliche Verwaltungen - umso so mehr, je früher die Privatwirtschaft eingeschaltet wird. Analysen der Weltbank belegen dies eindeutig: Ausnahmen bestätigen diese Regel.

Mit der Privatisierung von Straßen tut man sich in Deutschland nach wie vor schwer; das ist in einigen unserer europäischen Nachbarländer und weltweit längst anders. Es stellt sich die Frage: Was ist eigentlich an der Straßeninfrastruktur so anders als an den Infrastrukturen für die Stromversorgung, die Telekommunikation oder den Luftverkehr? Deren Privatisierung ist längst kein strittiges Thema mehr.

These 4: Bei den *Bundesfernstraßen* ist der Paradigmenwechsel in vollem Umfang bereits mittelfristig möglich. Entscheidend ist, dass die *Nutzergebühren* auf Seiten der Verkehrssteuern kompensiert und prinzipiell nur in dem Sektor verwendet werden, in dem sie erhoben werden.

Die Vorteile der Umstellung liegen vor allem in folgenden Komplexen:

1. Direkter Bezug zwischen Benutzung, Bezahlung und Verwendung,

2. Deckung des tatsächlichen Finanzierungsbedarfs,

3. Unabhängigkeit von den wechselnden Einflüssen auf die öffentlichen Haushalte,

4. Trennung der Diskussion über Steuern und Infrastrukturkosten,

5. ausländische Verkehrsteilnehmer zahlen ebenso wie deutsche - und schließlich

6. hohes Wirkungspotenzial der Gebühren als Mittel der Verkehrslenkung.

Punkt 1 kennzeichnet die Logik des Grundprinzips der Anlastungsgerechtigkeit. Die Aktualität der Punkte zwei und drei ist evident. Die Öko-Steuer macht deutlich, wie disponibel die verkehrsbezogenen Steuern in der politischen Wirklichkeit gehandhabt werden. Der Faktor „ausländische Straßennutzer" spielt vor allem im Güterverkehr eine erhebliche Rolle. Derzeit werden bereits über ein Drittel der Güterverkehrsleistungen auf den Bundesautobahnen von ausländischen Lkw erbracht; das ist erheblich mehr, als die Eisenbahnen in Deutschland insgesamt leisten. Der Anteil der ausländischen Nutzer steigt weiter schnell an - nicht zuletzt getrieben durch die EU-Erweiterung; sie zahlen in der Bundesrepublik praktisch keine Steuern, weil sie in der Regel dort tanken, wo der Treibstoff billiger ist, wo also vor allem die Mineralölsteuern wesentlich niedriger sind. Mit den Straßenbenutzungsgebühren zahlen sie jetzt wenigstens ihren Anteil an den Kosten der Autobahnen.

Dem *Verkehrslenkungspotenzial von Benutzungsgebühren* wird bisher in Deutschland viel zu wenig Aufmerksamkeit geschenkt. Alle Erfahrungen weltweit zeigen, dass die zeitlich und örtlich differenzierte Erhebung von Straßenbenutzungsgebühren das mit Abstand wirkungsvollste Instrument des Verkehrsmanagements, der Reduzierung von Staus und damit der Begrenzung des Infrastrukturbedarfs ist. Verkehrsträgerübergreifende Lenkungswirkungen aufgrund zusätzlicher finanzieller Belastungen sind ein davon strikt zu trennendes und sehr sensibles Thema.

Im Zentrum der Logik des Paradigmenwechsels steht der kompensatorische Ausgleich der Nutzergebühren auf der Steuerseite - nach Abzug der Transaktionskosten und ggf. nach Ausgleich einer zu definierenden Finanzierungslücke gegenüber den Haushaltsansätzen. Wenn die Kompensation nicht erfolgt, handelt es sich nicht um einen echten Paradigmenwechsel und ist die politische Durchsetzbarkeit zu Recht in höchstem Maße unwahrscheinlich.

These 5: Die politisch beschlossene *Bahnreform* muss in ihren Kernkomponenten konsequent zu Ende geführt werden. Wettbewerb auf der Schiene ist der Schlüssel zum Erfolg; das zeigen schon die bisherigen – noch rudimentären – Ergebnisse. Die völlige Integration der europäischen Eisenbahnnetze ist insbesondere für den Güterverkehr unerlässlich. Es fehlt nach wie vor ein schlüssiges *Konzept* – wie soll die Bahn in Zukunft aussehen, welche Rolle soll sie spielen, welche Rahmenbedingungen sind erforderlich, damit sie diese Rolle auch spielen kann?

Die Diskussion um den Bahnsektor hat sich seit Jahren fast ausschließlich auf die Frage der Börsenfähigkeit der DB AG „mit oder ohne Netz" verkürzt. Die Entscheidung der Bundesregierung, die Börsenfähigkeit zunächst ausschließlich in der Konstellation „mit Netz" prüfen zu lassen, stand im Widerspruch zu den Zielen der Bahnstrukturreform von 1993/1994. Die Monopolkommission hat das in ihrem 14. Hauptgutachten 2000/ 2001 in einer Klarheit formuliert, die keinen Interpretationsspielraum lässt. Sie moniert ausdrücklich die Rückwendung der DB AG zu einer zentral geführten Einheitsgesellschaft als Verstoß gegen die 2. und 3. Stufe der Bahnreform. Und sie spricht sich eindeutig gegen die vom amtierenden Bahnvorstand gewollte Erhaltung der vertikalen Integration (also die Einheit von Fahrweg und Betrieb) aus.

Das Netz ist auf absehbare Zeit auf hohe staatliche Zuschüsse angewiesen; die finanzielle Verantwortung dafür muss deshalb beim Bund bleiben, soweit eine materielle

Regionalisierung nicht sachlich geboten und möglich ist. Die Selbstfinanzierungsquote der Deutschen Bahn muss durch Privatisierung deutlich erhöht werden. Die Zukunft des Netzes ist die Kernfrage der Zukunft des Eisenbahnverkehrs – in der Bundesrepublik und in Europa. Vier fundamentale Weichenstellungen sind erforderlich:

1. *Herauslösung des Netzes* aus dem DB AG-Konzern und materielle *Privatisierung der Verkehrsbereiche.*

2. Verbleib eines zu definierenden *Kernnetzes* beim Bund (als AG); zumindest mittelfristige Sicherung eines Staatsbeitrags von jährlich 2,5 Mrd € für das Bestandsnetz - rd. 1,5 Mrd. € mehr, wenn der noch notwendige Aus- und Neubau zügig durchgeführt werden soll.

3. *Regionalisierung*, ggf. materielle Privatisierung der Regionalnetze und Nebenstrecken.

4. *Horizontale Integration der nationalen Kernnetze* auf europäischer Ebene.

Die finanziellen Leistungen aus dem Bundeshaushalt an das Eisenbahnwesen sind seit Jahren höher als die Nettoausgaben des Bundes, der Länder und der Gemeinden zusammen für das gesamte Straßenwesen - auf dem fast 90 % aller Leistungen im motorisierten Personenverkehr und über 70 % aller Güterverkehrsleistungen erbracht werden und das jährlich Steuern und Abgaben von rd. 50 Mrd. € in die Kassen des Staates bringt; die Mineralölsteuer allein macht fast ein Viertel aller Steuereinnahmen des Bundes aus. Vor diesem Hintergrund muss sich die künftige Verkehrspolitik stärker als bisher an den Realitäten orientieren und ihnen mit klar definierten Konzepten Rechnung tragen.

These 6: Die hohe Qualität des *ÖPNV* in Deutschland muss erhalten werden; eine Rückführung der *öffentlichen Transfermittel* ist deshalb nur insoweit vertretbar, wie durch strukturelle und technologische Maßnahmen eine Kompensation erfolgen kann. Die Einführung des so genannten *E-Ticketing* und Ausschöpfung der damit verbundenen Potenziale ist ein entscheidender Schritt in diesem Zusammenhang.

Der ÖPNV in Deutschland ist seit Jahrzehnten in vieler Hinsicht weltweit vorbildlich. Das hat allerdings auch seinen Preis. Rd. 15 Mrd. € öffentliche Transfermittel werden jährlich derzeit dafür zur Verfügung gestellt. Die teilweise großzügig fließenden Fördermittel nach dem Gemeindeverkehrsfinanzierungsgesetz und dem Regionalisierungsgesetz sind dabei nicht immer sachgerecht und/oder effizient sowie sparsam eingesetzt worden. Aufgrund der Problemlage der öffentlichen Haushalte wird auch der ÖPNV nicht von deutlichen Kürzungen verschont bleiben. Das sollte jedoch nicht zu Lasten der Qualität des Angebots gehen, sondern durch Effizienzsteigerung, durch Nutzung der Potenziale des Wettbewerbs, durch Abbau von Überangeboten und von in verkehrssystematischer Hinsicht ungerechtfertigt teuren Angebotsformen kompensiert werden.

Der ÖPNV in Deutschland steht am Beginn einer neuen *Innovationsphase.* Mit der Einführung des *elektronischen Ticketing* wird nicht nur der Vertrieb grundlegend modernisiert; vielmehr eröffnen sich zahlreiche neue Möglichkeiten im Bereich der Management-, Planungs- und Informationsinstrumente, der noch besseren Einbindung des ÖPNV in den Mobilitätsverbund sowie in den m- und e-commerce. Nachdem die deutsche ÖPNV-Wirtschaft im weltweiten Vergleich auf diesem Feld durch zögerliches Verhalten und verkürzte Sicht der Dinge bei vielen Beteiligten ins Hintertreffen geraten ist, besteht dennoch die Chance, nicht nur wieder Anschluss an die Spitze der Entwicklung zu finden, sondern mit der bereits in Dresden in Erprobung befindlichen so genannten Be in /Be out-Technologie sogar die Spitze zu übernehmen.

These 7: *Seeschifffahrt, Küstenschifffahrt und Binnenschifffahrt* sind Zukunfts-Sektoren des Verkehrs mit erheblichen Kapazitäts-Potenzialen. Dem muss in der Verkehrspolitik stärker als bisher Rechnung getragen werden. Basis muss ein integrierter Masterplan sein.
Mit Nord- und Ostsee sowie dem Rheinschifffahrtgebiet hat Deutschland hervorragende Bedingungen, ein weltweit erstrangiger Schifffahrtsstandort zu bleiben und diese Position noch auszubauen. Der Hamburger Hafen ist (nach Rotterdam) der Hafen mit dem zweitgrößten Container-Umschlagsvolumen in Europa; die jährlichen Zuwachsraten bewegen sich im zweistelligen Bereich. Auch in der Binnenschifffahrt haben sich die Systemverkehre in jüngster Zeit durchgesetzt; die Transportkette auf dem Wasser gewinnt weiter an Bedeutung.
Die Qualität der Logistik hat sich weltweit in allen Schifffahrtsbereichen sowie ihrer Einbindung in das Gesamtverkehrssystem sehr dynamisch entwickelt; das wird sich auf absehbare Zeit fortsetzen. Dem muss auch in Deutschland Rechnung getragen werden, wenn es weiter seine Rolle in diesem wichtigen Verkehrssegment spielen will. See- und Binnenhäfen sind in der Regel multimodale Verkehrsdrehscheiben ersten Ranges und gleichzeitig meist darüber hinaus auch das Image einer Region entscheidend prägende Faktoren. Planung, Finanzierung, Umsetzung und Betrieb ihrer Modernisierung und Weiterentwicklung erfordern dementsprechend integrierte Vorgehensweisen und innovative Konzepte; intelligente Gebührenmodelle werden dabei eine zunehmend wichtige Rolle spielen.
Wasserwege sind neben ihrer Verkehrsfunktion immer auch wichtige Elemente unserer natürlichen Umwelt. Daraus resultieren Restriktionen, die zu berücksichtigen sind. Das darf aber nicht dazu führen, dass durch umweltideologisch geprägte Positionen wichtige Entwicklungen blockiert oder fehlgeleitet werden - umso weniger, wenn die betreffenden Positionen auf falschen, fragwürdigen oder willkürlich selektiven Prämissen beruhen. Die Seehäfen Hamburg und Bremen/Bremerhaven werden ihre Position nur halten können, wenn Elbe und Weser den Anforderungen der künftigen Containerschiffsgenerationen entsprechend ausgebaut werden. Mit Verweis auf den – nicht unumstrittenen – künftigen Seehafenstandort Wilhelmshaven stellen führende Umweltpolitiker die Notwendigkeit des Ausbaus seit Jahren in Frage; die erforderlichen Mittel dafür sind in 2005 noch nicht einmal in den Bundesverkehrswegeplan aufgenommen. Einen derartigen Umgang mit der Zukunft von bedeutenden Verkehrsdrehscheiben, einschließlich der davon abhängigen Arbeitsplätze, leistet sich kein anderes Land.

These 8: Der *Luftverkehr* wird auf absehbare Zeit weltweit der dynamischste Sektor des Verkehrsmarktes und eine „Jobmaschine" auf hohem Niveau bleiben. Der volle Nutzen daraus kann nur gezogen werden, wenn den quantitativen Anforderungen und qualitativen Veränderungen Rechnung getragen wird. Das erfordert ein langfristig angelegtes, handlungsorientiertes *Standortkonzept* (Groß- und Regionalstandorte) und eine realistische Einordnung der Rolle der „Low-Cost-Carrier".

Die Flughafeninfrastruktur in Deutschland ist gekennzeichnet durch bereits latente oder mittelfristig absehbare Engpässe und Unsicherheiten über die Perspektive bei den wichtigsten Großstandorten sowie durch einen Wildwuchs bei den Regionalflughäfen. Hintergrund ist dabei gegenwärtig und für die nächste Zukunft ein nachhaltiger Umbruch des Luftverkehrsmarktes durch den Eintritt einer immer größer werdenden

Anzahl so genannter „Low-Cost-Carrier" („Billigflieger"). In dieser Situation ist es besonders schädlich, dass nach wie vor ein langfristig angelegtes Flughafenkonzept auf nationaler Ebene fehlt. Das „Luftverkehrskonzept" der Bundesregierung aus dem Jahr 2000 ist in erster Linie lediglich eine Auflistung der Vorhaben der Bundesländer. Der dem „Masterplan Flughafeninfrastruktur" von 2004 zugrunde gelegte Zeithorizont bis 2015 ist im Hinblick auf die Erfordernisse und Rahmenbedingungen der Entwicklung von Luftverkehrsinfrastrukturen viel zu eng. Der Tatbestand, dass bereits in dieser Zeitspanne (zu Recht) mit Engpass-Szenarien gerechnet wird, macht das Fehlen von Alternativen und langfristig angelegten Konzepten noch unverständlicher.

Dem „Lockruf" der schon sprichwörtlichen „Jobmaschine" Flughafen erliegen immer mehr Lokalpolitiker, die mit ihren Konversionsprojekten mehr oder weniger allein gelassen sind und sich nun an die (vielfach einzige) Hoffnung klammern, auf diese Weise eine wirkungsvolle Wirtschaftsförderung betreiben zu können. Die Wahrscheinlichkeit, dass die Hoffnungen in Erfüllung gehen, ist in der Mehrzahl der Fälle aber gering. Selbst wenn die Regionalflughäfen in der Summe auf Dauer nur einen geringen Anteil am Luftverkehrsaufkommen haben werden, ist dennoch eine wesentlich qualifiziertere und realitätsnähere Auseinandersetzung mit solchen Standorten als Bestandteile des nationalen Flughafensystems geboten; andernfalls werden finanzielle Ressourcen in erheblicher Größenordnung vergeudet und die Strukturen der betreffenden Regionen zusätzlich destabilisiert.

Im Hinblick auf die weltweiten Verflechtungen des Luftverkehrs ist die föderale Struktur der Zuständigkeit für die Flughäfen in der Bundesrepublik ein Anachronismus. Ein langfristig angelegtes Luftverkehrskonzept mit klaren Prioritätensetzungen und konkreten Entwicklungsschritten ist überfällig; die Zusammenstellung regionaler Planungen und Wünsche reicht längst nicht mehr aus.

These 9: Eine weitere *Integration der Verkehrsträger* und eine verbesserte *integrierte Verkehrslenkung* sind geboten, um den Infrastrukturbedarf in Grenzen zu halten und die verfügbaren Potenziale bestmöglich zu nutzen. Die technologischen und organisatorischen Optionen sind bei Weitem nicht ausgeschöpft; vor allem aber ist eine stärkere Orientierung an den System-Realitäten erforderlich als in der Vergangenheit.

Eine integrierte Verkehrspolitik bzw. die bessere Integration der verschiedenen Verkehrsträger wird in der Bundespolitik von den Regierungen aller Couleur seit Jahrzehnten beschworen. Fortschritte sind zweifellos gemacht worden, aber nicht annähernd in dem Umfang, der durch die heute verfügbaren Instrumente möglich ist. Das führt zu unnötiger Vergeudung von Ressourcen. Die den Bundesverkehrswegeplanungen zugrunde gelegten politischen Prognosen gelten selbst im Bundesverkehrsministerium längst als „Lebenslüge der deutschen Verkehrspolitik". Im aktuellen Bundesverkehrswegeplan ist dennoch beispielsweise für die Bahn im Güterverkehr ein Leistungsziel für das Jahr 2015 zugrunde gelegt, das selbst bei Realisierung aller vorgesehen Aus- und Neubaumaßnahmen gar nicht einlösbar ist - ganz abgesehen davon, dass sich die Verkehrswirklichkeit seit Jahren im Gegensatz zu den „Prognosen" unterhalb oder am Rande des „Worst-Case-Szenarios" bewegt.

Bei großmaßstäblichem Einsatz der heute bereits verfügbaren Informations- und Kommunikationstechnologien ist eine erheblich bessere und sicherere Nutzung sowie Verknüpfung der verfügbaren Infrastrukturen und damit eine Reduzierung des weiteren Ausbaubedarfs möglich. Qualifizierte Studien belegen, dass beispielsweise die volkswirtschaftlich und individuell höchst nachteiligen Stauzustände im Straßenverkehr allein durch eine zeitliche und örtliche Variation von entfernungsabhängigen Straßenbenutzungsgebühren in der Summe nahezu halbiert werden können. Durch Verbesserung der Fahrzeug-Fahrweg-Kommunikation kann bei allen Verkehrsträgern eine erhebliche Erhöhung der Leistungsfähigkeit und Sicherheit erreicht werden. Ein Verzicht auf die Nutzung der betreffenden Potenziale ist politisch nicht verantwortbar.

These 10: Die Veränderung der sozioökonomischen Strukturen, die zunehmende Umweltbelastung, die Endlichkeit der fossilen Brennstoffe sowie technologische Innovationen werden die *Rahmenbedingungen des Verkehrs* in den kommenden Jahrzehnten erheblich verändern. Verantwortungsvolle Verkehrspolitik muss langfristig angelegt sein und darf kurzfristig unpopuläre Entscheidungen nicht scheuen.

Bereits die absehbaren Veränderungen stellen die Verkehrspolitik vor anspruchsvolle Anforderungen. Verkehrsinfrastrukturen bzw. Verkehrssysteme sind nicht kurzfristig disponibel. Vor 25 Jahren wurden etwa zeitgleich in mehreren Industrieländern Szenarien über die Zukunft des Automobils erarbeitet - auch in der Bundesrepublik. Viele der seinerzeit befürchteten Entwicklungen (insbesondere hinsichtlich der drastischen Verknappung von Mineralöl, der Verschärfung der Umweltprobleme und der Veränderung der sozioökonomischen Strukturen) sind bis heute nicht oder nicht in dem erwarteten Ausmaß eingetreten. Schon damals war nicht nur das „3-Liter-Auto" ein Thema, sondern sogar ein mittlerer Flottenverbrauch der Pkw von 3 Litern Kraftstoff auf 100 Kilometern. Die Forschungschefs führender Automobilhersteller aus aller Welt haben das als bis zum damaligen Prognosehorizont (Jahr 2000) erreichbar bezeichnet - als deutlich früher sogar, wenn es politisch verfügt würde („it has to be mandated").
Durch die erwartete Erdölverknappung erzwungen, sollten sich bis zum Jahr 2000 Hybridmotoren und alternative Kraftstoffe/ Antriebe im Automobilverkehr durchgesetzt haben. Automatische Kabinenbahnen wurden als die Lösung der Probleme des Stadtverkehrs eingeordnet. Der Transrapid sollte den europäischen Eisenbahnverkehr revolutioniert haben. Der interkontinentale Luftverkehr sollte vor allem mit Überschallflugzeugen erfolgen. In der Seeschifffahrt sollten schnelle Frachtunterseeboote die Kontinente verbinden. 25 Jahre später ist wenig davon Wirklichkeit geworden - teils, weil der Problemdruck nicht so groß geworden ist wie befürchtet, teils weil seinerzeit technologische Euphorie den Blick für die Realitäten verstellt hatte.
Heute stehen wir vor einer Perspektive im Zeitraum der Lebenszyklen der Verkehrsinfrastrukturen, die mit sehr hoher Wahrscheinlichkeit tatsächlich eine drastische Veränderung der Rahmenbedingungen beinhaltet. Verantwortliche Verkehrspolitik muss sich dem umgehend stellen sowie mit realistischen und wirkungsvollen Konzepten darauf reagieren. Im Gegensatz zum Status vor 25 Jahren werden dabei die Informations- und Kommunikations-Technologien eine entscheidende Rolle spielen. Je länger zugewartet wird, desto größer ist die Wahrscheinlichkeit, dass es zu erheblichen Friktionen kommt; sie werden sich direkt nachteilig auf den Standort Deutschland auswirken. Um das zu vermeiden, sind in vieler Hinsicht (zunächst) unpopuläre Entscheidungen unumgänglich. Eine Fixierung auf den jeweils nächsten Wahltermin ist damit nicht vereinbar. In einer Zeit, in der regelmäßig die Rede von der Notwendigkeit einschneidender Reformen ist, muss dies endlich auch für den Verkehrssektor akzeptiert und glaubwürdig betrieben werden.

Die Autoren

Dipl.-Kfm. techn. **Bernd Arm,** Jg. 1978, wissenschaftlicher Mitarbeiter am Institut für Eisenbahn- und Verkehrswesen der Universität Stuttgart.

Dr. **Jürgen Beyer,** Jg. 1959, studierte Regelungstechnik an der TU Darmstadt. Von 1987 bis 1998 war er bei der Firma Honeywell Regelsysteme mit der Entwicklung von Navigationssystemen für Luft- und Landanwendungen beschäftigt, u.a. mit einem System zur Rollfeldführung am Flughafen Frankfurt. Von 1999 bis 2005 leitete er den Bereich Technische Innovation bei DE-Consult Deutsche Eisenbahn Consulting GmbH in Frankfurt. Während dieser Zeit war er maßgeblich an der Konzeption des Strategieprojektes FreeFloat im Auftrag der DB Netz AG beteiligt. Seit Juli 2005 ist er bei der ptv AG Karlsruhe im business development tätig. Seit 1999 kommt er einem Lehrauftrag der TU Darmstadt mit dem Thema „Grundlagen der Navigation und Anwendungen" nach.

Prof. Dr. **Willi Diez,** Jg. 1953, studierte Wirtschaftswissenschaften an den Universitäten Freiburg i.Br. und Tübingen. Von 1979 bis 1991 war er in verschiedenen Funktionen bei DaimlerChrysler tätig, zuletzt als Vorstands-Referent. Seit 1991 ist er Professor im Studienschwerpunkt „Automobilwirtschaft" an der Hochschule Nürtingen/Geislingen. Seit 1995 ist er Leiter des Instituts für Automobilwirtschaft in Geislingen/Steige. Mitglied in Aufsichts- und Beiräten verschiedener Unternehmen der Automobilbranche. Verfasser zahlreicher Beiträge und Aufsätze zum Automobilvertrieb und -handel. Buchveröffentlichungen: „Automobilmarketing - Erfolgreiche Strategien, praxisorientierte Konzepte, effektive Instrumente" (Verlag moderne industrie), „Grundlagen der Automobilwirtschaft" (gemeinsam mit Hannes Brachat), „Prozeßoptimierung im Automobilvertrieb" (Gabler Verlag) und „Kostenmanagement im Kfz-Betrieb" (Vogel Buchverlag) sowie Herausgeber der Sammelwerke „GVO 2002 - Die neue Herausforderung im Automobilhandel" (Auto Business Verlag) und „Mehrmarkenhandel" (Auto Business Verlag).

Dr. oec. habil. **Ralf Haase,** Jg. 1938, studierte nach einer Lehre zum Speditionskaufmann von 1958 - 1963 Ingenieurökonomie des Transportwesens an der Hochschule für Verkehrswesen „Friedrich List" Dresden. 1971 Promotion zu einem verkehrspolitischen Thema, 1982 Habilitation zum Management von Verkehrsunternehmen. In der Zeit von 1963 bis 1986 in Führungsfunktionen in der Verkehrswirtschaft, im Großhandel und im Bildungssektor. 1987 Berufung zum Hochschuldozent an der Hochschule für Verkehrswesen „Friedrich List" Dresden, später Fakultät Verkehrswissenschaften „Friedrich List" der Technischen Universität Dresden. Zwischen 1996 und 1998 Forschungsbereichsleiter im Consultingbereich Verkehr. Von 1999 bis 2005 Hauptgeschäftsführer der Deutschen Verkehrswissenschaftlichen Gesellschaft e. V.

Prof. Dr. **Dirk Helbing,** Jg. 1965, diplomierte an der Georg-August-Universität Göttingen über Fußgängerverkehr. Danach promovierte und habilitierte er sich an der Universität Stuttgart über die Modellierung sozialer Prozesse und Verkehrsdynamik. Anschließend war er Gastwissenschaftler in den USA, Israel, Ungarn und Frankreich. Seit dem Jahr 2000 ist er Geschäftsführender Direktor des Instituts für Wirtschaft und Verkehr und Lehrstuhlinhaber an der Verkehrswissenschaftlichen Fakultät der TU Dresden. Seine drei Monographien und über 150 Veröffentlichungen in den Bereichen

Verkehr, Evakuierung, Katastrofenmanagement, Produktion und Logistik haben viele Beiträge in den Medien nach sich gezogen. Er leitet zahlreiche DFG-, EU-, BMBF- und Industrieprojekte, organisiert internationale Konferenzen und ist Gutachter für verschiedene internationale Wissenschaftsorganisationen und Fachzeitschriften. An seinem Lehrstuhl werden Fahrerassistenzsysteme, Verkehrssimulatoren, Evakuierungstools, Online-Verfahren zur Verkehrszustandsanalyse, adaptive Produktionssteuerungen und autonome Lichtsignalsteuerungen entwickelt.

Dipl.-Phys. **Arne Kesting,** Jg. 1974, diplomierte 2002 an der FU Berlin. Seit 2002 ist er Wissenschaftlicher Mitarbeiter in der Gruppe von Prof. Helbing an der TU Dresden. Er ist Mitglied im „Arbeitskreis sozioökonomische Systeme" (AKSOE). Seine Forschungsgebiete sind Verkehrsmodellierung und -dynamik, Datenanalyse und die Simulation von zukunftsweisenden Verkehrskonzepten.

Dr. **Dieter Klumpp,** Jg. 1949, Direktor der Alcatel SEL Stiftung für Kommunikationsforschung. Studium der Politikwissenschaft, Geschichte, Kommunikationswissenschaft an den Universitäten Stuttgart, Santiago/Chile, FU Berlin. Seit 1983 Leiter Stabsabteilung Technik und Gesellschaft Alcatel SEL AG, Stuttgart. Sprecher Fachbereich 1 (Informationsgesellschaft und Fokus-Projekte) der Informationstechnischen Gesellschaft (ITG) im VDE, Frankfurt. Adviser Executive Committee CEPIS (Council of European Professional Informatics Societies), Frankfurt; Lenkungsgruppe „Anwendungen des Electronic Government" der Initiative D21, Berlin; GI-Präsidialarbeitskreis Ethik, Bonn; VDI-Hauptgruppe „Ingenieur in Beruf und Gesellschaft", Bereich Mensch und Technik, Düsseldorf; Beirat Media@Komm des BMWA, Berlin; Round Table Future of European Railways (BMVBW-Beirat); Futur-Dialog BMBF, Berlin.

Lothar Krank, Jg. 1958, startete nach dem Studium der Elektrotechnik an der Universität Stuttgart seine berufliche Laufbahn im Jahre 1985 im Forschungszentrum der Alcatel SEL AG. Dort arbeitete er auf dem Gebiet breitbandiger Vermittlungssysteme in nationalen und internationalen Forschungsprogrammen und war ab 1990 verantwortlich für die „Metropolitan Area Network" Systemdesign-Gruppe. Im Jahre 1992 wechselte er als Experte für breitbandige Kommunikationsnetze mit den Schwerpunkten Netzdesign und Verkehrsabschätzung in den Bereich „Netzstrategie". Mitte 2002 wurde er als Projektleiter verantwortlich für die Telematikaktivitäten der Zentralen Geschäftsentwicklung der Alcatel SEL AG, ab September 2003 leitete er die daraus entstandene Abteilung. Seit April 2005 ist er Geschäftsführer der von ihm mit vier Kollegen gegründeten MM-LAB GmbH mit insgesamt 22 Mitarbeitern. Schwerpunkt der MM-LAB GmbH sind die Entwicklung und der Vertrieb einer offenen, standardisierten Plattform zur dynamischen Bereitstellung von Diensten in Fahrzeugen.

Univ.-Prof. Dr.-Ing. **Ullrich Martin**, Jg. 1963, Direktor des Instituts für Eisenbahn- und Verkehrswesen der Universität Stuttgart sowie Direktor des Verkehrswissenschaftlichen Instituts an der Universität Stuttgart.

Dipl.-Pol. **Fritjof Mietsch,** Jg. 1946, Inhaber der MMC Mietsch Mobility Consult, Blankenheim. MMC berät und unterstützt Klienten u.a. in den Bereichen Automobilindustrie, Öffentlicher Verkehr, Mobilitätsdienstleistungen und Politik. Projektschwerpunkte sind Management, Mobilität, Verkehr, Transport und Telematik. Zuvor berufliche Stationen im Deutschen Bundestag, in Leitungs- und Geschäftsleitungsfunktionen bei Daimler-Benz AG (heute DaimlerChrysler AG), Sony Deutschland GmbH, Deutsche Bahn AG und Deutsche Eisenbahn-Consulting GmbH.

Dr.-Ing. e. H. **Wilhelm Pällmann**, Jg. 1934, Voll-Jurist, war über viele Jahre in leitenden Positionen des Verkehrs und der Telekommunikation tätig: als Vorsitzender des Vorstandes der ÜSTRA Hannoversche Verkehrsbetriebe AG, gleichzeitig als Präsident des VÖV (heute VDV); als Mitglied des Vorstandes der Deutschen Bundesbahn; als Mitglied des Vorstandes der Deutschen Bundespost Telekom („Aufbau Ost"), zuletzt als kommissarischer Vorstandsvorsitzender der Deutschen Telekom AG; als Vorsitzender der Kommission Verkehrsinfrastruktur-Finanzierung der Bundesregierung. Heute nimmt er Aufsichtsrats- bzw. Beiratsmandate in verschiedenen Branchen wahr.

Dr. **Uwe Plank-Wiedenbeck**, Jg. 1965, ist an einer Partnergesellschaft für Forschung und Entwicklung im Verkehr mit Sitz in Leipzig und Frankfurt a. M. beteiligt. Nach dem Studium des Bauingenieurwesens an der TH Darmstadt hat er bei verschiedenen Ingenieurbüros als Verkehrsplaner gearbeitet. Von 1998 bis 2004 hat er die Darmstädter Forschungseinrichtung ZIV – Zentrum für integrierte Verkehrssysteme GmbH aufgebaut und geleitet. Er war bei großen Planungsprojekten (u.a. Ausbau des Flughafens Frankfurt und Verkehrsplanung für die EXPO 2000 Hannover) sowie bei zahlreichen nationalen und internationalen Forschungs- und Entwicklungsprojekten beteiligt. Aktuelle Schwerpunkte sind die Leitung eines Großforschungsprojektes für Verkehrsmanagement in Mitteldeutschland sowie Entwicklungsprojekte für Galileo-Anwendungen im Verkehr.

Dipl.-Ing. **Volker Sparmann**, Jg. 1943, Sprecher der Geschäftsführung der Rhein-Main-Verkehrsverbund GmbH (RMV), Hofheim am Taunus, arbeitete nach dem Studium des Bauingenieurwesens an der TH Darmstadt mit anschließender Vertiefung im Sektor Raumplanung und Verkehr an der TU Berlin in zahlreichen Leitungsfunktionen im nationalen und internationalen Verkehrs-Consulting. Als Beauftragter gründete er die „IAV Ingenieurgesellschaft für Aggregatetechnik und Verkehrsfahrzeuge an der TU Berlin" und das „IFB Institut für Bahntechnik an der TU Berlin und an der TU Dresden". Seit 1992 ist Volker Sparmann Alleingeschäftsführer des RMV. Als Beauftragter gründete er das „ZIV Zentrum für Integrierte Verkehrssysteme an der TU Darmstadt". Volker Sparmann ist seit 2001 Präsidiumsmitglied des Verbandes Deutscher Verkehrsunternehmen (VDV), wo er 2003 zum Vize-Präsidenten gewählt wurde. Volker Sparmann ist seit 2003 Vorsitzender des Verwaltungsrates „Verbund- und Aufgabenträgerorganisationen" im VDV. Außerdem ist er Vize-Präsident für die Verkehrsbehörden beim Internationalen Verband für Öffentliches Verkehrswesen (UITP) und Vorsitzender der Bezirksvereinigung Rhein-Main der Deutschen Verkehrswissenschaftlichen Gesellschaft (DVWG). Seit 2003 ist Volker Sparmann Geschäftsführer der „Fahrzeugmanagement Region Frankfurt RheinMain (fahma) GmbH".

Prof. Dr. **Ulrike Stopka**, Jg. 1954, studierte Betriebswirtschaftslehre (Ökonomie des Nachrichtenwesens) an der Hochschule für Verkehrswesen (HfV) „Friedrich List" in Dresden und promovierte 1981. Nach verschiedenen Tätigkeiten in Ämtern des Post- und Fernmeldewesens in Dresden und Berlin kehrte sie 1984 an die Hochschule für Verkehrswesen zurück und habilitierte sich dort 1986. Von 1987 bis 1988 war sie wissenschaftliche Referentin des Leiters der Bezirksdirektion Dresden der Deutschen Post und wurde 1989 auf die Dozentur „Ökonomie des Nachrichtenwesens" an der HfV Dresden berufen. Nach der Wiedervereinigung erfolgte ein zweijähriger Lehr- und

Forschungsaufenthalt an der rechts- und wirtschaftswissenschaftlichen Fakultät der Universität Bayreuth. 1993 erhielt sie die Berufung an die TU Dresden, Professur für Kommunikationswirtschaft am Institut für Wirtschaft und Verkehr der Fakultät Verkehrswissenschaften. Ihre Lehr- und Forschungsschwerpunkte umfassen unter anderem Internet- und Netzwerkökonomie, Methoden der Wirtschaftlichkeitsbewertung beim Einsatz von IuK-Systemen und -Diensten, Kosten- und Preisbildungsmodelle in der IuK-Wirtschaft, Finanzierung von Telekommunikationsnetzen im Carrier-Bereich sowie Erfolgsfaktoren und Implikationen von e-Business-Geschäftsmodellen. Hierzu liegen zahlreiche Veröffentlichungen vor. Frau Prof. Stopka beschäftigt sich darüber hinaus mit Fragen der Liberalisierung und Gestaltung des Wettbewerbs in Telekommunikationsmärkten sowie der zugehörigen Regulierungsökonomik. Sie ist seit 1996 Sprecherin des Alcatel SEL Stiftungskollegs für interdisziplinäre Verkehrsforschung an der TU Dresden, Mitglied des Vorstandes des Europäischen Verkehrsinstituts e. V. an der TU Dresden, Stellvertretende Vorsitzende im Fachausschuss Qualitätstourismus des LTV Sachsen, Mitglied des Münchner Kreises und Mitglied des Sächsischen Telekommunikationszentrums e. V.

Dr. **Martin Treiber,** Jg. 1961, erwarb an der Georg-Simon-Ohm Fachhochschule in Nürnberg einen Diplomabschluß als Ingenieur, ehe er an der Universität Bayreuth und bei drei Gastaufenthalten in den USA über Strukturbildung und thermische Fluktuationen in Flüssigkristallen diplomierte und promovierte. Als Postdoc, zunächst an der Universität Stuttgart und ab 2000 an der TU Dresden, blieb er der Strukturbildung treu und untersuchte die Verkehrsdynamik und Stauentstehung auf Fernstraßen. Aktuelle Forschungsschwerpunkte sind Verkehrsmodellierung und -zustandserfassung, Verkehrsleistungsassistenz und die Modellierung der verkehrlichen Auswirkungen von Beeinflussungsmaßnahmen, Fahrzeug-Fahrzeug-Kommunikation und Assistenzsystemen.

Doz. Dr.-Ing. habil. **Armin Woda**, Jg. 1942, von 1961 bis 1965 Studium an der Hochschule für Verkehrswesen „Friedrich List" (HfV) Dresden, Abschluß als Dipl.-Ing. im Studiengang Verkehrsingenieurwesen, 1967 Promotion zum Dr.-Ing. an der HfV Dresden auf dem Gebiet der Bedienungstheorie. 1961 bis 1980 Tätigkeiten in der Aus- und Weiterbildung und als Leiter eines Ingenieurbüros für Verkehrsplanung, 1980 Berufung zum Hochschuldozenten für Technologie des Straßentransports, 1983 Habilitation an der HfV Dresden, 1992 Berufung zum Hochschuldozenten für Transportlogistik an die TU Dresden, ab 1996 Vertretung der Professur für Transportlogistik an der TU Dresden, Fakultät Verkehrswissenschaften „Friedrich List", Institut für Verkehrssystemtechnik.